筑摩選書

佐藤冬樹
Sato Fuyuki

関東大震災と民衆犯罪

立件された二二四件の記録から

目次

関東大震災と民衆犯罪

立件された一一四件の記録から

はじめに

　関東大震災の際、自警団が大勢の人びとを殺傷したことは良く知られている。彼らは朝鮮人や中国人を殺し、ときに日本人をも巻き添えにした。検察はこれらの民衆犯罪のうち一一四件を立件した。殺人、騒擾及殺人、殺人及殺人未遂などの罪で約六四〇人が起訴され、そのほとんどが有罪になった。ふつうの住民が四〇〇人以上を殺害した、近代日本史上類例のない刑事事件であった。

　付け加えれば検察は、事件の捜査に熱心ではなかったし、犯人すべてを検挙したわけでもない。民衆を刺激したくなかったからである。埼玉県では一一六人を検挙したところで「民情にわかに騒然を極め、村治等にも困難」を来したとして、やおら声明を発表した。「ほかにも多数未検挙のものもあるが、これ以上の検挙を見合わせる」と。こうしてわずかひと月で捜査を手じまいとした（一九四頁）。神奈川県に至っては無警察状態が長く続いたおかげでほとんどの犯人が野放しになった。検挙されずに済んだ者とその被害者は永遠の謎になってしまった。それでも六四〇人が裁かれた。百年前の関東地方で、私たちの曽祖父や高祖父にあたる人びとは何ということをしでかしたのか。

本書の主題は、これらの民衆犯罪である。一九二三年九月の朝鮮人・中国人虐殺事件については膨大な先行研究がある。だが、民衆犯罪を主題にした書籍はほとんど見あたらない。これは先行研究の問題関心が、虐殺事件の権力犯罪としての側面に集中したためであろう。すなわち「不逞鮮人」襲来のデマを広めた警察、政府によるデマの公認、戒厳軍による朝鮮人・中国人の虐殺、県庁と郡役所が発した官製団体（消防組、在郷軍人会、青年団）への武装動員命令、自警団員裁判の実態、その後の隠蔽工作など。先行研究は国家の責任を次々に明らかにした。

しかしその反面、民衆犯罪の実態解明が疎かになり、いつまで経っても虐殺事件の史実が「私たちの歴史」になりきらないという課題が残されている。筆者は、先行研究に対して次のような問題を感じている。

まず、権力と民衆の複雑な「共犯―対抗」関係が解明されていない。先行研究は、国家を主犯（正犯）、民衆を従犯と位置づけ、あるいは民衆は朝鮮人を殺した加害者だが、国家にだまされた被害者でもあると規定した。たしかに人びとは「不逞鮮人」襲来に備えよという指示命令に従って武装した。しかし、その後の行動は彼ら自身が選び取った。彼らは「不逞鮮人」（朝鮮独立運動家）と思しき青年男子ばかりか、女性や子供、妊産婦や乳幼児に至るまでを惨殺した。証言によればおよそ六〇人の朝鮮人女性が殺されている。官憲は「不逞鮮人」と「良鮮人」を区別せよと命じたが、自警団は、朝鮮人の抹殺―エスノサイドを選んだのであった。また、千葉や埼玉、群馬では、数百数千の群衆が警察署や巡査駐在所を取り巻き、収容された朝鮮人を引き渡せと大騒ぎした。こうした騒動が三〇件近くも発生し、このうち一一件では、群衆が警察署構内に押し入って朝鮮人を虐殺した。民衆犯罪の多くは、権力の思惑を超えていて、先行研究の認識枠組みからも大きくはみ出している。

次に、関東大震災時の虐殺事件と、それ以前の朝鮮人・中国人労働者に対する襲撃事件や排斥事件などとの関係が明らかではない。これらのヘイト・クライムは、外国人の働く職場とその周辺でほとんど日常化していた。震災時の事件もこれと地続きだったのではないか。連続性の問題は、治安当局による「民衆の警察化」政策においても問われている。震災以前、警察は、地域の中に警察活動への支援者を育て、暴動勃発などに際して自ら鎮圧にあたるような組織を作ろうとした。すなわち自警団（保安組合、自警義団、安全組合）の結成であった。震災前と震災時の自警団、両者のあいだの連続性も気にかかる。

そして何よりも自警団に関する基本的な知見が不足している。自警団の結成状況、規模、構成メンバー、組織編成、活動内容が分からない。このため自警団が避難民の救護と朝鮮人の殲滅、二つの活動を矛盾なくやり遂げた事実、自警団の主力も、虐殺事件の主犯も消防組だった事実が等閑視されてきた。警察が「民衆警察」の中核と位置づけ、「自警自衛」意識を強く教え込んだのも消防組員であった。朝鮮人虐殺事件における消防組の関与を、治安当局は隠蔽し、先行研究もこれに注意を払うことなく今日に至った。

さらに日本人襲撃事件の実態が手つかずのまま残されている。警視庁『大正大震火災誌』によれば、自警団は、朝鮮人ばかりではなく「同胞なりとも発音不明瞭なるもの」を殺傷したという。東北や沖縄出身者、ろう者が被害をこうむったという証言も数多い。自警団に襲われたのは「朝鮮人ばかりではない、日本人も」という伝承も根付いている。しかし、これらはどこまで史実なのだろうか。日本人が自分の加害責任から目をそらす中で生まれた「受難」伝承ではないのか。

先行研究なしに本書の一行たりとも綴れなかったのは間違いない。それでも常に頭をかすめたのは、民衆犯罪と自警団の実態がほとんど分かっていないという思いであった。本書が上記の課題をすべて解決したとは毛頭考えていないが、少なくとも今後の叩き台は用意したつもりである。民衆犯罪を直視する。これもまた、取り返しのつかないものを取り返すための試みである。

本書は「第1部　関東大震災下の国家と民衆」、「第2部　刑事事件化した民衆犯罪の動向」、「第3部　沖縄出身者と自警団」の3部から成る。

第1部では、朝鮮人虐殺事件の経緯とその背景を概観した上で、自警団に関する基本的な知見を検証する。第1章では、朝鮮人虐殺事件に対する権力機構（政府・軍隊・警察・地方政府・新聞社）の関与と、トップエリートが「事実の真相」をどのように改竄したかを見ていく。これは百年早い歴史修正主義の実践に他ならなかった。

第2章では、自警団の結成状況、結成範囲、消防組や在郷軍人会との関係、「警備」活動の実際などを、東京南部警備部隊司令部「警備旬報付録」と千葉県罹災救護会編『大正大震災の回顧との其の復興』に基づいて定量的・定性的に明らかにする。

第3章では、警察による「民衆の警察化」政策と近代日本が初めて直面した外国人労働者「問題」の二つに着目して、エスノサイドの背景を探っていく。朝鮮人、中国人虐殺事件が起こる条件は、すでに震災以前から準備されていた。また、第2章、第3章を通して、消防組が虐殺事件の主犯となった事実とその背景を浮き彫りにする。

第2部は全体から言えば本編に相当する。ここでは検察が起訴した朝鮮人襲撃事件と日本人襲撃事件を、山田昭次編『朝鮮人虐殺関連新聞報道史料』等に基づいてひとつひとつ見ていった。第1章では、朝鮮人襲撃事件を態様別に分類、整理した上で、その殺伐とした特徴と自警団の情動を浮き彫りにする。

第2章では、日本人襲撃事件を同じく態様別に分類した上で、日本人の被害は必ずしも「朝鮮人と間違えた」結果ではなかったこと、被害者の多くは「発音不明瞭なる」地方出身者やろう者ではなく、若い勤め人と学生だったことを明示する。

第3章では、自警団員被告の即時放免を主張した「関東自警同盟」の文書をもとに自警団員裁判の実態をふり返った上で、上記の刑事事件被告四五〇〜六二五人（判明分）のプロフィールを分析する。これは加害者像に関する初めての実証的なアプローチとなる。

第3部では、出版社社員、大学予科生、製紙労働者、紡績労働者といったさまざまな沖縄出身者の震災経験を検証する。自警団に襲われたのは「朝鮮人ばかりではない、われわれも」という沖縄の伝承（沖縄出身の被殺者は一人しか判明していない）を見直すためである。ここでは集団的な経験や思い込みと史実が互いに影響して、一つの伝承が作られた過程とその役割を対象化する。この伝承には二つの側面がある。一つは、自分たちの加害可能性に目をつむって、被害者の側に自分たちを滑り込ませた「受難」伝承であること。もう一つは、本土での被差別経験や方言撲滅教育、沖縄戦など固有の歴史経験が反映されていることである。二つを解きほぐす契機になればと願っている。

なお、神奈川県で発生した民衆犯罪と、中国人虐殺事件は、ほとんど検討対象としていない。先行研究に新たな知見を加えられる見通しが立たなかったためで、ひとえに筆者の力量不足によるものである。

引用に際しては地名等を除いて新字体で統一し、接続詞その他の漢語は平仮名に開いた他、適宜句読点を追加するなどしている。年次のない月日表記はすべて一九二三年を意味する。引用文献には「鮮人」をはじめとする差別表現が多々あるが、原資料の記述をそのまま用いている。

第1部

関東大震災下の国家と民衆

1　軍・官・民一体のエスノサイド

一九二三年九月一日正午二分前、震度七の直下型地震が関東一円を襲った。激震によって一〇万棟もの家屋が瞬く間に倒壊。火災の被害はさらに大きく、東京中心部と下町、横浜は一面の焼け野原となった。死者・行方不明者は一〇万五千余名、このうち焼死者が九万一千余名に上った。被災地周辺で朝鮮人の放火、投毒、暴動に関する流言蜚語がしきりに流されたことは周知の通りである。流言蜚語の発信元とその意図は分からない。[1]しかし、デマを拡散して住民の武装組織化を促したのは警察と役所であり、自警団に虐殺の見本を見せたのは軍隊であった。ここでは朝鮮人虐殺事件の権力犯罪としての側面に焦点をあてながら、東京市部、東京府南葛飾郡東部、千葉県東葛飾郡西部、埼玉県児玉郡・大里郡における事件の実態と特徴を見ていく。

1　内務省・内務官僚を流言蜚語の有力な発信源とするのは副田義也『内務省の社会史』（東京大学出版会、2007年、480‐488頁）。

〔1〕自警団の結成と警察の役割

(1) 警察がデマを広めた

九月一日夜、東京から千葉県東葛飾郡市川町(現市川市)の信徒のもとに避難していた本城昌平神父は、余震で眠れぬまま次のような見聞をした。[1]

やがて夜半過と思うころ警察のだという自動車が慌しく走ってきて、「唯今鮮人二〇〇名ばかりの団体が、この町に繰り込んできて焼き払おうとする形勢であるから、諸君はこれに対抗する用意をして、警戒してください」と叫ぶのであった。とやがて頻りに爆弾の破裂するような音が近くに聞こえてくる。町内にはまた、鮮人を追い回す群衆の叫びが、わあッわあッと聞こえ出す。そのうちには、鮮血に被われた鮮人が自警団の手にとらわれてこの家の前を引かれてゆくという騒ぎで、いよいよ恐怖の度は増すばかりであった。

朝鮮人迫害のきっかけは「警察のだという自動車」が警戒を呼びかけたことであった。こうしたケースは例外ではなかった。山田昭次によれば、警察が、朝鮮人暴動のデマを広めたことを裏付ける史料は少なくとも一四に及ぶ。[2]すでに一日夕方、駒込曙町(現文京区)の交番巡査は「不平鮮人の殺人放火に注意」と地元自警団のもとへ二度も知らせに来ていた。上野公園では巡査が朝鮮人の放火に注意するようふれまわった。二日早朝、東京市麻布区（現港区）では「不逞鮮人が攻めてくる」と、麴町区（現千代田区）でも「日本に不平を抱く不逞鮮人がこの天災に乗じ市内各所に放火したそうだ」と巡査が戸別訪問して警戒を呼びかけた。麴町区の小学六年生の作文を読んでみる。[3]

夜が明けるが早いか巡査がやってきて、一軒々々に「かねてから日本に不平を抱く不逞◯人が（中略）この天災に乗じて急に起って市中各所に放火したのだそうです。また横浜に起こったのは最もひどく、人と見れば子供でも老人でも殺してしまい、段々と東京へ押し寄せてくるそうだから、昼間でも戸締まりを厳重にしてください」と、ふれて歩いたので、皆はもう恐くて恐くて生きた心持ちもなく（中略）近所の人とひとつ所に集まって、手に手に竹槍、バット等を持って注意をしていた。（◯は伏せ字）

また、牛込神楽坂警察署の板塀には「目下東京市内の混乱につけこんで『不逞鮮人』の一派がいたるところで暴動を起こそうとしている模様だから、市民は厳重に警戒せよ、と書いてあった」「明らかに警察の名によって紙が張られていた以上、ただの流言とはいえない」[4]。かくして朝鮮人暴動デマの拡散は、警察によって「公然且つ大ッピラに電信、電話、無線電報、騎馬、自動車、オートバイで堂々と行われた」[5]。

警察各署のこうした動きは、むろん警視庁の指示によるものであった。震災当夜、警視庁ナンバー2の官房主事正力松太郎は、流言蜚語に裏付けがないことを確かめたにもかかわらず、[6]「朝鮮人がむほんを起こしている」旨「あっちこっちで触れてくれ」と新聞記者に頼んでまわった。[7]当初から「暴動」の勃発を確信し、デマを被災地に広めるべく計ったのである。新聞各社も「朝鮮人の暴動勃発」と手刷りの号外を各所に貼りだした上、大々的に報道した。[8]デマと虐殺の拡散において警察と新聞各社は共犯であった。

二日、警視庁と神奈川県警察部は、在留朝鮮人全員を逮捕して警察署に収容すると共に、朝鮮人の移動を禁止する方針を打ち出した。[9]これらは朝鮮人「暴動」を防止する方策に他ならなかった。同時に、自警団にも協力を依頼して暴力の行使を容認した。三田署では、署長自ら「抵抗したら殺してもかまわない」と公言した。[10]亀戸署の高等係は「支鮮人を見つけしだいやっつけてしまえ」と宣伝して歩いた。[11]寺島署では、自警団から引き渡された朝鮮人八人を警察官が斬殺した。「朝鮮人を殺せ」と詰めかける群衆に怯えて、逃げだそうとしたからであった。[12]大杉栄の盟友、近藤憲二は巡査の集団が朝鮮人を追い回す様子を記している。[13]文中「社会主義者に対する流言」とは、社会主義者に使嗾された朝鮮人が暴動を起こしたというデマを指す。

駒込の労働運動社も柏木の大杉の家も九月一日の震火災はまぬがれたが、朝鮮人、社会主義者にたいする流言が行われ、現に労働運動社へも幾度もうるさい奴らがおしかけ、板塀をたたいたり、暴言をはなったりした。どう血迷ったのか、お巡りが十数人でとびこんできて、懐中電灯をつきつけ、「いまたしかに朝鮮人が逃げこんだ、かくまっているなら出せ！」など騒いだこともあるが、そのたびに私たちは怒鳴りつけて追いかえした。

「必要とあらば朝鮮人を殺しても構わない」、朝鮮人抹殺（エスノサイド）を仕掛けたのは警察であった。

（2）人びとがデマに動かされた

朝鮮人「暴動」のデマと警察による朝鮮人逮捕の呼びかけに、人びとはどのように応えたか。日立製作所の鋳物工戸沢仁三郎（南葛飾郡亀戸町）は、噂を聞いた人々の様子を次のように語る。[14]

私の所属した自警団は、隣り合った家々から男子が一人ずつ出て編成されたことは他とおなじで、メンバーは労働者六、七人、商家の人五、六人、計十二、三人でしたが、二日ごろから流布されだした、朝鮮人にたいする悪質なデマ、すなわち、井戸に毒薬を投入するとか、大挙反乱し来襲してくるとか（中略）という噂が飛び、大震災で不安と恐怖におののく人々にとって、これが一大脅威であることは、私にもよくわかりますが、それが群集心理となったばあい、例えば私の所属の自警団でも、表の瀬戸物屋の井戸を守るため、目の色を変えて殺気立ち、朝鮮人とみたらぶっ殺せ、という鼻息で、手に手に凶器をもって興奮しているありさまは、これが九月一日以前の、あのおだやかな人びとであったとは信じられないくらいで、こうも同じ人間で変るものかと、暗然たる気持ちに陥っていくのでありました。

防火や助け合いのために集まったはずの人々が、「朝鮮人狩り」にその関心を転じた瞬間である。恐怖と不安に取り憑かれた住民男女の姿は、陰鬱にして凶暴であった[15]。

「服装は大体武装的にして千差万別、多くは靴又は足袋裸足でその他は草履、下駄、草鞋を履き、女子は襷をかけ男子は脚絆を着け、首に三尺手拭いを結び、腕を捲り四五尺の青竹或いは棍棒を携え、又風呂敷包みを背負い或いは携帯する者多く、男女共に笑顔の人なく、いずれも物騒な人相で勢い又荒々し」い。

どうして人びとは流言蜚語をやすやすと信じ、武装して「不逞鮮人」襲来に備えたか。千駄ヶ谷で被災した和辻哲郎は、相次ぐ余震と迫り来る大火の兆しに為すところなく茫然としていたところで、朝鮮人による放火の流言を聞いた。その時の気持ちの動きをていねいに追跡している[16]。

我々はその真偽を確かめようとするよりも、いきなりそれに対する抵抗の衝動を感じた。

これまでは抵抗し難い天災の力に震え戦いていたのであったが、この時に突如としてその心の態度が消極的から積極的へ移ったのである。自分は洋服に着替え靴をはいて身を堅めた。（中略）日がくれると急製の天幕のなかへ女子供を入れて、その外に木刀を持って張り番をした。

なぜ、真偽を確かめもせずに木刀を持って備えたか。「震災前には、大地震と大火の可能性を知りながら、ただ可能性であるだけでは信じさせる力がなかった」。ところが、信じられないような災害が現に起きてしまった。だから「震災後はそれがいかに突飛なことでも、ただ可能でありさえすれば人を信じさせた」。「放火の流言も、人びとはその真相を突き止めないで、ただ可能であるが故に、またそれによって残存せる東京を焼き払うことが可能である故に信じたのである」。

震災後は根拠が不明であっても「可能であるが故に信じた」。そこに治安当局がつけ込んだ。つけ込めたのは、日本人住民が「朝鮮人の放火」という不安を分かちもったからに他ならない。

和辻も、流言に対する認識を次のように説明する。

自分は放火の流言に対してそれがあり得ないこととは思わなかった。ただ破壊だけを目ざす退廃的な過激主義者が、木造の都市に対してその種の陰謀を企てるということは、極めて想像し易いからである。

朝鮮独立運動は活発化し、日本の植民地支配は大きく動揺していた。内地でも朝鮮人が暴動を起こす、流言蜚語はリアリティをともなって広まった。官憲が流布・拡散した流言蜚語に、人びとは確かに共鳴したのであった。

東京市内で結成された自警団は五六二、郡部の自警団は五八三、合計一一四五団体に及んだ（九月一六日現在）[17]。町場では商店主、住宅地では大家、工場周辺では労働者が自警団結成を呼びかけたのであろう。各戸一人の参加を義務づけた地域もあれば、消防組や青年団、在郷軍人会がそのまま自警団となった地域もある。彼らは、相手構わず通行人を誰何訊問し、怪しいと思えば警察に連行した。抵抗や逃亡を試みれば殺害も辞さなかった。

そして、東京ならではの特徴であろう。大勢の著名人が自警団に参加した。芥川龍之介は、「善良なる市民になることは、――兎に角苦心を要する」とぼやきながら、発熱を押して夜警に出た[18]。老骨にむち打って夜警をつとめ、軍隊に聖書講堂を開放したのは内村鑑三であった[19]。日記には「最も適当の使用法と信じてうれしかった」と綴っている。日本労働総同盟会長の鈴木文治は、朝鮮人の暴動を確信し、団長格の気分で住民を指図して回った[20]。小説家の田山花袋も夜警に加わり、自宅の縁の下に隠れた朝鮮人を「引きずり出してなぐってやった[21]」。

演劇人、千田是也（本名、伊藤圀夫）についてもふれておく。千田の芸名の由来は有名である。千駄ヶ谷で朝鮮人にまちがえられた経験が、「センダガヤのコレアン」という名を生みだした。

当時一九歳の彼は「不逞鮮人」襲来に備えるため、先祖伝来の短刀を便所に隠した上、「敵情視察か何かのつもりで」登山杖をもち、線路沿いの土手を徘徊した。[22] やがて「鮮人だ、鮮人だ」という叫びが聞こえたため、挟み撃ちにするつもりで駆けつけた。ところが当の自警団に怪しまれて捕まってしまう。早稲田大学の学生証を見せ、教育勅語を暗誦しても放してくれない。歴代天皇名を途中まで叫んだ頃、ようやく近所の酒屋が「なぁんだ、伊藤のお坊ちゃんじゃねえか」と気づいてくれて事なきを得た。千田の芸名に込めた、この経験を忘れまいとする気持ちは貴重である。だが、早大生伊藤圀夫が「不逞鮮人」来襲を信じ、あわよくば朝鮮人に襲いかかるつもりでいたことも紛れもない事実であった。

実際に襲撃に加わった者も「善良な国民」に他ならなかった。通説とは異なり、襲撃者の職業や階層は多種多様である。臨海部では水夫や仲仕、工場街では職工や鉄道員、工事現場では鳶や土工、商店街では魚屋、八百屋、料理店主が襲撃者となった。

中間層かそれ以上に属する襲撃者も少なくない。目黒では、電気機械商を営む町会議員が通行人を誰何し、返事が遅いからと猟銃で射殺した。[23] 巣鴨駅近くの自警団は、避難民を満載した自動車をおそった。運転手に重傷を負わせたのは駅長と近所の開業医であった。[24] 朝鮮王家につらなる留学生を銃殺したのは、農商務省に勤務する技師であった。[25] 千歳烏山では、朝鮮人土木労働者を乗せた貨物自動車を襲い、一七人を殺傷したとして私大英語教授ら一三人が逮捕された。[26] 渋谷では陸軍中将や子爵が会社員を襲撃して傷害罪で連行された。[27]

組織労働者も例外ではない。前出の戸沢仁三郎によれば、東京下町の向島では労働組合幹部が「工場と地域を守るのだと称して」「もうこうなったら、こっちから押しかけろとばかり、朝鮮人をおっかけまわした」。さらに戸沢は重要な指摘を行っている。「朝鮮人殺害の加害者は、ともすれば消防夫や、在郷軍人、与太もん、反動市民の名だけがあげられる始末ですが、これでは私が知る自警団の説明にはならない」、「多数の勤労人民中にも大きな誤りを冒した責任はあります」と。[28] この発言はほとんど見過ごされてきたが、個別の事件をていねいに見ていくと、工場労働者や職人、商人による殺人事件がきわめて多い。加害者像については改めて検証する。

警視庁が一〇月までに検挙した被疑者は二九六人、被殺者一三一人、負傷者三二人、強盗被害者三人となっている。[29] 東京では、自警団による被害者の少ない殺傷事件が多発したこと、そして軍隊による大量殺戮が発生したことが特徴的であった。

1 本城昌平「渦巻く焰を脱出した私の体験記」本所教会百年祭誌編集委員会編『本所教会之百年』本所カトリック教会、1981年、170頁。西崎雅夫『関東大震災時、千葉県西部で何が起きていたのかを史料と証言で概観する』（私家版、2017年）の示唆による。

2 山田昭次『関東大震災時の朝鮮人虐殺とその後――虐殺の国家責任と民衆責任』創史社、2011年、56－62頁、289頁。以下、警察によるデマ拡散の事例は同書による。

3 東京市学務課編纂『震災記念文集：東京市立小学校児童尋常六年の巻』1924年、5頁。

4 中島健蔵『昭和時代』岩波新書、1957年、15－16頁。

5 山崎今朝弥『地震・憲兵・火事・巡査』岩波文庫、1982年、7頁。

6 正力松太郎著、大宅壮一編『悪戦苦闘』早川書房、1952年、129-130頁。
7 石井光次郎『回想八十八年』カルチャー出版、1976年、291頁。
8 流言と虐殺の拡大に新聞が果たした役割については、大畑裕嗣、三上俊治「関東大震災下の「朝鮮人」報道と論調　上下」(東京大学新聞研究所編『東京大学新聞研究所紀要』35、36号)を参照のこと。
9 警視庁『大正大震火災誌』1925年、480-481頁。
10 東京日日新聞10／22の投書(山田昭次編『朝鮮人虐殺関連新聞報道史料Ⅰ』緑蔭書房、2004年、187頁。以下「東日」10／22『新聞史料Ⅰ』187頁などと略する)。
11 仁木ふみ子『震災下の中国人虐殺』青木書店、1993年、208頁。亀戸署管内の大島町には千数百名の中国人労働者が居住していた。
12 山田昭次『関東大震災時の朝鮮人虐殺――その国家責任と民衆責任』創史社、2003年、198-199頁。
13 近藤憲二『一無政府主義者の回想』平凡社、1965年、37頁。
14 戸沢仁三郎「純労働組合と大震災」『労働運動史研究』37号(日本評論新社、1963年、13-14頁)。
15 会田有仲「東京大地震日記」(姜徳相・琴秉洞編『現代史資料6　関東大震災と朝鮮人』みすず書房、1973年、155頁。以下『現代史資料6』と略する)。他に、女性の夜警参加に関する記事は「女の自警団」「法律」10／10『新聞史料Ⅱ』203頁。
16 和辻哲郎「地異印象記」(『思想　復刻版』1923年11月号、200-203頁)。
17 警視庁前掲書494-498頁。
18 芥川龍之介「大正十二年九月一日の大震に際して」(『同全集　第四巻』筑摩書房、1958年、193頁)。
19 内村鑑三「日記」1923年9月6日『内村鑑三日記書簡全集2』教文館、1964年。
20 鈴木文治『労働運動二十年』一元社、1931年、337-339頁。
21 木佐木勝『木佐木日記　第1巻(大正八年-大正十四年)』現代史出版会、1976年、330頁。
22 千田是也「演劇自伝4」(『テアトロ』212号、1961年5月、14-23頁)。命名者は土方与志。
23 「国民」9／30『新聞史料Ⅱ』11頁。

24 「国民」10／16同上165頁。
25 「読売」10／22同上158頁。
26 「国民」11／10同上37頁。
27 「東日」11／8『新聞史料Ｉ』208頁。
28 戸沢前掲論文。
29 警視庁前掲書602頁。

〔2〕治安エリートの「暴動」妄想と戒厳令下の虐殺

次に中央政府の動向と軍隊の行動を見る。震災直後、内務大臣、内務省警保局長（現在の警察庁長官）、警視総監ら治安当局者が抱いたおそれと、彼らがごり押しした戒厳令がいかなる事態を招いたか。東京府南葛飾郡東部と千葉県東葛飾郡西部における虐殺事件をふり返る。

（1） エリートパニックと戒厳令

九月二日午後、内務省警保局長後藤文夫は、各地方長官に宛てた次の電文を伝令にもたせた（三日朝八時、海軍無線電信所船橋送信所から発信）[1]。

東京付近の震災を利用し、朝鮮人は各地に放火し、不逞の目的を遂行せんとし、現に東京市内において爆弾を所持し、石油を注ぎて放火するものあり。既に東京府下に一部戒厳令を施行したるが故に、各地に於いては充分周密なる視察を加え、鮮人の行動に対して厳密なる取締を加えられたし。

内務省は「東京市内での朝鮮人による放火・爆破」を公に認め、在留朝鮮人の徹底的な取締を要請したのである。同時に東京近県にも通牒を発し、各町村は消防組、在郷軍人会、青年団と協力して朝鮮人への警戒に当たるよう指令した。[2] この電文をはじめとする内務省の指示が地方に及ぼした影響については、後に埼玉県の事例を通じて明らかにする。

では、治安当局がいともたやすく流言蜚語を公認した背景には何があったか。

当局者はかねてから朝鮮独立運動に震撼させられていた。[3] 東京は、上海、延吉《ヨンギル》、サンフランシスコと並ぶ、朝鮮独立運動の拠点であった。延べ二〇〇万人が参加した三・一運動も、在京朝鮮人留学生の「二・八独立宣言」が口火を切った。このため政府は在京朝鮮人を警戒し、二一年には警視庁特高課が内鮮高等係を設置、留学生全員に尾行や監視をつけた。メーデーや三・一運動記念日には主だった活動家を予防拘禁し、集会参加者には徹底して暴行を加えた。「朝鮮人が少人数でも集まれば、「不逞鮮人」の集まりと疑うのが警察の習性となっていた」[4]。

震災の年も同様であった。すでに八月半ばから警察は朝鮮人留学生の事前検束に着手していた。八月二九日の「日韓併合」条約の発効記念日と九月二日の摂政（後の昭和天皇）の箱根行をひかえていたためだ。

時の内務大臣水野錬太郎と警視総監赤池濃《あつし》は、つい前年まで朝鮮総督府の政務総監と警務局長を務め、三・一運動とその後の独立運動の弾圧にあたっていた。関東大震災で警察力が麻痺したことを目の当たりにした赤池は、「その瞬間に一部不逞鮮人は必ず不穏計画や暴挙を行うだろう」と直感したという。[5] これはエリートパニック（レベッカ・ソルニット）の典型症状であった。災害時の民衆行動（パニック）を恐れて抑えつけようとする過剰反応である。帝都の治安維持には軍隊の力が不可欠である、暴動妄想に駆られた彼らは戒厳令の施行を急いだ。

二日、政府は、東京市内と隣接五郡に戒厳令を施行した。現在の東京二三区にあたる地域である。三日には東京府全体と神奈川県、四日埼玉県と千葉県へと適用地域を拡大した。

戒厳令とは、戦争や内乱に際し、行政権、司法権、立法権を軍隊にゆだね、言論統制、集会禁止、検閲その他を合法化する非常立法である。天災を理由に施行するなど空前絶後で、後に閣内外で異論が出るのを承知しての布告であった。[6]

こうして関東戒厳司令部は設置され、約五万の将兵の武器使用が解禁された。[7] 敵は、今にも「暴動」を起こすはずの朝鮮人と「暴動」煽動の恐れがある無政府主義者と社会主義者であった。

(2) 戒厳軍による大量殺戮

すでに震災当夜から荒川放水路西縁一帯には、そこかしこで軍隊の姿が見られた。市川や習志野など、隣県千葉の駐屯地から出動した部隊である。[8] 全兵士が実弾に実銃を携えており、掃討戦をひかえてでもいるような物々しさであった。

東京市東部の日本橋区から本所区、深川区が震火災で壊滅したため、南葛飾郡東部は避難民でごった返していた。防火、交通の確保、被災者救済など、軍には本来やるべき課題が山積していた。ところがこの地域に配備された部隊は、二日朝から朝鮮人の「保護検束」にとりかかったのだ。ここは京浜工業地帯の中心で、大勢の朝鮮人、中国人が暮らしていた。兵士が次々に捕らえたのも、ゴム工場や鋳物工場の職工、荒川放水路の開削工事にたずさわる土工・人足であった。東京市がまとめた『東京震災録』によれば、総武線以北で一〇〇人、深川方面で三百余人、小松川付近で百七十余人が軍隊に逮捕・拘束された。[9] それでも身柄の拘束で済んだのならばまだ運が良かった。

将兵はいずれも「暴動制圧」が出動目的だと認識していた。たとえば、野戦重砲兵第一連隊第三中隊長の遠藤三郎は、「朝鮮人が暴動をやっているから征伐せにゃならん」と連隊長に叱咤され、戦時武装で出動するよう要請されたと証言する。[10]「朝鮮人とみれば反乱分子と思え」、現場の将兵にとって朝鮮人すべてが制圧＝殲滅対象となっていく。

二日午前一〇時半、野重一連隊所属の第四救援隊の凶行はその皮切りであった。部隊は小松川町で、無抵抗の朝鮮人二百余人を瞬く間に惨殺した。この部隊に所属した久保野茂次は、日記に次のように記す。[11]

…望月上等兵と岩波（清貞、引用者注）少尉は震災地に警備の任をもってゆき、小松川にて無抵抗の温順に服してくる鮮人労働者二百名も兵を指揮し惨ぎゃくした。婦人は足を引張りまたを引裂き、あるいは針金を首に縛り池に投込み、苦しめて殺したり、数限りのぎゃく殺したことについて、あまり非常識過ぎやしまいかと、他の者の公評も悪い。

午後二時、亀戸駅構内でも、騎兵一三連隊が「列車改め」と称し、朝鮮人を列車から追い立てて斬殺した[12]。現場を取り囲んだ避難民も、「国賊！朝鮮人は皆殺しにしろ」と口々に叫び、万歳をくりかえした。

夕方には京成線荒川駅（現京成八広駅）近くに機関銃が据え付けられ、近隣在住の朝鮮人労働者を引きずり出しては撃ち殺した。荒川放水路両岸では、機関銃の音が数日間鳴りやまなかったという[13]。

九月四日までの三日間、東京府南葛飾郡東部では軍隊による虐殺が相次いだ。このうちいわゆる「亀戸事件」については良く知られている。平沢計七ら純労働者組合と南葛労働会の労働運動活動家など一〇人が亀戸警察署で密殺された事件である。殺人者は「列車改め」で朝鮮人を虐殺した騎兵一三連隊の将兵だが、この時、亀戸警察署内だけでも五〇人以上の朝鮮人、中国人が殺されたことは十分に顧みられてこなかった[14]。

軍は無抵抗の人々を大勢殺戮した。小松川で二百余人、亀戸で八六人、大島で三百余人。大島

4日	〔千葉・松戸町〕陸軍工兵学校教導大隊付中尉、葛飾橋で朝鮮人1名を射殺① 〔亀戸警察署構内〕騎兵一三連隊、藤本栄左衛門ほか自警団員5名を刺殺①⑦（3日夜説あり） 〔亀戸警察署構内〕騎兵一三連隊、平沢計七ほか労働運動家など9名を刺殺①⑦（同上）
5日	〔千葉・習志野〕習志野俘虜収容所（騎兵第2旅団）に朝鮮人・中国人の収容を開始 朝鮮人収容者3000人中300人の「負傷」による死亡を報告。軍が直接殺害したほか、周辺村落に「払い下げ」て殺させた事件も含まれる③

〔出典番号〕
①関東戒厳司令部詳報（松尾章一監修『関東大震災 政府陸海軍関係史料 Ⅱ巻 陸軍関係史料』160-165頁）。
②越中谷利一「関東大震災の思い出」（『歴史の真実』285頁）。
③千葉県における関東大震災と朝鮮人犠牲者追悼・調査実行委員会『いわれなく殺された人びと』（青木書店、1983年、86-87頁、116-131頁）。
④関東大震災時に虐殺された朝鮮人の遺骨を発掘し追悼する会編『風よ鳳仙花の歌をはこべ』（教育史料出版会、1992年、57-63頁、127頁、149頁。以下『鳳仙花の歌』と略する）。
⑤高梨輝憲『関東大震災体験記』私家版、24-26頁。
⑥警視庁外事課長報告（外務省『大島事件その他支那人殺傷事件』収録）。
⑦司法省「震災後ニ於ケル刑事事犯及之ニ関連スル事項調査書」（『現代史資料6』443-448頁）。

表1－1　軍隊による虐殺事件（東京東部・千葉西部）

1日	〔月島4丁目〕外泊許可中の歩兵第一連隊の兵士が朝鮮人1名を撲殺①
2日	〔亀戸駅構内〕騎兵連隊「列車改め」と称して朝鮮人避難民を引きずり降ろして斬殺② 〔小松川〕野戦重砲兵第一連隊所属の第4救援隊、200名の朝鮮人労働者と婦人を虐殺③ 〔吾嬬町〕南葛飾郡吾嬬町大畑の旧四ッ木橋附近で朝鮮人を機関銃・銃で虐殺。2日か3日という証言がある。憲兵立ち会いで6日頃まで死体の焼却を続ける。被殺者数不明④ 〔千葉・南行徳〕騎兵第一五連隊、南行徳村下江戸川橋際で朝鮮人1名を銃殺①⑦
3日	〔両国橋西詰〕近衛歩兵一連隊の少尉らは朝鮮人1名を射殺① 〔永代橋付近〕野重一連隊、特務曹長以下4人は警官、避難民と32名の朝鮮人を射殺、撲殺① 〔亀戸駅構内〕騎兵一三連隊の中尉、朝鮮人1名を自警団より引き渡され刺殺① 〔亀戸警察署〕騎兵、拘束中の朝鮮人を練武場で86名射殺の後、斬殺④ 〔千葉・浦安〕騎兵一五連隊、朝鮮人3名を役場前で射殺①（⑦には4名） 〔千葉・松戸〕工兵中尉、葛飾橋上で朝鮮人1名を射殺⑦ 〔千葉・行徳〕騎兵一五連隊、行徳町本行徳地先で朝鮮人3名射殺？　陸軍省「該当事実なし」⑦ 〔大島町丸八橋〕野重一連隊、朝鮮人6名を射殺①（軍隊が20名を銃殺④） 〔大島町新開橋〕騎兵3人が中国人を斬殺⑤ 〔大島8丁目〕軍隊、警察、在郷軍人会等が300名以上の中国人を斬殺⑥（①には「本鮮人団ハ支那人ナリトノ説アルモ軍隊側ハ鮮人ト確信シ居タルモノナリ」と注記）
	〔千葉・南行徳〕騎兵一五連隊、下江戸川橋北詰で朝鮮人2名を銃殺①⑦ 〔千葉・南行徳〕騎兵一五連隊、下江戸川橋北詰で朝鮮人5名を銃殺①⑦

町で殺されたのは中国人労働者であった。東京東部（南葛飾郡）と千葉西部（東葛飾郡）における軍隊の虐殺事件はさしあたり表1-1のとおりである。表中九件については、関東戒厳司令部が作成した資料でも殺害状況を確認できる。[15] たとえば「亀戸駅構内」では、取調中に刃物で斬りつけてきたので刺殺した、「下江戸川橋」では橋柱に穴を開けていたので射殺した、「大島町」では騎兵に殴られて激昂した朝鮮人（中国人の誤り）二百人を殺したと記す。武装した兵士に刃物や拳で襲いかかる者がいるだろうか。殺すべくして殺したためであろう。記録者には、それなりの理由を作文するつもりもなかったようである。

軍隊による朝鮮人虐殺は言論統制のためほとんど報道されなかった。[16] また、どの事件も戒厳令下の兵器使用規定（衛戍勤務令第十二）に基づき適当とされ、処分された者は一人もいない。

震災後、政府や警視庁、各自治体は膨大な震災録を刊行したが、軍隊の犯罪と責任には一切口をつぐんでいる。[17] それでも表中半数前後については『関東戒厳司令部詳報』の「震災警備ノ為兵器ヲ使用セル事件調査表」と、司法省『震災後ニ於ケル刑事事犯及之ニ関聯スル事項調査書』[18] に記さざるを得なかった。隠すに隠しきれずという結果であった。

(3) 軍隊が虐殺の「見本」をみせた

戒厳軍の行動は、朝鮮人「暴動」が真実であり、無差別殺戮が許されることを人びとに教えた。前出の久保野茂次は九月三日の日記に次のように記している。[19]

雨　午前一時ごろ、呼集にて、また東京に不逞鮮人がこの機に際し、非常なる悪い行動をしつつあるので（中略）三八騎銃携行、拳銃等も実弾携行し（中略）東京府大島にゆく。小松川方面より地方人も戦々兢々にて眠りもとれず、各々日本刀、竹やり等を以て、鮮人殺さんと血まなこになって騒いでいる。軍隊が到着するや在郷軍人等非常《（ママ）》なものだ、鮮人と見るやものも云わず、大道であろうが、何処であろうが斬殺してしもうた。そしては川に投げ込んでしまう。余等見たのばかりで、二十八人一かたまり、四人、八人、皆地方人に斬殺されてしまっていた。

千葉県船橋町周辺で軍人の果たした役割も見逃せない。先に見た後藤警保局長の電文を打電した海軍無線電信所船橋送信所（塚田村所在）は、この地域一帯における虐殺事件の原因をつくった。所長の大森良三大尉は、政府や各地の軍隊から伝わる朝鮮人「暴動」の情報に心底から怯えた。三日、大森は塚田村の地元有力者を集め、「北総鉄道（現東武鉄道野田線）工事に従事する朝鮮人が大挙して押し寄せてくる[20]」、「朝鮮人は殺しても差し支えなく自分が責任を負う」と一大警戒網を張るように命じた[21]。このため塚田村自警団は船橋送信所周辺を警戒すると共に、鉄道工事に従事する朝鮮人労働者五十余人を船橋警察署に連行した。ところが、警察署前に押し寄せた群衆が彼らを袋だたきにして一五人に重傷を負わせ、一人を殺した。

四日も同様の事件が起きた。船橋の北西、鎌ヶ谷村で同じく鉄道工事に従事していた五十余人が、騎兵に引率されて船橋九日市避病院前まで連行された。当初、船橋署は朝鮮人労働者を習志野俘虜収容所に移送する予定と聞かされていた。このため、巡査を派遣し、騎兵から護送を引き継ごうとした。ところが、巡査が引渡しを求めても、騎兵は聞き入れない。現場に派遣された巡査渡辺良雄（後の船橋市助役）は生々しい記録を残している。[22]

「船橋の自警団に引き渡せと命令を受けて来たので、駄目だ。」と聞き入れてくれなかった。〔みると、みんな針金でしばられていた。みんなつながっていた。〕

「若し船橋に行くと皆殺しにされるから、引き渡してくれ」と押し問答しているうちに、丁度その時、船橋駅付近で列車を停めて検索していた自警団や、避難民の集団に発見された。警鐘を乱打して、約五百人位の人達が、手に竹槍や鳶口等を持って押し寄せて来た。私は、ほかの人達に保護を頼んで、群衆を振り分けながら船橋警察署に飛んで戻った。（中略）現場に行って見ると、地獄のありさまだった。保護に当たっていた警察官の話では「本当に手の付けようがなかった。」とのことであった。調べて見ると、女三人を含め、五三人が殺され、山のようになっていた。人間が殺される時は一ヵ所に寄り添うものであると思い、涙が出てしかたがなかった。

千葉では、このように軍隊が誘発した虐殺事件と騒乱事件が多い。騒乱事件とは、朝鮮人を収容した警察署や駐在所を群衆が取り巻いて騒ぎ、多くの場合は構内に乱入して殺傷した事件である。千葉県内では一六町村において騒乱事件、騒乱殺人事件が発生した（埼玉五町村、群馬二町村[23]）。

1　『現代史資料6』18頁。原文写しは山田前掲書、２００３年、81頁。
2　「二　永井柳太郎国会質問」『現代史資料6』４８０頁。山田前掲書、２００３年、81－83頁。
3　姜徳相『新版　関東大震災・虐殺の記憶』青丘文化社、２００３年、69－72頁。山田前掲書、２００３年、62－69頁。
4　山田前掲書、２００３年、61頁。
5　赤池濃「大震災当時に於ける所感」『現代史資料6』9頁。小松裕『全集　日本の歴史　第14巻「いのち」と帝国日本』小学館、２００９年、３０６頁。
6　内閣は枢密院に諮ることなく戒厳令を布告するなどその違法性が問題化した。松尾章一『関東大震災と戒厳令』吉川弘文館、２００３年、60－62頁。
7　小松裕前掲書３０６頁。
8　『鳳仙花の歌』、１３８－１４３頁。
9　東京市『東京震災録前輯』２３５頁他、『鳳仙花の歌』１４３頁。
10　『鳳仙花の歌』１４５－１４７頁。
11　関東大震災五十周年朝鮮人犠牲者追悼行事実行委員会『歴史の真実　関東大震災と朝鮮人虐殺』現代史出版会、１９７５年、１８５頁。以下『歴史の真実』と略する。
12　越中谷利一「関東大震災の思い出」『歴史の真実』２８４－２８６頁。
13　『鳳仙花の歌』57－63頁。

14 二村一夫「亀戸事件小論」『二村一夫著作集』第十巻 nimura-laborhistory.jp/kameidojikenshoron.html
15 松尾章一監修、田崎（野澤）公司、坂本昇編『関東大震災 政府陸海軍関係史料 Ⅱ巻 陸軍関係史料』日本経済評論社、1997年、160-165頁。
16 関連記事は数件ある。たとえば「報知」11／15『新聞史料Ⅱ』73頁。
17 前掲姜徳相、2003年、101-102頁。
18 後藤新平関係文書（『現代史資料6』443-448頁）と山岡萬之助関係文書の二種類がある。詳細は118～120頁を参照のこと。
19 『歴史の真実』14-15頁。
20 千葉県罹災救護会・千葉県庁社会課内『大正大震災の回顧と其の復興 下巻』1933年、875、867頁。
21 「法律」11／20『新聞史料Ⅱ』213頁。『現代史資料6』34頁。
22 『いわれなく殺された人びと』260-261頁
23 吉河光貞『関東大震災の治安回顧』（法務府特別審査局、1949年、69頁）。吉河の略歴と本資料については120頁を参照のこと。

〔3〕県庁と県警の失態

次に、警察や軍隊が関与しなかった虐殺事件を見ていく。埼玉県北部では本庄町（現本庄市）で八八人、熊谷町（現熊谷市）で五七人、神保原村（現上里町）で四二人と大量殺戮事件が相次いだ。[1] これらの事件に軍隊が関与した形跡はなく、警察にしてもせいぜい「自警」活動を督励したにとどまった。なぜ、これほどの事件が起きたのか。県庁が「不逞鮮人」襲来に武装して備えよという命令を下し、県警察部が朝鮮人避難民の「県外移送」をやみくもに進めたからに他ならなかった。

九月二日午後五時頃、内務省との打合せを終えた埼玉県の地方課長は、香坂昌康内務部長にその内容を報告した。同日夜、香坂内務部長は友部泉蔵警察部長と協議の上、各郡役所に宛て『不逞鮮人暴動に関する件』と題する指令を電話で急報させた。[2]

東京に於ける震火災に乗じ、暴行を為したる不逞鮮人多数が、川口方面より或は本県に入り来るやも知れず、しかもこの際警察力微弱であるから、各町村当局は、在郷軍人分会員、消防手、青年団と一致協力してその警戒に任じ、一朝有事の場合には速かに適当の方策を講ずるよう至急相当の手配相なりたし。

朝鮮人「暴動」が迫っていると危機を煽った上で、一朝有事の場合、「不逞鮮人」を鎮圧するよう呼びかけたのである。前述の後藤警保局長の電文とちがうのは、警察は無力だからと民間人の武装出動に「不逞鮮人」対策を委ねた点である。

各郡役所は、警察署長と連名で、香坂の指令を文書や電話で各町村役場に「移牒」した。こうして『極秘急』の印を付した「移牒」は、行政末端の区長にまで届けられ、駅頭や警察署前では郡役所の書記が「朝鮮人を見たら捕まえて警察に突き出せ」と告知した。[3] 三日夕方までに朝鮮人制圧の指令は、県内すみずみに行き渡った。

この指令は、最悪のタイミングで各町村に到達した。

高崎線沿線や中山道《なかせんどう》は東京方面からの避難民で混雑し、地元青年団や消防組、在郷軍人会は炊き出しや負傷した避難民の救護、一時収容に追われていた。避難民は彼らに、震災の恐怖と流言蜚語をたれ流した。「朝鮮人の放火で妻や子供も焼け死んだ。自分たちの仇をぜひ取ってくれ」、「朝鮮人の暴動で戒厳令が下った。上野の山では軍隊と朝鮮人が衝突をくり返している」、「上野松坂屋は不逞鮮人と主義者の爆弾で壊滅した」[4]……。

東京方面に奉公や出稼ぎに出ている親戚知人は数多く、沿道住民にとっては他人事《ひとごと》ではなかった。当然、県庁からの「移牒」は流言蜚語を裏付けたものと受けとめられ、住民は朝鮮人への恐怖と憎悪を深める。それまで避難民救済にあたった消防組や在郷軍人会などは、「移牒」の指示するとおり日本刀や棍棒で武装して朝鮮人を待ち受けた。[5]

一方、埼玉県南部の川口・戸田方面の警察は、東京から避難してきた朝鮮人や、荒川沿岸の河川工事に従事していた朝鮮人労働者を、逐次、警察署へ収容していた。これは二日に始まった警視庁による朝鮮人の「保護」検束と移動禁止の方針に倣《なら》ったものである。

ところが、県警察部は、友部部長の命令一下、収容した人びとを県外へ移送しようとし始める。これはまことに奇妙な「対策」であった。まず、県外のどこへ移送しようとしたか分からない。一説には群馬県（高崎連隊）とも栃木県（金丸原陸軍廠舎、現大田原市）ともいうが、先方の了解を取り付けた形跡がない。また、埼玉県との県境にある藤岡警察署（現藤岡市）は、移送された人びとの受け入れを拒み、立ち往生したトラックが神保原村に戻ったところで虐殺事件が発生している。受け入れ先、通過予定先の了承もないまま「県外移送」は行われた。そして、県内の警察や学校にそのまま収容してはいけない事情があったわけでもない。事実、移送されなかった人は襲撃を免れている。[6] さらに移送手段を検討した様子もうかがえない。たいていは徒歩で、時にトラックを仕立て、水や食料も支給せずに先を急かせた。そのありさまは、本庄警察署の警察署長までが「あたかも浮浪者でも県外に放逐するかの如き方法」と評した。[7] こうして『埼玉県警察部』とのぼりを立てた、朝鮮人の集団が中山道を北上した。途中、朝鮮人であるとして列車から引きずり下ろされた人や東武東上線の線路工事に従事する人などが集団に入れられた。そしてあろうことか、彼ら彼女らの一団を「護送」したのは各地の消防組、在郷軍人会、青年団であった。「護送」者は虐殺者に一変した。

　大宮、桶川、鴻巣、熊谷、妻沼、深谷、寄居、本庄、児玉、神保原、藤岡。埼玉から群馬にかけての朝鮮人虐殺事件はこれら中山道沿いの町村とその周辺で続発した。これは朝鮮人収容者を「県外移送」したルートそのものであった。事件は県南で三日、県北で四日から五日に集中した。埼玉県内の犠牲者はおよそ二五〇名。途中言葉を交わした人の証言によれば、上海出身の中国人、美術学校の生徒、妊娠した女性、七つ、八つの子供、飴の行商、御茶ノ水の女学生、夫の大学生、深川の職工が殺されたという。

後日、県内で起訴された事件は六件、被告総数は一一七名であった。虐殺事件裁判の実態については改めて述べるが、いずれも数百、数千の規模で襲いかかった事件ばかりである。検挙されたのは実行犯のごく一部に過ぎなかった。住民総出で殺してしまい、後に、因果を含めて「主犯」を差し出した町村も少なくなかった。

このためでもあったろう。事件を担当した検察官も真相の解明はおろか、厳罰に処するつもりなどはじめからなかった。その上、検察と裁判所は一体となって役人や地元有力者に責任が及ぶのをくい止めた。それでも、県庁からの指令が虐殺事件のきっかけとなったことだけは、裁判所も認めざるを得なかった。[8]

その他の地方で行政と警察が朝鮮人制圧体制を指示した例をあげておく。群馬県では多野郡長（現高崎市の一部と藤岡市全域を含む）が町村長にあて朝鮮人への警戒を命じ、藤岡警察署の署長代理は青年団、消防組、在郷軍人会に「不逞鮮人」の襲来に対し「死力を尽くして警察を応援するよう」訓示した。[9] 茨城県では下館警察署長が自警団に凶器携帯を命じた。神奈川県では、三浦郡長が「不逞鮮人」への警戒を町村長に呼びかけ、[10] 中原村（現川崎市中原区）でも警察署が朝鮮人「暴動」に備えて「村内血気の男子」に武装出動するよう要請している。[11]

1 朝鮮人犠牲者数は、関東大震災五十周年朝鮮人犠牲者調査追悼事業実行委員会による聞き取り調査に基づく（関東大震災六十周年朝鮮人犠牲者調査追悼事業実行委員会編『増補保存版 かくされていた歴史

2 ――関東大震災と埼玉の朝鮮人虐殺事件』1987年、50頁）。以下『かくされていた歴史』と略する。
「永井柳太郎国会質問演説」『現代史資料6』480頁。同種異文の移牒は『かくされていた歴史』242頁にも収録されている。
3 『かくされていた歴史』22頁。
4 『現代史資料6』154頁、159-167頁。
5 『かくされていた歴史』22、41頁。
6 『かくされていた歴史』29頁。
7 本庄警察署村磯署長談「東日」10／22『新聞史料Ⅰ』187頁。
8 山田前掲書、2003年、84-86頁。
9 『歴史の真実』222頁。
10 梶村秀樹「在日朝鮮人の生活史」『神奈川県史』各論編一、1983年、657頁。
11 山田前掲書、2003年、80、105頁。

〔4〕掌《てのひら》を返した治安当局

内務省が「不逞鮮人の暴動」を公認して以来、事態は深刻の度を増していた。自警団は警察署さえ襲って朝鮮人を殺害するありさまであった。事態を沈静化しなくてはならない。しかし、デマを否定すれば「暴動」を公認した政府、デマを拡散した警察、「暴徒」を殲滅した軍隊の責任は免れない。国際的な評判も地に落ちる。内務、陸軍、海軍、外務、司法各省の局長らは鳩首凝議して対応に追われた。本節では、自警団に対する当局の姿勢が変化した様子と、これらの「難題」解決のため、いかなるストーリーがでっち上げられたかを明らかにする。

(1) パートナーから殺人犯へ

「不逞鮮人」の暴動は虚報ではないか。「不逞鮮人」襲来と聞くと、軍はその都度斥候を出した。ところが、どこへ行っても兆しすら見出せず、目立つのは自警団の暴挙ばかりであった。

東京南部方面の警備にあたった第一師団は、早くも九月二日午後四時には「不逞鮮人」による暴動の形跡は見あたらないと在京各団体長に訓示した。[1] 三日早朝になると「徒党せる鮮人の暴行」は流言に過ぎない旨、東京市内のあちらこちらに宣伝文を貼り付けた。しかし、午後になっても市民の「騒然たる有様」は収まらなかった。

それでもこの日、関東戒厳司令官に就任した福田雅太郎は「地方諸団体及び一般人士も、また、極力自衛協同の実を発揮」するよう告諭している。[2] 戒厳司令部にとって自警団はなお「自衛協同」の担い手であった。

同日、警視庁は煮え切らない『公告』を貼りだした。[3]「不逞鮮人の盲動」は影を潜めたから朝鮮人のリンチは止めましょうという内容である。

「昨日来、一部で不逞鮮人の盲動があったが、今や厳密なる警戒によってその動きは跡を絶った。鮮人の大部分は善良で、何ら凶行を行う者ではないから、みだりにこれを迫害し、暴行を加えないように注意されたい。不穏の点ありと認めた場合は速やかに軍隊か警察に通報してもらいたい」

警視庁が自警団に対して及び腰ながら暴力をひかえるよう呼びかけている。しかし、「一部不逞鮮人の妄動」があったとし、今後も「不穏な点ありと認められる場合」を否定していない。これではいくら「鮮人の大部分は善良」と保証しても、デマを打ち消す力は皆無であった。同時にこの文書は、自警団のリンチを知りながら、警察が朝鮮人検束要請を撤回しなかった証にもなっている。

四日、当局は自警団の行動をようやく制約し始める。[4] 臨時震災救護事務局は、自警団の中に「常軌を逸したるものが少なくない」という認識のもと、戒厳司令部、警視庁、憲兵司令部幹部と合議した。こうして自警団を警察か軍隊の指揮下に組み入れ、通行人の検問と武器の携帯を禁じる方針が固まった。治安当局は、自分たちが解き放った暴力のすさまじさにたじろいだのである。

五日、総理大臣山本権兵衛の名で「震災に際し国民自重に関する件（鮮人の所為取締に関する件）」という内閣告諭第二号が布告される。[5] 冒頭にいわく。「今次の震災に乗じ一部不逞鮮人の妄動ありとして、鮮人に対しすこぶる不快の感を抱く者ありと聞く」。そして「暴動」が事実であるとも、デマであるともいわぬまま、不穏の行動を見つけたら警察か軍隊に通告し、自分たちでは手を出すなと命じた。民衆自身が殺害すると「日鮮同化の根本主義」にそむくばかりか、「諸外国に報じられて決して好ましきことにあらず」とあからさまな理由が付されている。

この日、内務省警保局も朝鮮人「暴動」の記事を掲載することを禁じた。当局の発表と流言を信じた新聞各紙が、裏もとらずに盛んにデマを報じたためだ。「朝鮮人二千の掠奪、毒薬を井戸に投入した」（茨城日報）、「不逞鮮人、大森で軍隊と衝突」（長野新聞）、「不逞鮮人一千名、横浜で戦闘開始」（新愛知新聞）、「麻布三連隊、鮮人隊と交戦」（海南新聞）、「不逞鮮人団の暴行、我一個小隊全滅」（四日市産業新聞）などなど。[6] 新聞を読む限り、帝都東京は内戦状態に陥っていた。これを放置すれば大変なことになる。内務省警保局は発禁・差押を連発しはじめた。[7]

六日、関東戒厳司令部は、とうとう次のような『注意』を貼りだした。飛行機を飛ばして空の上からも撒いている。[8]

「一、朝鮮人に対し、その性質の善悪にかかわらず、無法の待遇をなすことは絶対に慎め
二、総ての鮮人が悪い企てをしている様に思うのは大まちがいである。こんな噂にあやまられて暴行を加えたりして、自ら罪人となるな」

事件発生から六日、ようやく治安当局は朝鮮人の殺害を犯罪だと明言したのであった。

九月一一日、臨時震災救護事務局警備部司法事務委員会は朝鮮人虐殺事件等の犯人を検挙する方針を決定した。[9] むろん民間人限定、自警団員限定である。

「一、今回の変災に際し行われたる傷害事件は、司法上之を放任するを許さず。之を糾弾するの必要なるは、閣議において決定せる処なり。

然れども情状酌量すべき点少なからざるを以て、騒擾に加わりたる全員を検挙することなく、検挙の範囲を顕著なるもののみに限定すること。
二、警察権に反抗の実あるものの検挙は厳正なるべきこと。
三、検挙の時期については慎重に定むるを要し、現今は人心安定せざるを以て直ちに着手することなく、ただ証拠の保全に力《つと》め、検挙の開始については、検事は司法省の指揮を待ち行うこと（以下略）」

驚くべき内容であった。事件を捜査し、容疑者を取り調べる以前から「情状酌量すべき点」が少なくないという。しかし、情状酌量すべき点の有無にかかわらず、事件の真相を明らかにするには実行犯全員の検挙が不可欠であろう。最初からそれを放棄するというのである。これは、事件の真相を隠蔽することに他ならなかった。真相が露わになって官憲の責任を追及されてはやぶ蛇になるからである。殺傷事件、騒乱事件の容疑者を検挙するのは、内外に向けて法治国家としての体裁を整えるためであった。だから「顕著なるもののみ」を検挙する。顕著なるとは、手柄顔で「活躍」ぶりを吹聴した愚か者を指す。スケープゴートであった。第二項はよりあからさまである。騒乱事件を起こして警察の権威を汚した者だけは許さない。治安当局が最優先で検挙するのは「警察権に反抗」した者である。朝鮮人を殺した者ではなかった。第三項も興味深い。「人心安定せざるを以て」直ちに検挙はしない。あらたな騒乱事件の火種になりかねないからである。今は証拠の保全に努め、検挙対象を定める。そして、司法省の指示に基づいて一斉に検挙すると。見ようによっては自警団とその関係者が証拠を隠滅するなどに十分な期間を設けたとも言えるだろう。[10]

この日の決定事項は、治安当局自ら法をないがしろにすると宣言したに等しかった。地裁検事部がこれらの方針に忠実に従って容疑者の検挙、起訴に至ったことは改めて述べる。

以上、自警団が「自衛協同」の担い手から犯罪者として検挙されるまでの経緯であった。

（2）「事実の真相」を作りかえる

次に、国家の面子を保つため、政府がいかなるストーリーを創作して事態の沈静化に努めたかを明らかにする。

①朝鮮人虐殺事件の宣伝方針

九月五日午前十時、臨時震災救護事務局警備部は「鮮人問題に関する協定」を合議、決定する。[11]これは日本政府が内外に対して虐殺事件をどのように宣伝するか、基本方針をまとめたものだ。警備部委員は次の一一人。[12]後の首相二人、閣僚四人、陸海軍大将二人、貴族院議員七人を含むトップエリートの集団であった。

・内務省警保局長　後藤文夫
・陸軍省軍務局長　畑英太郎
・海軍省軍務局長　大角岑生
・外務省欧米局長　広田弘毅
・司法省刑事局長　林頼三郎
・憲兵司令官　小泉六一

・内務監察官　松井茂
・陸軍参謀長　阿部信行
・大審院検事　小山松吉
・陸軍省法務局長　松本慶次郎
・海軍省法務局長　内田重成

文書は「鮮人問題」について「内外に対し各方面官憲は」「左記事項を事実の真相として宣伝に努め、将来これを事実の真相とすること」と始まる。事実そのものは伝えない。左記事項を「事実の真相」として宣伝し、将来、これを「事実の真相」に作りかえるのだ、と。「左記事項」は大きく二つあった。

一つは「朝鮮人の暴行または暴行せんとした事例は多少ありたるも今日は全然危険なし」。先に見た警視庁の『公告』のようだが、強調点は「朝鮮人の暴行」発生にあった。「左記事項」の「第二」には「朝鮮人の暴行または暴行せんとした事実を極力捜査し、肯定に努めること」、「風説を徹底的に取り調べ、これを事実としてできる限り肯定すること」とある。つまり、こういうことである。治安当局は「不逞鮮人」の「暴行」を公認したが、その裏付けは得られなかった。だから今後も、朝鮮人の「暴行」に関する風説を徹底的に調べて何とか裏付けをとる。仮にとれなくても「これ（風説）を事実としてできる限り肯定する」。ここで「暴行」というのは「掠奪、強姦、放火、井水投毒等」を指す。[13] 平たく言えば流言蜚語を「事実の真相」に作りかえる方針であった。

もう一つは「朝鮮人にして混雑の際危害を受けた者が少数いるようだが、内地人も同様の危害を蒙った者が大勢いる。皆混乱の際に生じたるものにして、鮮人に対して殊更に大きな迫害を加えた事実はない」。朝鮮人の犠牲を日本人の被害と併置して相対化し、できるだけ小さく見せる。むろん軍隊や警察による虐殺はなかったことにする。自警団にやられたのは「朝鮮人ばかりではない、日本人も」という伝承をつくることであった。

「左記事項」をくり返しておく。規模の大小はともかく朝鮮人の「暴行」はあった。このため激昂した市民の手で一部「不逞鮮人」は殺された。震火災による混乱の中、流言に興奮した市民は日本人をも襲った。一連の事件は朝鮮人を標的にしたエスノサイドではない。市民による報復とその行き過ぎである――。これは単純かつ強固なストーリーであった。虐殺事件の原因を朝鮮人の「暴動（暴行）」に求め、殺されるには相応の理由があったとする。そして日本人も被害をこうむったとすれば、事件と朝鮮植民地支配との関係を切り離すことができる。朝鮮及び外国向けにうってつけの「事実の真相」である。国家の面目を守るためには「事実の真相」を作りかえる、これがトップエリートにとっての「国益」であった。

② 「司法省調査書」のねらい

「朝鮮人の犯罪」をでっちあげ、朝鮮人の犠牲を矮小化する。二つの目的を果たすためにつくられたのが、司法省刑事局『震災後ニ於ケル刑事事犯及之ニ関聯スル事項調査書』（以下「司法省調査書」と略する）であった。第2部において私たちが典拠とする史料の一つである。朝鮮人犯行の流言、朝鮮人の犯罪、朝鮮人を殺傷した事犯、朝鮮人と誤認して内地人を殺傷した事犯、中国人を殺傷した事犯、軍隊による殺害事件、警察による殺害事件など一一章に分かれている。震災の年の一一月一五日付の調査書（以下「司法省A」と略する）と、[14]一一月三〇日付の調査書（以下「司法省B」と略する）が残されている。[15]「司法省調査書」が発表された経緯と問題点をふり返っておく。

司法省は、「司法省調査書」全一一章のうち「第三章　鮮人の犯罪」にあたる部分を一〇月二〇日に発表した。朝鮮人約一四〇人による四二件の凶悪犯罪等を列挙したものである。ちょうどこの日は、自警団による朝鮮人虐殺事件に関する記事も報道解禁になった。同じ日に発表して、朝鮮人の凶悪犯罪と虐殺事件との因果関係を印象づけようとしたのである。つまり、「朝鮮人の殺害は不幸な事件だが、朝鮮人による犯罪も多かった、だから自警団ばかりを責めることはできない」、あるいは「自警団の朝鮮人襲撃にも相応の理由があった」という世論づくりを目論んだ。

ところが、司法省発表の中身は噴飯物であった。「犯人」の約八六％が氏名不詳、所在不明、死亡等となっていて人物を特定できていない。[16]氏名が分かっているのは窃盗・横領・贓物《ぞうぶつ》運搬な

表1-2　主な大量殺戮事件における「司法省調査書」と諸新聞・諸調査の犠牲者数（人）

発生地	司法省A	司法省B	当時の新聞	吉野作造	埼玉県調査
合　計	64	82	164	171	187
熊谷町	15	38	43	61	57
本庄警察署構内	38	30	86	86	88
神保原村	11	14	35	24	42

出所：「当時の新聞」は主に「東日」埼玉版11/7『新聞史料Ⅰ』288頁他、「吉野作造」とは同「朝鮮人虐殺事件」所収の表（山田、2003年、173-175頁）、「埼玉県調査」とは前掲『かくされていた歴史』50頁。

どの二一名、残りは検挙さえしていない。司法省発表に対して石橋湛山は「かくてはその犯罪者が、果たして鮮人であったか、内地人であったかも、わからぬわけである」、「殆ど皆風説に等し」いと当然の批判を加えている。[17]

それでも新聞各紙は一斉に飛びつき、自警団による虐殺は朝鮮人の自業自得といった見解を掲げた。[18]これこそ日本人が受け入れやすく、信じたいストーリーであったからだ。このときの新聞報道を調査した山田昭次によれば、司法省発表に疑問ないし批判を表明したのは「報知新聞」他数紙に過ぎない。[19]

「司法省調査書」の第二の役割は、朝鮮人の犠牲を矮小化し、相対化することである。このために選んだやり方は二つ。一つは朝鮮人犠牲者数を極端に少なく発表することである。「司法省A」では二三三人、「司法省B」では二三一人。いわく「被害鮮人の数は巷間伝わる所はなはだ大きいが、犯罪行為により殺傷されたもので明確に認められるものは別表のとおり三百を超えず」と。[20]これは、大量殺戮事件の犠牲者数を新聞報道の半数以下にとどめる（表1－2）、神奈川県における朝鮮人犠牲者を三人しか掲載しない（詳細は121頁）、軍隊や警察に虐殺された朝鮮人犠牲者数を除外するなどでこしらえた数字である。

もう一つは朝鮮人殺傷事件と匹敵するほど多くの日本人殺傷事件を掲載することであった。「司法省A」（一一月一五日現在）の朝鮮人殺傷事件は五三件、日本人殺傷事件は四六件、「司法省B」（一一月三〇日現在）では前者が五一件、後者が五七件となっている。自警団にやられたのは朝鮮人ばかりではない、日本人もひどい目に遭ったとするには十分な件数であった。こうして警備部がこしらえたストーリーに肉付けが与えられた。

臨時震災救護事務局警備部は朝鮮人虐殺事件の「事実の真相」を作りかえる方針を固め、司法省はその方針に肉付けを与えた。朝鮮人虐殺事件に関するストーリーは、次の三点を柱とする内容となった。

・朝鮮人による「暴行」が発生した
・激昂した市民の手で少数の朝鮮人が殺された
・市民の興奮は収まらず、多くの日本人も殺傷された

日本人の多くはこれを受け入れて、やがて忘れていく。トップエリートは国家の面目を守り、その代わりに、法による支配を大きく踏み外したのであった。

表1－3　朝鮮人虐殺事件への関与

	東京府南葛飾郡	千葉県東葛飾郡	埼玉県
自警団	○	○	○
軍隊	○	△	—
警察	△	—	—

注：○特に大きい　△大きい　—不明

これまで見てきたことをくり返しておく。「不逞鮮人」への警戒をあおり、朝鮮人の拉致拘束を呼びかけたのは警察であった。内務省の指示に従って県庁以下の地方役所も、「朝鮮人暴徒の来襲に備えよ」と末端に命じた。関東各府県で作られた自警団は三七〇〇に及ぶが、彼らの暴力は特定の町村で荒れ狂った。警察が朝鮮人避難民の「県外移送」を強行した地域、軍が「朝鮮人征伐」のために出動した地域、軍が虐殺を公認した地域である。国家がお膳立てした地域でこそ自警団の犯罪は多発した。

事態の展開に驚いた治安当局は、自警団に対する姿勢を奨励から取締へと急転させた。同時に、虐殺事件の責任をすべて自警団に押しつけて、あれは朝鮮人の犯罪に対する報復だったというデマゴギーを「事件の真相」にすり替えた。朝鮮人の犠牲も矮小化して、自警団にやられたのは「朝鮮人ばかりではない、日本人も」という言説も広めた。朝鮮人虐殺事件における国家権力の責任は逃れようがない。

一方、軍と官憲の関与は地域によって異なるが、自警団が常に主要な虐殺主体であったことは直視しなくてはなるまい（表1－3）。東京では軍隊による大量殺戮が行われ、警察官も収容した朝鮮人を惨殺した。ところが、埼玉や群馬、栃木では、軍や警察が組織的にあるいは直接、虐殺に関与した事実はみいだされていない。千葉でも、東葛飾郡以外での実行犯は自警団であった。国家にあやつられ、だまされたなどという自警団観、民衆観は倒錯したものとしか言いようがない。第二章では、自警団の結成状況や構成、「警備」活動の実態を明らかにする。

1 『東京震災録 前輯』３０３、３０５頁。以下、山田前掲書、２００３年、89－96頁を参照した。
2 松尾章一『関東大震災と戒厳令』吉川弘文館、２００３年、36－44頁。
3 『東京震災録前輯』坤の活動7頁。
4 「人民自警団の取締に関する件」『現代史資料6』14頁。
5 脚注4と同じ。
6 大畑、三上前掲論文には「発行禁止新聞一覧」表が28頁分掲載されている。上記の見出し例も同論文の下２０７、２３７頁に基づく。
7 「不逞鮮人暴行記事、その他の鮮人に関する記事」で発禁・差押となった記事は５５４件。田原洋『関東大震災と王希天事件』三一書房、１９８２年、１５４－１５５頁。
8 ビラを撒布した事実は船橋小学校学校日誌に記載（前掲『いわれなく殺された人びと』１０９頁）。
9 『現代史資料6』82頁。警備部司法事務委員による第二回会合で決定。司法事務委員は、警備部委員に湯浅警視総監を加え、畑、大角、松井を除く九人から成る（『東京震災録 前輯』子上6頁）。
10 姜徳相は、九月六日、当局が在郷軍人会に対して内乱罪等に該当する者は迅速厳重に措置するとの内報を通知して、在郷軍人会が検挙対象者を選定し、証拠隠滅を図る期間を設けたと指摘する。姜徳相前掲、２００３年、２４７－２４８頁。
11 松尾尊兊「関東大震災下の朝鮮人虐殺事件」『民本主義と帝国主義』みすず書房、１９９８、３１９－３２０頁。
12 『東京震災録前輯』子上3頁。
13 この基本方針に則ってまとめた「鮮人問題に関する事実の発表に就て」（九月一六日付）の「鮮人問題

の宣伝」の項で「朝鮮及諸外国に対し、一部不逞の鮮人にして災害の機に乗じ掠奪、強姦、放火、井水投毒等の挙に出でたるものあり」と「暴行」の内容を具体的に述べている（前掲『現代史資料6』82頁）。

14 『現代史資料6』371‐449頁。

15 「司法省B」は国立国会図書館憲政資料室「山岡萬之助関係文書」に所蔵。山岡は当時の司法省監獄局長。

16 詳細な分析は山田前掲書、2003年、93‐96頁。同、2011年、80‐87頁。

17 琴秉洞編『関東大震災朝鮮人虐殺問題関係史料Ⅲ　朝鮮人虐殺に関する知識人の反応』（緑蔭書房、1996年、109頁）から重引。

18 「室蘭毎日」、「東奥日報」、「岩手日報」、「河北新報」、「荘内新報」、「福島民報」、「福島民友」、「上毛新聞」、「山梨日日」、「信濃毎日」、「新潟新聞」、「新潟毎日」、「参陽新報」、「山陽新報」、「山陰新報」、「山陰日日」、「因伯時報」、「馬関毎日」、「長崎新聞」、「大分新聞」、「日州新聞」の二一紙である（山田前掲書、2003年、107‐108頁）。

19 山田前掲書、2011年、85頁。

20 『現代史資料6』427頁。

2　自警団、その組織と活動実践

朝鮮人虐殺事件の権力犯罪としての側面に比べると、自警団の実態は驚くほど明らかになっていない。本章では、自警団の結成状況や組織編成、構成メンバー、「警備」活動の実態といった基本的な事実を明らかにする。ここで「警備」というのは「不逞鮮人」殲滅のための検問、誰何、検束などを指す。同時に、自警団は避難民の救護にも熱心に取り組んでいて、両者は表裏一体の関係にあった。

〔1〕自警団の広がりと組織構成

名称はさまざまだが自警団類似の団体は、震災の数年前から、警察の肝いりで各地に結成されていた（次章を参照）。だから、役場と消防組、在郷軍人会、青年団の幹部は、いざというとき「地域を守る」やり方をよく分かっていた。「不逞鮮人」襲来のデマが流れた時も、彼らは、この経験に基づいて自警団の結成をリードした。関東一帯の結成状況は次のとおりであった。[1]

「変災直後、東京市にあっては消防組、在郷軍人会員、青年団員らが出動して防火防犯活動や罹災者救護等に従事したが、流言蜚語が一般人に喧伝されると、これらの団体及び焼残地の居住者は期せずして結束蹶起して自警的手段を講じた。罹災者が避難すると共に流言は燎原の火の勢いで伝搬し、至るところで自警団の組織を見た。その概数は東京府一五九三、神奈川県六〇三、埼玉県三〇〇、千葉県三六六、茨城県三三六、群馬県四六九、栃木県一九、計三六八九《ママ》の多数に達したと伝わる」

約三七〇〇の自警団。後述するとおり東京の自警団の平均人数は六五人で、千葉その他の平均人数は三〇〇人であった。したがって、最低でも七〇万人の武装民兵が組織されたことになる。震災下の関東地方では、戒厳軍、自警団を合わせて、圧倒的なまでの朝鮮人制圧体制が整備されたと言って良いだろう。そして遠く盛岡や仙台、名古屋、長野、長岡でも続々と自警団はつくられ、全国の総数は見当も付かないという。[2]

（1）自警団の結成状況

東京府と千葉県についてはもう少し細かいデータを得ることができる。表1-2-1は、東京府内の自警団数を区郡別にまとめたものである。これによれば神田区、日本橋区、京橋区、浅草区、本所区、深川区など東京市東部に自警団はほとんど結成されなかった。[3] これらは震火災によ

表1－2－1　東京府内の自警団数と団員数

地域	9月16日付	10月20日付	団員数
麴町区		31	7～200
神田区	3	3	78～750
日本橋区	0	1	8
京橋区		3	24～48
芝区	109	111	4～136
麻布区		77	4～200
赤坂区		65	3～250
四谷区	74	81	3～6
牛込区	110	124	16～700
小石川区		92	4～15
本郷区		128	8～585
下谷区		47	8～10
浅草区	2	2	20～100
本所区		9	2～4
深川区	0	0	0
市部計	562	774	－
荏原郡	83	182	10～250
豊多摩郡	107	179	5～400
北豊島郡	133	171	2～500
南足立郡		61	118～260
南葛飾郡		107	12～500
南多摩郡		3	3～5
北多摩郡	1	97	2～50
西多摩郡	1	10	40～60
郡部計	583	810	2～500
合　計	1145	1584	－

注：9月16日付は自警団数の最大最小と市郡別合計以外不明。
出所：警視庁『大正大震火災誌』（494-498頁）を加工。

る全焼地域で、多くの住民が亡くなった上、一〇月以降も戻ってこなかったためである。一方、芝区（現港区）、牛込区、四谷区（現新宿区）、荏原郡（郡庁品川町）、豊多摩郡（郡庁淀橋町）、北豊島郡（郡庁板橋町）など全焼地域の周辺部では、九月一六日時点でそれぞれ七四〜一三三もの自警団が組織された。一〇月二〇日になってもこの傾向は変わらず、先に挙げた三区に加えて本郷区、小石川区の自警団数が多く、周辺五郡でも顕著に増加したことが認められる。

次に、千葉県の自警団の設置状況をふり返る（表1－2－2）。これは、震災の一〇年後、県庁内の千葉県罹災救護会が編纂した『大正大震災の回顧と其の復興』の記述を定量的に整理し直したものである。[4] 同書には、各郡市町村の役場、在郷軍人分会、青年団、警察署等が当時の状況をリポートした結果がまとめてある。全市町村の九割にあたる三二二市町村の実態が分かる上、各警察署の自警団に対する強い拒絶感もうかがえて興味深い。

表によれば、当時、「自警団を設置」した市町村は六割四分（六四・三％）、官製団体や住民が「不逞漢を警戒」し「警備を実施」したのは一割七分（一七・一％）であった。合わせて八割以上の市町村が「不逞鮮人」に対する警戒態勢をとった。郡別に見ると市原郡、千葉郡、東葛飾郡、印旛郡における自警団設置割合と警備実施割合が九割を上回っている。表1－2－3に見るとおり、市原郡を除く三郡は、虐殺事件の発生地、関連地を数多く含んでいて、警戒態勢の厳格さと事件の発生が深く関連していたことがうかがえる。

表1－2－2　千葉県内の自警団設置状況（市町村数）

	掲載市町村	自警団設置	警備実施	記載なし
県合計	322	207	55	60
千葉市	1	1	0	0
安房郡	43	25	8	10
君津郡	40	26	6	8
市原郡	20	14	5	1
千葉郡	15	10	4	1
東葛飾郡	39	29	7	3
印旛郡	30	25	3	2
長生郡	24	12	7	5
山武郡	24	16	3	5
香取郡	36	21	1	14
海上郡	16	9	4	3
匝瑳郡	12	5	3	4
夷隅郡	22	14	4	4

注：県内市町村数358、不掲載町村36。「掲載市町村」とは出所資料に掲載された市町村数、「記載なし」とは警備に関する記載のない町村数。
出所：千葉県罹災救護会『大正大震災の回顧と其の復興』1933年を加工。

表1－2－3　千葉県における虐殺事件等の主な発生地・関連地

郡	市町村
君津郡	木更津町
千葉郡	千葉市、検見川町、津田沼町、二宮村、大和田町
東葛飾郡	浦安町、南行徳村、船橋町、葛飾村、中山村 塚田村、法典村、小金町、馬橋村、流山町、田中村 福田村など
印旛郡	佐倉町、成田町
香取郡	滑河町、佐原町、神崎村
海上郡	三川村

表1－2－4　千葉県の自警団の規模

規模	町村数	%
99 人以下	9	9.7
100 人以上 299 人以下	25	26.9
300 人以上 499 人以下	36	38.7
500 人以上 699 人以下	13	14.0
700 人以上 999 人以下	6	6.5
1000 人以上 1999 人以下	2	2.2
2000 人以上	2	2.2
合計	93	100

出所：表1－2－2と同じ。

(2) 自警団の規模と結成範囲

次に自警団の規模と結成範囲をみていく。まず、千葉県については九三町村の団員数が判明している（表1－2－4）。これらは字ごとに結成されたものの連合体なので、町村レベルではかなりの規模になる。最も多いのは「三〇〇人以上四九九人以下」（三八・七％）、次いで「一〇〇人以上二九九人以下」（二六・九％）、「五〇〇人以上六九九人以下」（一四・〇％）の順であった。一〇〇人以上六九九人以下に八割が収まっている。最小五人から最大二〇五二人までと幅があるが、浦安町約二〇〇〇人、片貝町（現九十九里町）約一〇〇〇人と大規模なものが目立つ。平均団員数は三〇八人、自警団とは、市町村ぐるみで結成した青壮年男子の組織と言えるだろう。

一方、東京府内の自警団の規模は表1－2－5のとおりである。これは、東京南部警備部隊司令部管内の一部地域における自警団の結成状況を整理したものである。[5]これら地域の二区八町村における自警団数は一六五、団員数は一万八二九人、平均団員数は六五・六人であった。区町村別には、四谷区七九、赤坂区三〇、杉並村四、調布村五、池上村五というように市部が多く、郡

表1－2－5　東京西南地域の自警団結成状況（10月27日現在）

地域	団体数	員数	平均員数
四谷区	79	5759	72.9
赤坂区	30	2499	83.3
荏原郡世田谷町	7	459	65.6
同碑衾村	8	309	38.6
同池上村	5	142	28.4
豊多摩郡中野町	13	339	26.1
同淀橋町	8	390	48.8
同和田堀内村	6	283	47.2
同杉並村	4	336	84.0
西多摩郡調布村	5	313	62.6
合計	165	10829	65.6

出所：東京南部警備部隊司令部「警備旬報付録」（松尾章一監修前掲書942-953頁）を加工。

表1－2－6　自警団の結成範囲の例

地域	団体名	事務所	自警区域	団員数
四谷区	伝馬町二丁目自警団	伝馬町		47
	伝馬町新一丁目自警団	伝馬町		80
赤坂区	赤坂一ツ木通自警団	一ツ木町		61
	一ツ木町自警団	一ツ木80		150
	霊南坂自警団	霊南坂町19		30
	氷川町自警団	氷川町2番地		40
杉並村高円寺	特称なし		該字一円	120
同村中野駅付近	特称なし		該字一円	160
同村原付近	特称なし		該字一円	36
同村中野西町	特称なし		該字一円	
同村阿佐ヶ谷	特称なし		該字一円	16

出所：表1－2－5と同じ。

	池端	○	○	○			30
	坂口	○	○	○			28
	清水窪	○	○	○			29
	鷹番	○	○	○			28
調布村	上沼部	○	○	○			40
	下沼部	○	○	○			63
	鵜ノ木	○	○	○			60
	嶺	○	○	○			150
玉川村	野良田	○	○	○	○**		
	上野毛	○	○	○			
	下野毛	○	○	○			
	尾山	○	○	○			
	等々力	○	○	○			
	奥沢	○	○	○			
	用賀	○	○	○			
	瀬田	○	○	○			
池上村	坂上	○	○	○			
	南	○	○	○			28
	八幡丸	○	○	○			28
	原	○	○	○			28
	長原	○	○	○			28
	根方	○	○	○			30

注：＊「地主有志」と記載。＊＊「二十歳以上」と記載。
出所：表1－2－5と同じ。

表1－2－7　東京「世田谷玉川市外区方面」の自警団の組織構成①

地区		消防	在軍	青年団	各戸一	有志	合計
世田ヶ谷町	二、三四区	○	○	○	○		60
	新屋敷、西山谷	12			○		
	羽根木他	26	10				36
	大原	44	17	32			93
	中原	31	○				
	中下、大下	24	5	24			53
	太子堂		72			14	86
	代田				○		
	松原、竹ノ上				○		
	三軒茶屋	○	○	○			
	池尻	30	40	30			100
和田堀内村	和田本村	○				○	48
	堀内本村	62					62
	和泉				○		90
	方南	43					43
	大宮、松ノ下	40	○	○			40
杉並村	高円寺	○					124
	中野駅付近				○		160
	原付近	36			○		
	中野西町					○*	
	阿佐ヶ谷	16					16
碑衾村	字碑衾	○	○	○			
	柿ノ木坂	30	10	20			60
	二本松	○	○	○			60
	芳窪	○	○	○			38
	天沼	○	○	○			36

部が少ない。団員数も同様である。また、平均団員数も市部が約八〇人、郡部が約五〇人と市部の方が多い。東京では市部に自警団が数多く組織され、規模も大きかったと思われる。

また、市部の自警団は、「通り」や「坂」、「丁目」といった狭い範囲を対象としていた（表1–2–6）。「赤坂一ツ木通自警団」、「霊南坂自警団」、「四谷区伝馬町二丁目自警団」などである。これらはごく身近な顔見知りの集団連合のようなものだったろう。市部では勤め人の占める割合が高く、震災以前から地縁が薄いためにこうした結成範囲になったと思われる。一方、世田ヶ谷町や杉並村等の郡部では、字ごとに自警団を結成した。たとえば世田ヶ谷町太子堂では八六人の自警団が太子堂全域を、杉並村高円寺でも一二四人の自警団が字一円を夜警範囲とした。[6] 市部と郡部の結成範囲のちがいは、それぞれのコミュニティの大きさに加え、官製団体と地域の関係が反映されたと思われる。

そこで郡部（「世田谷玉川市外区方面」）の自警団の要員構成をみていく（表1–2–7）。表中、〇や数字を付けてあるのが、それぞれの自警団の構成メンバーと構成員数である。これによると、すべての自警団が消防組、在郷軍人分会、青年団を中心に構成されている。これら官製団体に加えて、各戸一人の参加を義務づけた自警団もあるが、全四七団体中八団体にとどまる。つまり、東京郡部における自警団は、官製団体そのものか官製団体連合であった。郡部では、日頃の人付き合いに加え、官製団体での活動を通じても地縁が成立していた。このため市部よりも広い範囲で、速やかに自警団を結成し得たと考えられる。

（3）中核を担った消防組

それでは官製団体のうちどの団体が自警団の主力を担ったのだろうか。

まず、表1－2－8で東京「世田谷玉川市外区方面」の自警団に占める官製団体構成員の人数と割合を見ていく（〇印を無視して集計したため厳密なものではない）。これによれば、最も多いのが消防組員の六割（三九四人）、次いで在郷軍人が二割四分（一五四人）、青年団員が一割六分（一〇六人）となっている。また、消防組員が加入している自警団は、全一三団体中一二と圧倒的で、在郷軍人の八、青年団の五を上回っている。

次に、千葉県の自警団の組織構成をみても、東京郡部同様、消防組員の占める割合が六割を越えている。次いで青年団員二割、在郷軍人二割弱であった（表1－2－9）。なお、千葉県でも警察による「民衆の警察化」政策に伴い（次章参照）、各地で保安組合が結成されたものの、震災の際、ほとんどの保安組合員は、官製三団体の一員として自警団に動員された。この結果、自警団の構成組織として保安組合を挙げる町村は安房郡西岬村（現館山市）ほか三つにとどまった。

埼玉県南部二村の自警団の組織構成も大変よく似ている（表1－2－10）。自警団員に占める消防組員の割合は六割強、次いで青年団員二割三分、在郷軍人一割四分の順となっている。両村はどちらも現在のさいたま市にあたり、片柳村の自警団は、埼玉県で最初の朝鮮人虐殺事件を起こした当事者であった。「戒厳令下だから朝鮮人を捕らえれば金鵄勲章を貰える」と思って、警察署に出頭したのが逮捕のきっかけになっている。[7]

表1－2－8　東京「世田谷玉川市外区方面」の自警団の組織構成②（判明分のみ）

地区		消防	在軍	青年団	合計
世田ヶ谷	新屋敷、西山谷	12			12
	羽根木他	26	10		36
	大原	44	17	32	93
	中原	31	○		31
	中下、大下	24	5	24	53
	太子堂		72		72
	池尻	30	40	30	100
和田堀内	堀内本村	62			62
	方南	43			43
	大宮、松ノ下	40	○	○	40
杉並	原付近	36			36
	阿佐ヶ谷	16			16
他	柿ノ木坂	30	10	20	60
合計		394	154	106	654
割合		60.2	23.5	16.2	100

出所：表1－2－5と同じ。

表1－2－9　千葉県の自警団の組織構成（判明分のみ、人）

町村	消防	在郷軍人	青年団	合計
安房郡白浜村	720	0	0	720
同和田村	320	0	0	320
同西篠村	0	0	80	80
君津郡木更津町	320	200	0	520
同岩根村	400	0	0	400
同馬来田村	0	200	300	500
同亀山村*	300	0	0	300
東葛飾郡船橋町	1430	352	270	2052
同八栄村	0	100	220	320
同葛飾村	485	0	0	485
同野田町	245	440	335	1020
同關宿村	0	25	12	37
印旛郡和田村	250	0	100	350
長生郡一宮町	646	168	153	967
山武郡丘山村	45	0	22	67
香取郡東大戸村	0	80	120	200
海上郡椎柴村	220	0	150	370
合計	5381	1565	1762	8708
割合	61.8	18.0	20.2	100

*君津郡亀山村の数には青年団員を含む。
出所：表1－2－2と同じ。

表1－2－10　埼玉南部二村の自警団の組織構成（人）

	消防	在軍	青年団	合計
片柳村	300	100	100	500
土合村	267	30	117	414
合　計	567	130	217	914
割　合	62.0	14.2	23.7	100

出典：片柳村は『かくされていた歴史』407頁、土合村は『浦和市史4〔2〕』379頁。

そして、多くの自警団が消防組幹部の統率下にあった。現在の千葉県船橋市にあたる三町村の自警団について次の記録が残っている。[8] 船橋町では、消防組員一四三〇名、在郷軍人三五二名、青年団員二七〇名の合計二〇五二名から成る巨大な自警団を編成した。本部を警察署内に設置し、通《とおり》町消防組頭が団長となった。町全体を本部及び海神、通町、漁師町、五日市の五班一九部に分けて、班長にはそれぞれの消防組頭が、各部には同小頭が伝令として就任した。中山村でも官製団体から成る自警団を組織したが、「町長指揮のもとに消防組頭が頭梁《（ママ）》として一切を処理した」。消防組員四八五名から成る自警団を組織した葛飾村でも、青年団は「消防組の指揮の下に」それぞれの集落のために「寝食を忘れて活動した」。公設消防組を設置していない町村では、同じような役割を在郷軍人分会が果たしたが、県全体での消防組のプレゼンスは質量ともに圧倒的であった。

以上のように東京、千葉、埼玉の自警団員の六割以上は消防組員であった。在郷軍人や青年団員の占める割合は二割前後と遠く及ばない。事例を見る限り、公設消防組のある市町村（埼玉の市町村の九割九分、千葉では八割）では、自警団の活動は消防組幹部の統率下にあったと考えられる。したがって自警団の中核には消防組があり、特別な場合を除いて虐殺事件の主犯もまた消防組であった（虐殺現場における消防組の実態は一八五頁を参照のこと）。先行研究の多くは在郷軍人会や青年団の主導性を強調してきたが、[9] 警察の公式な下部組織であった消防組の存在を見落としている。この点については次章で改めて検証する。

1　『東京震災録前輯』7頁。一〇月下旬の団体数と思われる。その理由は、警視庁『大正大震火災誌』の10月20日の結成数（東京府1584団体）と近く、吉河光貞もこれを「十月下旬当時に於ける之等自警団の数」としているため（吉河前掲書、43頁）。

2　山田前掲書、2011年、139頁。

3　これらの地域でも民間人による朝鮮人虐殺事件は発生した。西崎雅夫『東京地区別1100の証言　関東大震災朝鮮人虐殺の記録』（現代書館、2016年）の千代田区、中央区、台東区、江東区の証言を参照。

4　千葉県罹災救護会・千葉県社会課内『大正大震災の回顧と其の復興　下』1933年。

5　東京南部警備部隊司令部「警備旬報付録」1923年10月27日（松尾章一監修前掲書942-953頁）。

6　世田ヶ谷町太子堂自警団が関与した虐殺事件は144頁を参照。

7　『かくされていた歴史』61頁。

8　千葉県罹災救護会前掲書（船橋町856頁、葛飾町867頁、中山村871頁）。

9　姜徳相『関東大震災』（中公新書、1975年、100-103頁）から藤野裕子『民衆暴力』（中公新書、2020年、146頁）までこの点に変化はない。とくに藤井忠俊は、名著『在郷軍人会』において「震災の現場で公的に活動できるのは軍と警察と在郷軍人会だけになった」というが、その根拠も、消防組と青年団を除いた理由も記していない（藤井同書、岩波書店、2009年、133-138頁）。

〔2〕自警団の活動内容

次に自警団が「不逞鮮人」襲来にどのように備えたか、虐殺に至る以前の「警備」活動の実態を明らかにする。最初に自警団の武装状況をふまえた上で、組織体制や運営費用、「警備」活動の事例をみていく。はたして自警活動の延長上に虐殺は起きたのか、それともそれは逸脱や例外であったのだろうか。

(1) 自警団の武装状況

民間人の武装に対する政府・臨時震災救護事務局の方針は日替わりで変化した。震災当初は「自警自衛」の精神に則って警察力を補完する人びとを歓迎していた。ところが、自警団が朝鮮人を虐殺するばかりか、各地で検問所をこしらえて警察車両の通行を妨げ、派出所に保護された朝鮮人を、巡査ごと襲撃するに至って、その姿勢が徐々に改まったのは前述のとおり[1]。自警団の武装についても黙認から禁止、押収へと転じた。

・四日、初めて銃器や刀剣の携帯を禁じる方針を決めるが、武器の提出は任意とした。

・五日、銃器や刀剣の携帯を禁じ、軍や警官が押収する方針に変更。ただし、棍棒等の携帯は「漸次」禁じるとした。

・七日、自警活動に関するガイドラインを定め（「自警組合組織に関する件」）、銃器、拳銃、刀剣、竹槍等の携帯を禁じる一方で、棍棒、ステッキ等の携帯を認めた。

こうして警視庁には、膨大な数の武器が押収されることになった（表1－2－11）。ただし、これらは虐殺事件がほとんど収まった六日以降の実績であることを注記しておく。表にみられるのは金棒、日本刀、焼刀身、仕込杖といった殺傷力の弱いものが中心である。一部の自警団は、大学や中学から教練用の歩兵銃などを無断で、あるいは学校当局の許可を得て持ち出したが[2]、どこまで使用に堪えるものだったかは分からない。いずれにしても自警団の武装は貧弱だったと考えて良いであろう。とはいえ、武装した民衆集団が続々と出現し、人びとを誰何訊問し始めたことは、震火災とデマによって不安の高まる状況をさらに悪化させたことは間違いない。思想検事の吉河光貞も、自警団の出現そのものが治安紊乱《びんらん》の危険性をおびた騒乱類似の現象ではなかったかと問い[3]、自警団の出現によって各地方の治安はすでに惑乱されており、虐殺事件、騒乱事件の発生はその必然的所産に他ならなかったと結論づけている。治安維持という観点から見れば吉河の分析は正しい。しかし、私たちは、自警団が治安当局によって結成を促された、公式公定の組織であったことを忘れてはならない。自警団は、降って湧いたように出てきた私設の暴力集

表1－2－11　押収武器一覧

物件	数量
金棒	692
日本刀	390
焼刀身	197
仕込杖	91
匕首	71
刀身	69
木刀	61
鳶口	49
猟銃・拳銃	37
槍	30
その他	260
合計	1947

出所：警視庁『大正大震火災誌』51－55頁。

団では決してなかった。

(2)「警備」活動の実態

ここでは千葉県の事例によりながら自警団の「警備」活動をふり返る。

①自警団の組織体制・警戒態勢

まず、自警団の組織体制に着目すると、どの町や村でも、本部を警察署や役場などに設置した上で、町全体をいくつかの支部(班)に分けて警戒エリアを定め、交代で要員を派遣するなどに取り組んだ。[4]本部・支部間はもとより、郡役所や隣接する町村の自警団と連絡要員を派遣し合ってもいた。指揮命令系統や情報の伝達ルートは明確で、組織体制は整備されていた。

また、どの自警団も、駅や渡船場、町村の出入り口といった、人の出入りが多い場所に警備所を設置し、警備要員や救護要員を派遣していた。これには大きく二つのねらいがあった。一つは、自郷里出身の避難民を手厚く迎え入れることであった。このため駅その他では炊き出しを行い、自町村出身以外の避難民にも給食、給水を施し、負傷者の看護や一時収容をも実施した。日本人避難民にとって各駅に集まる自警団は頼もしく、ありがたい存在であったろう。だが、もう一つのねらいがあった。自町村への「不逞鮮人」、「不逞漢」の侵入を断固として阻止することである。他の乗客が指示する人びとを「不逞鮮人」とみて引きずり下ろして撲殺する。渡船場でまごつく避難民を「不逞鮮人」とみて拉致・連行する。こうした例はあまりに多い。馬橋駅、京成検見川駅、南行徳村汽船発着所、成田駅、高崎駅、横川駅、小金井駅、小山駅、間々田駅、石橋駅、足利駅、富田駅……。駅や渡船場、ターミナルは、虐殺事件の最も代表的な発生地であった。なぜならそこに自警団が控えていたからである。自警団による同郷者および日本人避難民の救護活動は、朝鮮人の排斥・殲滅と表裏一体のものとして展開された。[5]

・船橋町（現船橋市）：本部付を二〇〇名とし、半数を船橋駅に派遣し、警備並びに傷病者の救護に従事し、半数は予備隊として交替で警備についた。

・葛飾村（現船橋市）：葛飾消防組員四八五名は各区に自警団を設置し、青年団と共に国道の交通整理にあたると共に、下総中山駅に交互に出張して、避難民に給水給食を実施した。とくに船橋町の海軍無線電信所所長から、北総鉄道工事に携わる朝鮮人労働者が「大挙襲来する」と聞いたので「軍隊と連絡を取って厳密な警戒を続行し万一に備えた」。

・野田町（現野田市）：九月二日午後、東京からの避難民による流言蜚語が広まったため、官製団体連合による自警団を組織した。団長には警察署長が、副長には町長と消防組頭が就任し、野田駅、金杉渡船場ほか二カ所に警備所を配置し、九月三日から一七日まで警備活動を実施した。八日には野田醤油第一七工場の新設工事に携わった朝鮮人労働者三九名を、警官と消防組七〇名が護送して市川町の官憲に託した。習志野収容所に移送したと思われる。

・法典村（現船橋市）：自警団は村消防組と青年団と共に設置し、総員二百余名、五組に分かれ各区に事務所を置き、交代で警備にあたった。

・公津村（現成田市）：自警団は主として消防組員を以て組織した。公設消防組三部と私設消防隊七隊があたり、五一の警備箇所に四六〇名を配備した（同村消防組別人員警備箇所一覧表に基づく）。

②自警団の運営費用

次に、自警団の運営費用について見てみる。印旛郡木下町（現印西市）では自警団員の出動延人員三五〇人に町費から二五〇円支出し、山武郡福岡村（現東金市）でも各集落から夜警に出た者の「費用全部役場にて負担」している。[6] また、東葛飾郡八木村（現流山市）のように夜警は無報酬だが、各集落が弁当を給与する例もあった。つまり、夜警その他に出動した者には日当や弁当を支給し、支部事務所用に店舗等を借りる費用や給食用の食材を購入する費用も、役場や官製団体が支給した。自警団活動はいわば有償ボランティアによるもので、自警団は経費面においても公営団体であった。

・木下町（現印西市）：木下町在郷軍人分会は評議員を召集し、非常準備費一〇〇円の支出の承認を得ると共に、「停車場前坂田運送店を借家し事務所にあて」毎日二〇名を召集し、給与班を編制、木下停車場で列車ごとに握り飯及び蒸《ふ》かし芋を与え」一週間を過ごした。[7] 一方、「自警団は消防組、在郷軍人、青年団を以て組織し、延べ日数五日間（三日より七日）延人員三五〇人にして町費二五〇円を支出せり」。
・福岡村（現東金市）：九月四日数十名の暴漢が隣村に侵入したと急報があり、直ちに村当局と青年団は協議し、夜間各集落二名の防備員を出して小学校と役場を警備、他は各集落警備にあたること、「この費用全部役場にて負担」することを決定した。翌早朝、東金署で事情を訊ねたら事実無根の噂で、午前五時に警戒を解いた。
・八木村（現流山市）：消防組員を以て自警団とし日夜二人一組で各集落を警衛する。延人員は約二〇〇名に達し、無報酬で活動する。ただし弁当は各集落で給与する。

③「警備」から虐殺へ

事例から浮かびあがる標準的な「警備」活動とは、検問所を設置して、「他町村より侵入する各人に対し誰何し、通行の事由を訊問」（国分村）することであった。[8] 他町村からやって来た通行人はさしあたり「侵入」とみなす。これは自警団に普遍的に見られたスタンスであった。このため「不視不識の通行人に対して誰何詰問、身体検査等を行われしもの数えるに遑《いとま》あらず」（南三原村）となった。怪しいと認めた場合は役場に連行して訊問した。そして、しばしば事実無根の噂に惑わされて、「付近の山林等の山狩り」を行った（志津村）。「住民の神経は極度に興奮し厳戒怠りなく」、「不逞漢来たりなば打ち殺」す決意は高まっていた（南三原村）。地域の中には「あたかも戦時気分の趣」が充満していた（關村）。結論づけて良いだろう。自警団による虐殺行為は逸脱ではなく、「警備」活動に伴う必然であった。ただし、「殊に不逞漢の警戒は自重謹慎を旨とせり」（匝瑳郡豊栄村青年団）と記した団体が一つあったことは特筆に値する。

・国分村（現市川市）：警備と防災、盗難予防のため、各区を通じて各戸一人が参加して五三〇名から成る自警団を結成した。全体を二分して半数は昼間、半数は午後六時から徹夜で警備にあたった。村内から他町村に通じる道路の関門には五名ずつが駐屯し、「他町村より侵入する各人に対し誰何し通行の事由を訊問し」「怪しき点ありたるときは役場に同行せしめ警官立ち合いのもとに審理」した。

・印旛郡旭村（現四街道市）：村役場は、万一に備えて各集落に急使を派遣し、消防組員を中心とする自警団を組織させ、「山狩りに、検問に、全く不眠不休の活動をなす」。

・安房郡南三原村（現南房総市）：「九月二、三日頃……壮者は悉《ことごと》く武装し、老幼婦女は避難の準備をなし、警鐘は乱打せられ、住民の神経は極度に興奮し厳戒怠りなく、もし不逞漢来たりなば或いは打ち殺されしならん、不視不識の通行人に対して誰何詰問、身体検査等を行われしもの数えるに遑あらず」。

・印旛郡志津村（現佐倉市）：同村在郷軍人分会は九月四日から敵情視察にあたる「前哨勤務の要領に準じ」、分会長の指示のもと各班ごとに警備を実施し、翌午前五時から午後七時まで消防組、青年団と図り、付近の山林等の「山狩り」を行った。

・長生郡關村（現白子町）：全村各団体を挙げて自警団を設置。「或る時は村内に不逞漢現れたりとの報に接し、村内各所において一斉に警鐘を乱打し、竹槍その他の武器を携え、全員山狩りせし等、その意気にありては旺盛なるものありて恰も戦時気分の趣ありき」。

④自警活動を担った人びとのメンタリティ

最後に、虐殺事件から少し離れて、町村役場や官製団体による被災地・東京への派遣・捜索活動についてみていく。[9] 派遣の目的は、自町村出身の在京住民の安否を確認の上、被災者を救助して連れ帰ることにあった。危険を顧みずに被災地に出向いて、一週間以上にわたり自町村出身者を捜索する（小見川町ほか）。安否を確認できた人びとの情報は伝令を介してすぐさま郷里に伝える。被災していれば救護し、郷里の被災状況を知らせて安心させる（豊浜村）。暮らしに困っている出郷者には支援物資を配り（譽田村）、あるいは連れ帰ってくる（小見川町、豊浜村）。

こうした活動は、今日では想像がつかないほど郷里と出郷者の結びつきが深かったことをうかがわせる。注意したいのは、これほどにも地縁を大切にする姿勢が、「暴徒」である朝鮮人の殲《せん》滅《めつ》と地続きになっていたことである。譽田村青年団は、九月一日早くも被災状況を把握するため東京まで団員を派遣した。翌日には自転車部隊を結成して、在京者への救援物資の配給や救護活動にあたった。しかし、「二日より暴徒騒ぎとなるや、自警団を団員総動員にて編成して之に備えたり」。救援部隊はすぐさま自警団に成り代わったのである。出郷者に対する無限の包摂は、ヨソモノに対する敵視と猛烈な排外感情をともなったと思われる。これらの活動から、自警団を編成した人びとのメンタリティの一端をうかがうことができるのではないか。

・香取郡小見川町（現香取市）：九月三日午前三時、白米その他食料を積み込んだ発動機船小見川丸に、役場の助役と書記三名と従務員五名が乗り込んで「本町出身在京罹災者救護の為」東京へ向かった。東京市中の橋梁は墜落してなかなか入船できず、ようやく小松川町近くに停泊。以後、九日午後二時までの六日間、捜索活動を実施し、安否を確認できた者は一八八人。毎日特使を派遣して、地元に速報を伝えた。被災者三三名と共に帰町したのは十日午後のことであった。

・夷隅郡豊浜村（現勝浦市）：官製三団体は、東京及び横浜方面に在住または奉公している出稼者や本村に親戚のある在京者の調査をした上、九月三日、救護人員四〇名を東京に派遣した。亀戸町の倉庫を借り受け、毎日、一〇組に分かれて東京市内各方面を捜索した。九月七日にもあらたに二〇名の救護人員を派遣した。在京者は、房総方面は津波で壊滅したと思っていて、救護班と接した後、続々と帰郷することになった。

・千葉郡譽田村（現千葉市）：同村青年団は、九月二日、七名一隊から成る自転車部隊を上京させて、在京者を訪ね、物資の調達及び救護活動を行った。三日から「不逞鮮人」騒ぎとなったため団員全員は自警団に編成し、これに備えることになった。青年団は後日、献身的な救護活動に対して内閣総理大臣から賞状と金一封を受けた。

1　臨時震災救護事務局警備部打合せ決定事項（『現代史資料6』79－81頁）。
2　吉河前掲書49頁、姜前掲書144－146頁。
3　これは当時の治安当局に対する内在的な批判であったと思われる。吉河前掲書70頁。
4　千葉県罹災救護会前掲書（船橋町、葛飾町前掲、野田町950－951頁）。
5　鈴木淳『関東大震災』（ちくま新書、2004年）は官民の防災活動と被災者救護活動を初めて明らかにした好著だが、救護活動と虐殺事件が表裏一体の関係にあったという認識が欠けている。
6　前掲千葉県罹災救護会（木下町1072－1075頁、福岡村1221頁）。
7　前掲千葉県罹災救護会1072－1075頁。
8　前掲千葉県罹災救護会（国分村888－890頁、旭村1006頁、南三原村312頁、志津村1010頁、關村1125頁）。
9　前掲千葉県罹災救護会（小見川町1284－1285頁、豊浜村1440－1441頁、譽田村809頁）。

3　エスノサイドの背景

本章では、朝鮮人虐殺事件が起きた背景として二つの事実に着目する。[1] 第一は、震災前から各地で続々と自警団（保安組合、自衛組合など）が結成された経緯である。警察幹部はこれを「民衆の警察化」と呼び、「自警自衛」意識の高揚に基づく民衆の組織化に余念がなかった。中核を担ったのが消防組である。第二は、一九二〇年以降、朝鮮や中国からの労働者の移入にともない、近代日本が初めて外国人労働者「問題」に直面したことである。外国人労働者の急増に対して政府は場当たり的な対応に終始し、不況下での失業の増大を背景に、日本人労働者や周辺住民による排斥や襲撃、労働者間の抗争が相次いだ。自警団の設置と外国人労働者との緊張関係。すでに一部地域では虐殺事件が起きる準備が整っていたと言えるかも知れない。

1　神奈川県におけるこれらの事実に着目した先行研究として樋口雄一「自警団設立と在日朝鮮人」（在日朝鮮人運動史研究会『在日朝鮮人史研究』14号、１９８４年11月）。

〔1〕全国で結成された「民衆警察」

一九一八年夏、全国をゆるがした米騒動では、民衆が多くの警察署や派出所を襲撃する一方で、消防組、青年団、在郷軍人会と連動して騒擾を鎮圧した例が、警察幹部の注目を集めた。警察はこれを契機に人びとに対する威圧的な姿勢を見直していく。旧中間層を中心とする住民を警察活動に取り込もうと目論んだのであった。具体的な施策は大きく二つ。一つは日常的な応接を懇切丁寧に改め、イベントや宣伝を通じて警察活動の「真の姿」を伝えること、もう一つは民衆のなかに警察活動の支援者を組織することである。前者は「警察の民衆化」、後者は「民衆の警察化」と呼ばれ、一九二〇年代前半の警察活動を特徴付けた。[1]

以下では、埼玉県における政策展開を見ながら、震災時の自警団との関連を考えていく。

(1) 警察活動のキャンペーン

埼玉県下の各警察署は、雨傘や提灯を無料で貸し出す、手荷物を一時預かるといった地道な取り組みから「警察の民衆化」を模索した。このうち注目されるのは、二〇年一〇月に県警察部が開設した人事相談部であろう。[2] これは家庭の紛争、不良子弟の訓戒、家出人・行方不明者の捜索・保護など一三項目の困りごとの相談に応ずるというもの。警察が民衆との接点を拡げることで、犯罪や事件の発生を未然に防止すると共に、「民衆のためになる警察」をアピールしようとしたのである。ただし、浦和町にしかない県警察部までわざわざ相談に出かけた人がどのくらいいたかは分からない。また、震災の年の二三年五月には警察署への各種願書届け出のうち「口頭でよい」範囲も広げている。警察署の敷居を低くしようとしたのはまちがいない。

イベントやキャンペーン活動にも積極的に取り組んだ。最大の行事が二一年（浦和町）と二二年（熊谷町）、それぞれ五日間にわたって開催した「警察展覧会」であった。とくに熊谷町でのイベントは「今度の警察展覧会は砕けた陳列ぶり／女や子供にも面白い」と評され、連日一万八千余人の入場者を集めた[3]。各会場には「民衆と警察の提携」、「〝平和村〟小作問題の善導」、「巡査教習所の一室」、「犯人逮捕の状況」、「昔の警察、今の警察」をテーマにした等身大の人形が飾られた。どの場面も「写真、図解、模型などで巧妙に飾り立てられ、がんぜない子供にまで良く警察の仕事が理解できるようになっている」。第三会場の映画館では、防火衛生その他警察事務に関する映画を連日無料で観覧させた。

最も多く観客を集めたのは、熊谷警察署管内の消防組二六組、消防組員六千名がくり広げた消防点検大会である。埼玉県警察部幹部による服装、姿勢、器具の点検の後、各消防組によるポンプ操り方演習、救護班演習、さては「百有余台のポンプの一斉放水演習」があり、四万人が見物に興じた。

熊谷町の駅頭と本町通会場前には縁門が設置され、商店街はどこも美々しく飾り立てて一斉セールを展開した。日暮れ時にさしかかると「熊谷竹町、弥生町の両見番の芸妓総出」による旗行列が花を添えた。これは町最大のフェスティバルであった。

「警察展覧会」が終わった翌日から一週間は「国民警察週間」であった。役場や学校、消防組その他の協力を仰いで「自警自衛」キャンペーンをくり広げた。「自警自衛」とは「公徳心の振起、法令の遵守、思想の善導、犯罪の予防、災害の予防、衛生思想の向上」といった警察的な価値観の実践を指す。これを人びとと共有することと、期間中の火災盗難ゼロを目標に掲げた。[4] 役場や駅にポスターを貼り、ビラを撒き、宣伝旗を振りかざしてのパレードもくりだした。警察が「衆怨の府」（岡喜七郎警視総監）から脱皮するイメージ戦略の展開であった。

（2）警察の下部組織を新設する

「警察の民衆化」政策がイメージアップを目論んだとすれば、「民衆の警察化」政策は、民衆をたぐり寄せて支援者・後援者を育て、暴動が起きれば自ら鎮圧にあたるような下部組織を作ることであった。それには地域の要となる有力者を警察活動に巻きこまなくてはならない。その第一歩が保安組合、すなわち自警団の結成であった。

　埼玉県庁は、米騒動のちょうど一年後、一九一九年一〇月に「保安組合規約準則」を発布する。これは全国的にみてかなり早い動きと思われる。保安組合とは「自衛的精神により警察官と協力して、犯罪を未然に防止する」ための住民組織である。組合長には町村長が就任し、その下の部長には区長、消防組頭、在郷軍人分会長、青年団長をあてた。組合員の遵守事項としては、犯罪発生の際には速やかに警官に申告する、夜間は戸外に洗濯物を干さない、青年男女の夜遊びは厳重に取り締まる、万一妊娠したときは中絶しないよう諭すなど一五項目が挙がっている。[5]遵守しない者には役員が注意し、聞き入れない場合は警察に申告するとなっている。

注目されるのは震災の年の三月、メガ保安組合とも言うべき「自警義団」が熊谷町でできたことだ。[6]組織の目的やメンバーは保安組合と似たり寄ったりである。住民の「自警自衛心」を養い、警察官と協力して熊谷町の安寧秩序を守る団体で、町在住の消防組員、衛生組員、在郷軍人、青年団その他有志から成っている。水火災の予防、犯罪の予防・排除、「徒食無頼者」の善導、風紀改善等の事業を行うため、防災部、衛生部、風教部、交通部の四つの部を設けた。たとえば防災部では、町内を一六地域に分けて、それぞれ防災巡視員が毎月一回各戸を巡回する。巡視員は、炊事場、風呂場、煙突などを点検すると共に、挙動不審者の徘徊にも注意した。衛生部も同様、衛生巡視員が各戸を巡回して、流し、井戸、水路、便所などの衛生状態を視察、問題があれば改善を促す。風教部は、各地に風紀委員をおき、浮浪者・乞食の徘徊、徒食無頼者の出入りから女性の井戸端会議、酒癖の悪い者、不良少年・少女に注意する。まさに警察活動を「下」から支える、胸の悪くなるような隣保監視団体であった。

「自警義団」の活動実態はよく分からないが、発起人は熊谷消防組の組頭であった。先の「消防点検大会」で県警察部に対する答辞を務め、名誉職をいくつも兼務した名物男であった。[7]のちにこの組頭は、熊谷事件において朝鮮人の護送を指揮し、その配下は五七人を虐殺するに至った。

熊谷消防組からは小頭を含む五人の消防組員が殺人犯として罪に服したが、組頭は法的責任を免れた。

保安組合は、二〇年六月までに県下四分の三の町村で結成され、二二年一〇月頃にはほぼ全町村（三五四／三七二町村）で組織されている。[8] こうした動きは埼玉県に限ったものではない。千葉でも各町村ないし大字ごとに保安組合を結成し、二三年四月の組合員数は一八万人あまりに達している。[9] 東京では、警察と町会の連携強化をねらって「安全組合」（品川署）、「自衛組合」（芝愛宕署）、「警察協議会」（浅草七軒町署）といった団体がつくられた。品川署の「安全組合」などは管内全域で一四一一組合、一一万一五〇〇人余りを組織している。新潟県では「犯罪予防組合」と称して類似の民間組織を結成、香川県では「自警団」を県下一七七市町村中一二六市町村で結成、愛媛県でも組員約八万から成る保安組合連合会を組織した。

「民衆の警察化」政策とは、消防組や在郷軍人会、青年団との関係強化を通じた警察主導の地域再編であった。官製団体にとっては連絡会議ができたようなものであったろう。だからこれだけの短時日に多くの団体が結成されたのでもあった。したがって保安組合その他も、組織の新設以上に、新設を契機として地元警察署と官製団体幹部との結びつきが強まったことに意義があった。一方、官製団体幹部にとって保安組合の意義は、いざとなったら警察に成り代わって、どのような連絡体制・組織編成をもって地域を守るか、シミュレーションしたに等しかった。だからこそ「不逞鮮人の暴動」という流言を契機に、瞬く間に自警団が結成されたのである。官憲と地域の有力者にとって自警団の結成は、学習済みの経験であった。

(3) 警察と消防と自警団

警察は、官製団体を通じて自分たちの支援者を組織することに成功したわけだが、官製団体のなかでも消防組をとくに重視した経緯を見ておこう。これは、自警団の主力を消防組が担った理由でもある。

一八九四年、消防組規則が公布され、消防組の組織や運営は全国的に統一された。消防組に関する事務はすべて府県知事の警察権に委ねられ、各地の消防組は警察の統制と指揮下に属した。県警察部長を頂点とする警察機構が、組頭・小頭の任免から指揮監督の一切を握った。ある警察署長は消防手を任命する辞令交付の際、次のように宣告したという[10]。

「消防組員たる者は、水火その他の変災にあたり警察の機関となり、警戒防御のためその職務を尽くすべきものなれば、一進一退警察官の指揮に従うべき義務あることを記憶し、正実を旨とし、その職務を行うべきこと」

「民衆の警察化」政策を推進する際も、警察は消防組へのてこ入れを行っている。埼玉県では、一九二〇年に消防改善と消防組員の表彰、死亡者遺族の弔慰救済を行う「消防協会」を設立[11]。会長は県警察部長、支部長は各警察署長、消防組頭を評議員、町村長を顧問として一〇万人以上を組織した。これは消防組が警察補助団体であることを改めて明らかにすると共に、警察・消防組間、消防組相互間の連携強化をねらった動きであった。同じような例は茨城、愛媛、長野などにも見られる。

この頃になると、消防組幹部の社会的地位もかなり上がっている。当初は鳶頭《とびがしら》が多かったが、公職者の割合が高まった。埼玉県下では、組頭四八六人のうち町村議一〇七人、町村長六三人、助役三〇人などが五割五分を占めるようになった。部長、小頭を含む全役員では、公職者が一〇七七人に達している（一九一九年末現在）[12]。つまり警察は、消防組を通じて地域社会の有力者一〇〇〇人以上を組織していたことになる。

消防組は、在郷軍人とも深い関係があった。第一次大戦後になると、在郷軍人会を母体に公設消防組が設立され、在郷軍人が組頭・小頭に就任する例も広がっていく。埼玉県北部の忍、加須、熊谷警察署管内の四二の消防組の場合、組頭の一割七分、その他幹部の二割八分、消防手の四分の一が在郷軍人であった（二一年度末現在）。在郷軍人の主だったものは、消防組を通じて地域社会に編成されたのである[13]。警察にとって保安組合（自警団）の結成は、こうしたネットワークの拡大・深化に他ならなかった。

警察は、消防組幹部のイデオロギー教育にも積極的に取り組んでいた。たとえば長野県では一九二二年一一月、約二週間六三時間にわたり「民衆警察講習会」を開催した[14]。講師は、警察講習所所長で、「民衆警察」の提唱者であった松井茂（のち内務監察官として臨時震災救護事務局警備部委員となる）、そして県知事、検事正、長野地裁所長、県内務部長、警察部長ら二二人がつとめた。講義内容は「自治と警察（六時間）」、「社会主義について（二時間）」、「民衆の警察化（六時間）」、「憲法（一三時間）」、「刑法（七時間）」など。食費、宿泊費、交通費すべて自弁という条件であった。ハードな座学と条件のため「応募者百名を得れば成功」と思っていたところ二六二名が聴講し、うち一三三名が修了証を授与された。その内訳は消防組頭、消防部長、消防小頭、消防手が六割、青年会長及び会員が二割、巡査部長・巡査が一割五分となっていた。消防組幹部は「自警自衛」の理論的背景といった、警察的価値観に基づく社会認識、法意識を共有していたのである。

一九二三年四月、千葉県消防組頭会議での安達警察部長による訓示は、警察と消防、消防と民衆警察（自警団）の関係を端的に表していた。

「県下百三十五万という大多数の県民をわずか八百名の警察官がこの保護にあたっているのであります。……かかる少数の警察官のみを以て治安の保持は難いのであります。故に大いに民衆警察を鼓舞し、県民の自警自衛の感念を喚起しなければならぬのであります。願わくは……本県において最も有力なる市町村消防組頭各位が民衆警察実現について一層ご尽力下さいまするよう希望して止まないのであります」「消防は任俠の精神を必要とするのであります。近時自己中心主義が澎湃として興ってきたのであります。労働者と資本家の問題、地主と小作人との問題、……この混沌たる現代において消防組員諸氏が……社会思想の善導等につき一層努力を願いたいのであります」

安達は、消防の任俠精神と階級的な権利意識（警察的には「自己中心主義」）を対峙させた上で、消防組幹部が警察の尖兵となって、民衆警察の実践にあたれと訓示した。任俠精神で階級闘争を鎮圧する、これが民衆警察たる消防組の使命であった。

前章で見た自警団員に占める消防組員の高い割合は、彼らの「任俠の精神」と「自警自衛心」の発露に他ならなかった。ひるがえって震災時の朝鮮人虐殺事件は、「民衆警察」たる消防組が犯した犯罪という側面が浮かびあがる。一般民衆は、消防組の行動に煽られ、それに乗じたに過ぎなかったのかもしれない。

1 本節は大日方純夫『警察の社会史』（岩波新書、１９９３年）と同『近代日本の警察と地域社会』（筑摩書房、２０００年）に多くを拠っている。
2 埼玉県『埼玉県行政史　第二巻』１９９０年、４１４頁。
3 見出しや引用は「東日埼玉版」22年10月22日。入場者数等は「警察新聞」22年11月15日。
4 大日方前掲書、１９９３年、１４４頁。
5 埼玉県前掲書４１４頁。
6 大日方前掲書、２０００年、１４５頁。蜂面生「熊谷に行く」『日本警察新聞』５７４号。
7 松井茂も『自伝』にその名を掲げた組頭の一人である（同『松井茂自伝』１９５２年）。

8 『埼玉県警察部特殊施設一覧』埼玉県立文書館蔵、飯野家文書。
9 大日方前掲書、２０００年、１３４－１３６、１４４－１４８頁。
10 愛媛県の例。大日方前掲書、２０００年、46－49頁。
11 消防発達史刊行協会『消防発達史　第一編　埼玉県』１９３３年、62－86頁。
12 埼玉県消防協会『埼玉県消防沿革竝消防ニ関スル諸統計』（１９２０年、埼玉県立熊谷図書館蔵）。
13 埼玉県北埼玉郡『埼玉県北埼玉郡史』１９２３年、４６３頁。
14 遠山信一郎「民衆警察講習会開催に就て」『警察協会雑誌』２７１号、１９２３年1月、65－68頁。

〔2〕外国人労働者「問題」の発生

次に、在留朝鮮人の人口推移や居住府県、職業構成などの動向と、移入規制の概要をふまえた上で、震災前の外国人労働者「問題」を概観する。保安組合等の自警団結成が、大都市以外での朝鮮人虐殺事件の背景にあるとすれば、外国人労働者「問題」は、東京、横浜の工業地帯やその他地方の工事現場周辺での事件の前史にあたる。

（1）震災前までの在留朝鮮人の動向

①在留朝鮮人人口の推移と特徴

最初に、在留朝鮮人人口の推移をみる。[1] 表1－3－1によれば震災前の人口は、一九一七年、一九年、二二年を期に増加ペースが高まっている。それまで年八〇〇～二〇〇〇人の増加だったのが、一七年には九〇〇〇〇人以上も増加。翌年は漸増にとどまったが、一九年から三年間は七〇〇〇～一万人近くが増え続けた。そして二二年、二三年には連続して三万人前後増えて、震災の年には一二万人近くが在留したと推計される（二〇年は国勢調査に基づく。それ以外は内務省警保局資料からの推計値）。在留朝鮮人人口はわずか八年で一〇倍以上も増加した。当然のことながら朝鮮人の渡航数も同様に増えている。また毎年、渡航数の六～七割にあたる人びとが帰還したが、二三年の帰還数だけは、渡航数の九割以上に上っている。これは朝鮮人虐殺事件が大きく影響した結果と考えられる。

朝鮮人の移入を促した背景を大ざっぱに示せば、一七年には第一次大戦景気で日本内地の労働需要が増大したことと、朝鮮総督府による土地調査事業等が朝鮮農民の小作農化・貧窮化をもたらして供給圧力が高まったことが挙げられる[2]。繊維工業や石炭鉱業の経営者による労働者募集活動を通して、在留朝鮮人数は急増した。二〇年以降、日本経済は慢性的な不況に陥ったが、道路等産業インフラ工事における安価な労働力の需要は依然旺盛で、二三年には後述する旅行証明書制度の廃止が移入を後押しした。この頃の朝鮮人渡航者は、飯場頭や友人・知己などの縁故を通して入職を試みている。

このように在留朝鮮人人口は一貫して増加したものの、常住人口（「一戸ヲ構へ居住スル者」）や女性の割合には大きな変化が生じていない（表1-3-2）。常住人口が占める割合は微増、微減をくり返しながら漸増しているが、二割を大きく上回ることはなかった。残りの八割は「一戸ヲ

表1－3－1　在留朝鮮人人口の推移（単位：人）

年	朝鮮人数	増加数	渡航数	帰還数
1915	9,939			
1916	12,323	2,384		
1917	21,571	9,248	14,012	3,927
1918	24,291	2,720	17,910	9,305
1919	33,452	9,161	20,968	12,739
1920	40,755	7,303	27,497	20,947
1921	50,582	9,827	38,118	25,536
1922	81,403	30,821	70,462	46,326
1923	109,453	28,050	97,395	89,745

注：朝鮮人数は毎年10月1日現在。渡航数、帰還数は12月末現在。
出所：田村紀之「植民地期の内地在住朝鮮人世帯と常住人口」（二松学舎大学『国際政経論集』第17号、2011年3月）。渡航数、帰還数は西成田前掲書42頁。

表1－3－2　朝鮮人常住人口、女性人口の推移（10月1日現在、単位：人％）

年	朝鮮人数	常住	常住比率	女性	女性比率
1915	9,939	1,790	18.0	1,047	10.5
1916	12,323	2,120	17.2	1,328	10.8
1917	21,571	3,959	18.4	2,376	11.0
1918	24,291	4,675	19.2	2,736	11.3
1919	33,452	5,921	17.7	3,776	11.3
1920	40,755	7,269	17.8	4,712	11.6
1921	50,582	6,960	13.8	7,179	14.2
1922	81,403	17,270	21.2	12,257	15.1
1923	109,453	23,531	21.5	17,136	15.7

出所：田村紀之前掲論文。

構へザルモ九十日以上同一市町村ニ居住スル者」か「其他ノ者」という定住しない暮らし方であった。これは常用雇用の口を得られず、労働機会を求めて転々とせざるを得なかったためである。また、紡績業を中心に女性労働者の移入も急速に進んだが、全体に占める割合は一割（一五年）から一割六分近く（二三年）に増えた程度であった。つまり、震災前の在留朝鮮人のほとんどは非定住の単身男性であった。定住できないため、集住地も西日本を中心に形成されたにとどまる。[3] 一時帰還も多く、「内地半島間の往復は頻繁を極め、農繁閑期、正月、盆前後等は特に甚だし」かった。[4] 数年あるいは数カ月働いては帰還する出稼ぎ労働者が大半を占めたと見てよいだろう。

次に、朝鮮人が集中した道府県をみていく（表1－3－3）。震災前五年間の上位三位は大阪、福岡、兵庫が占めていた。これに対して東京は一九年六位、二一年四位、二三年も四位であった。神奈川に至っては一九年、二一年ともランク外で、二三年にようやく一〇位に入っている。震災前の在留朝鮮人は、関西（大阪、兵庫、京都）、中国（岡山、広島、山口）、九州（福岡、長崎）に集中した。中でも関西在留者は全体の四割近くを占めている（二三年）。ただし、増加数に着目すると、東京と神奈川は、一九年から二一年、二一年から二三年のいずれも二～三倍に増えるなど、大阪に匹敵する増勢を示した。

②関東地方の朝鮮人人口と職業および賃金

関東地方における朝鮮人人口の推移は次のとおりである（表1－3－4）。関東地方全体では二二年を期に増勢ペースが高まって、二三年には一万一〇〇〇人余りに達している。一八年から二

表1－3－3　道府県別在留朝鮮人人口（10月1日現在、単位：人）

1919		1921		1923	
福岡	7,333	大阪	9,640	大阪	26,968
大阪	5,332	福岡	7,195	福岡	12,536
兵庫	3,070	兵庫	3,964	兵庫	7,506
北海道	2,810	東京	3,561	東京	6,870
長崎	2,259	長崎	2,865	愛知	6,086
東京	1,746	山口	2,661	京都	6,061
山口	1,679	京都	2,583	山口	5,810
広島	959	北海道	2,358	北海道	4,412
岡山	821	愛知	1,989	広島	3,695
京都	798	広島	1,682	神奈川	2,921
10府県合計	26,807	10府県合計	38,498	10府県合計	82,865
%	80.1	%	76.1	%	75.7
全国合計	33,452	全国合計	50,582	全国合計	109,453

出所：表1－3－1と同じ。

表1－3－4　関東地方における在留朝鮮人人口（10月1日現在、単位：人）

年	合計	東京	神奈川	埼玉	千葉	群馬	栃木	茨城
1918	1,907	1,316	388	10	21	70	50	52
1919	2,634	1,746	521	56	17	199	77	18
1920	3,811	2,485	782	78	40	283	97	46
1921	5,323	3,561	1,029	111	98	329	120	75
1922	9,244	6,464	1,766	215	213	307	133	146
1923	11,264	6,870	2,921	249	254	589	157	224

出所：表1－3－1と同じ。

表1－3－5　関東地方在留朝鮮人職業別構成（21年6月末現在、単位：人）

	東京	神奈川	埼玉	千葉	群馬	栃木	茨城	合計
各種人夫	273	81	54	5	6	16	0	435
土方	0	256	0	11	257	41	2	567
日雇	0	0	0	0	0	0	13	13
各種職工	405	101	0	0	10	1	3	520
各種行商	140	15	13	9	11	0	16	204
各種配達	78	2	0	0	0	0	1	81
各種雇人	128	7	0	0	0	5	1	141
坑夫鉱夫	0	0	0	0	88	32	10	130
その他	121	11	7	3	8	2	2	154
合計	1,145	473	74	28	380	97	48	2,245
学生	1,114	11	1	3	0	0	1	1,130

出所：内務省警保局「朝鮮人近況概要」（朴慶植編『在日朝鮮人関係資料集成 第一巻』三一書房、1975年、188頁）より作成。

三年までの五年間で六倍増加し、全国の四・五倍を上回った。これを支えたのが東京と神奈川で、関東全体の朝鮮人の八割五分〜九割を占め続けている。その他の県では群馬がやや多い以外、一五七〜二五四人にとどまる（いずれも二三年）。しかし、震災前後の在留朝鮮人数として埼玉では五五〇人以上、千葉では三九〇人という資料もあり、[5]これらの推計値は実勢を大きく下回っている可能性が高い。[6]国勢調査と警保局調査は、非定住者が多い朝鮮人在留数を十分に捕捉できなかったのではないか。[7]

次に、関東在留朝鮮人の職業構成をみていく（表1－3－5）。まず、東京と茨城以外の五県で最も多いのは「各種人夫」、「土方」で、全体の六〜七割を占めている。関東地方の朝鮮人は、主に工事現場の土工や運搬作業などに携わる工場人夫として働いた。これに次ぐのが神奈川では「各種職工」（二割）、群馬と栃木では「坑夫鉱夫」（二〜三割）であった。一方、東京で最も多いのは「各種職工」（三割五分）、次いで「各種人夫」（二割四分）、「各種行商」と「各種雇人」（一割強）の順で、他の地方よりも多様である。また、労働者（一一四五人）と匹敵するほど大勢の「学生」（一一一四人）が在留していた。

慢性不況下でも土工・日雇の需要が維持された背景には、道路・橋梁と鉄道の建設に代表される都市化の波と電力化の普及があった。東京では丸ビルや国会議事堂、羽田飛行場がこの時期に建設され、官営鉄道はじめ東武や京成なども盛んに鉄道拡張工事を行っている。電灯の普及や工場電化の進展にともない、各地に大容量水力発電が開発され、発電力量の伸びも数倍に達した。こうした工事現場こそが関東地方の朝鮮人労働者を最も多く受け入れた。

西成田豊によれば、朝鮮人土工は、都市の水道工事、道路工事、市電の工事などに従事する都市居住型と、鉄道の敷設、ダム工事、国道建設などに従事する非都市居住型に大別される。[8]両者はいずれも飯場に居住したが、都市型の土工の飯場頭は下宿業を営み、下宿人を人夫として供給する労務供給請負業者で、飯場は人夫部屋、労働下宿と呼ばれた。非都市型の土工は、一つの工事が終わるとあらたな工事を求めて飯場単位で各地を転々とした。いずれの場合も飯場頭は、各地の工事下請人と連絡交渉に努め、次の就職口の斡旋に励んだ。このように朝鮮人労働者の多くが土工・人夫として働いたため、居住形態も非定住にならざるを得ず、女性の割合も少なかった。

そして、朝鮮人労働者が重宝されたのは賃金が低かったからに他ならない。内務省警保局も「内地事業家が鮮人労働者に着目するに至れるは、主として賃金低廉なると、労働問題ないし労働運動に関する知識ほとんど皆無」だからと認識していた[9]。民族別賃金格差に関する資料は数多い。表1－3－6は、東京における朝鮮人と日本人の賃金格差を表している。全一六の職種での、朝鮮人と日本人の日給と月の稼働日数、月収を整理してある。このうち朝鮮人と日本人の月収が等しいのは、染色職工や人力車夫など四職種であった。ただし、人力車夫を除く三職種の月収は四二円、五四円ととくに低い。格差を設けられないほど低賃金であったと考えられる。残り一二職種については、すべて朝鮮人の賃金の方が低かった。日稼人夫や砂利採夫など七職種では二〇銭～一円の日給格差が設けられていた。工場雑役や土工など五職種では一～三日の稼働日数格差がある。洋傘職工、製靴職工では日給、稼働日数ともに格差があった。この結果、荷揚人足、工場雑役、土工、紙器職工、植木職、毛織職工では、月収に一割前後の格差があった。日稼人夫、洋服裁縫、洋傘職工は二割以上、砂利採夫や鍛冶工は三割近い格差があり、製靴職工に至っては四割もの格差が生じた。このうち荷揚人足、工場雑役、日稼人夫、土工、砂利採夫など、重筋労働職種における賃金格差は民族差別を直截に示しており、鍛冶工その他の職工における賃金格差は、民族差別に加えて当該職務の中でも「熟練度の低い仕事や周辺的雑役労働に従事」していたためと考えられる[10]。

差別賃金の存在は、日本人労働者にとっても賃金の下向圧力そのものであった。したがって教

表1－3－6　朝鮮人と日本人の職種別月収格差（東京府、24年5月1日現在）

職種	日給		月稼働日数		月収	
	朝鮮人	日本人	朝鮮人	日本人	朝鮮人	日本人
	円銭	円銭	日	日	円銭	円銭
荷揚人足	3.00	3.00	23	25	69	75
工場雑役	3.00	3.00	25	28	75	84
日稼人夫	2.00	2.50	27	28	54	70
土工	2.50	2.50	25	27	62.5	67.5
染色職工	1.50	1.50	28	28	42	42
人力車夫	6.00	6.00	25	25	150	150
洋服裁縫	2.00	2.50	27	28	54	70
砂利採夫	2.50	3.00	23	26	57.5	78
役所人夫	2.00	2.00	27	27	54	54
鍛冶工	2.00	2.50	25	28	50	70
洋傘職工	1.60	2.00	28	28	44.8	56
製靴職工	1.50	2.50	27	27	40.5	67.5
紙器職工	1.50	1.50	25	28	37.5	42
植木職	2.50	2.50	25	28	62.5	70
毛織職工	1.80	2.00	28	28	50.4	56
機業職工	1.50	1.50	28	28	42	42

出所：日給と稼働日数は社会局第一部「朝鮮人労働者に関する状況」1924年7月（朴前掲書499頁）。月収は両者をかけ合わせた。
日給は「普通日給」。

条的に言えば日本人労働者は、自己の利益のため、差別賃金の廃止に取り組む必要があった。ところが、民族による賃金格差は、日本人労働者をレイシズムに向かわせる理由の一部となり、やがて不熟練労働市場における強力な競合相手として朝鮮人労働者を認識させる理由になってしまう。朝鮮人労働者に対する暴行、排斥、抗争が起きた背景には、経営者による露骨な民族差別と賃金差別が横たわっていた。民族差別賃金は、一九二〇年代から三〇年代にかけて職種と地方を問わず幅広く採用されていく。

（2）震災前後までの移入規制政策

朝鮮人の内地における居住・就労は「慣行に依て自由を有する」とされ、内地雑居後も欧米人同様、特段の制限はなされなかった（朝鮮人労働者の募集は許可制）[11]。以後、震災直後までの日本政府（内務省警保局）と朝鮮総督府の規制政策の経緯をふり返っておく。

①旅行証明書制度の開始とその背景（一九年四月）

一九一九年三月一日、孫秉熙ら三三人がソウルで独立宣言書を発表、パゴダ公園に集まった数千の群衆と学生は、「朝鮮独立万歳」を叫んだ。三・一独立運動は全国に広がり、五月末日までに開催された集会は一五〇〇回以上、二〇〇万人以上が参加した。在留朝鮮人留学生も、母国において学術講演の体裁で独立を説くなど積極的に関与する。

四月一五日、朝鮮総督府は独立運動を弾圧するため、警務総監部内に騒擾課を新設すると共に、政治犯罪処罰令と朝鮮人旅行取締規則を施行した。この旅行取締規則に基づく旅行証明書制度が、朝鮮人の日本渡航に対する初めての直接的規制政策となった。朝鮮外に旅行する者は、居住地所轄の警察署に旅行の目的、旅行地を届け出て証明書の交付を受け、朝鮮最終出発地の警察官に提示するよう罰則付で定めたのである。旅行証明書制度は、独立運動家の渡航制限をねらったもので、一般労働者の移入規制を想定してはいなかった。

②旅行証明書制度の廃止（二二年一二月）

二一年七月になると、『朝鮮朝日』、『東亜日報』など朝鮮各紙が旅行証明書制度を批判し始める。……朝鮮人の海外旅行には証明手続を要求し、日本人にはそうしない、三七万もの在朝日本人は自由渡航を謳歌できて、五万足らずの在留朝鮮人の渡航を規制するのは不公平だ、経済的活動において不公平があるのはどうみても朝鮮人の福利に反する、独立運動の抑止に役立ってもいないではないか、と。総督府にとっても「一視同仁」の建て前に反する旅行証明書制度の廃止はやぶさかではなかった。何より朝鮮人の移出は、貧困問題、失業問題から生じる朝鮮内の社会不安をやわらげると考えられた。二二年一二月、総督府は、内務省との交渉をくり返して制度の廃止にこぎつけ、朝鮮と日本のあいだの自由渡航が一時的に実現した。

③ふたたび自由渡航を制限（二三年五月）

旅行証明書制度廃止の影響は大きく、朝鮮から日本へ渡る人びとは急増した。二二年一二月の朝鮮紙の報道によると、旅行証明書制度があった一～一五日の渡航者は二〇七八名、制度廃止後の一五〜三〇日の間には六三七九名が渡航したとある。[12]年が明けると『時事新報』や『大阪毎日』にも「毎日入ってくる夥しき鮮人労働者」、「賃金の安い鮮人が内地の労働者を圧迫」などの記事が頻繁に現れる。朝鮮人の渡航増大が、日本人労働者の失業をもたらすという認識が広まっていく。

震災の年の五月、内務省警保局は半年も経たないうちに自由渡航の方針を見直した。[13]

……旅行証明書制度廃止後、朝鮮人の内地渡来者の急増が著しいが、経済界不振のために就職難に苦しみ「浮浪無頼の徒を生ずる傾向」、「社会運動及び労働運動等に参加し団体的行動に出でんとする傾向」、「内地人との間にも各種の紛擾を頻発する等」将来多くの問題を起こす恐れがあるので、総督府と協議の上、「自由渡航及び団体募集に対してはなるべく之を阻止する方法を講ずることに協定」した。とくに朝鮮人の団体募集は不許可にしたので、各庁府県長官管下の朝鮮人労働者募集の出願を阻止するよう通牒した。

内務省は、朝鮮人労働者の移入が、失業の増大と労働運動への参加をもたらし、日本人との間での紛争が頻発することを恐れた。この通牒は、近い将来における自由渡航の制限を予告するものであった。

④関東大震災、朝鮮人の渡航禁止

同年九月一日、関東大震災が起こる。朝鮮にその知らせが伝わったのは翌日、三日には後藤警保局長から総督府に対して朝鮮人の内地渡航を控えるよう通牒があった。六日からは入国禁止措置がとられた。これは「朝鮮人の東京行きによって、朝鮮人虐殺事件の実態が暴かれるのを恐れたため」に他ならなかった[14]。渡航禁止は一〇月三日に解除されるが、一二月一九日、内務省の要請にもとづき、朝鮮総督府は正式に旅行証明書制度を復活することになる[15]。

旅行証明書制度廃止から復活までの一年間をふり返ると、日本政府と総督府には、朝鮮人労働者の移入に関する統一的な方針がなかったと考えざるを得ない。旅行証明書制度と移入規制は無関係だったのに、朝鮮人渡航数が激増すると自由渡航を見直すと言い出す。関東大震災下の虐殺事件が発生するとあわてて渡航を禁止し、旅行証明書制度を復活する。場当たり的な、猫の目行政の典型であった。こうして朝鮮人渡航者は、何の準備も整っていない宗主国の労働市場に加わっていった。

(3) 朝鮮人労働者の排斥、抗争事件の頻発

当初、治安当局の朝鮮人労働者に対する認識は差別意識丸出しだが、弛緩したものであった。一九二二年末の内務省警保局「内地在留朝鮮人ノ最近ニ於ケル一般状況」には次のように記してある[16]。

「現在内地に於ける相当大規模の土木工事場、鉄道工事場、炭坑、鉱山、各種工場にはいずれも相当員数の鮮人労働者使役せられ、また殷盛なる開港場の仲仕人夫中には必ず多少の鮮人労働者の混入」している。しかし、「鮮人は性未だ遅鈍にして徹底的研究心なく、しかも同一業務に対する執着心全く欠乏せるため、多少技巧を要する職業にはほとんど見込みない。「ただ土木工事、貨物運搬など主として膂力による方面においては多少嘱目」されているが、日本語を解さず「感情の衝突を醸し易きため、単にいくぶん労銀低廉なるの事実のみを以ては容易に歓迎」されるに至らない。したがって「内地人労働者との間に熾烈なる職業争奪等を見るに至らざるため、未だ両者の関係を労働問題ないし社会問題上より論議せるものなし」

大規模な工事現場や鉱山、工場では相当数の朝鮮人労働者が働いているが、賃金が低い程度で歓迎されるわけもない。だから日本人労働者との競合をはじめ、日朝労働者間の労働問題、社会問題も発生していない。たしかに朝鮮人労働者による労働争議も年に四件発生したのにとどまり[17]、当局にとって大きな脅威ではなかったろう。一方、彼らが最も懸念したのは「内鮮人争闘事件」の急増であった。

「現在、内鮮人労働者の関係を見るに寒心すべき状態にあり」。日本人側では「鮮人に接す

表1－3－7　「内鮮人争闘事件」の推移

年	件	文中のコメント
1922年1～9月	75	
1923年1～10月	227	「震災時に於いて朝鮮人に関する流言蜚語流布せられ、…為に民心極度に動揺し朝鮮人に対する敵愾心を助長したる結果…争闘を激発」
1924年1～10月	48	「朝鮮人に対する不祥事件の真相を悉知するに及び却って一般朝鮮人に同情する風を生じ…之等の争闘も減少したるものの如く」
1925年1～10月	116	「本年に入りては常態に復し増加する傾向あるなし」
1926年1～10月	108	死者8名、重傷者44名、軽傷者135名。感情の相違36、業務上口論31、泥酔23。

出所：1922年～25年は内務省警保局『大正十四年中ニ於ケル在留朝鮮人ノ状況』。1926年は『大正十五年中ニ於ケル在留朝鮮人ノ状況』（いずれも朴慶植編前掲書179-180、208-209頁他）。

るに弱者劣等人種視し横柄の態度あり」、朝鮮人側では「内地人は横暴にして鮮人を軽蔑し冷遇虐待」に及ぶと邪推し、「殺傷争闘事件を惹起」している。大規模事業所では両者を分けて作業させ、寄宿舎等も区別しているが「かかる姑息の方法にては永久両者の融和を期するは望み難い」。

二二年一～九月までの九カ月間に起きた日朝労働者間の争闘事件は大きなものだけでも七五件、[18]参考までに震災前後に起きた事件数を示しておく（表1－3－7）。また、内務官僚の後押しでできた内鮮融和団体・相愛会（東京・赤坂区）の調べでは「日鮮人間の争議調停」が年間三〇〇〇件も発生していた。[19]事件のきっかけはほとんどの場合、日本人による差別行為であった。朝鮮人労働者の賃金を一人五〇銭ずつピンハネする、食事時に茶を飲ませない、「無理仕事を強制する」、「その他湯屋、飲食店等で鮮人を馬鹿使いにするのはほとんど毎度のようである」[20]。「内鮮人争闘事件」には、警保局ですら「朝鮮人に対して同情すべき場合少なからず」と漏らしていた[21]。

この頃、駆け出しの職工として各地の工場を転々としていた戸沢仁三郎は、日本人労働者の気持ちを次のように語る[22]。

資本家からみて当時の朝鮮人は第一に、日本人よりも力が強い、それから何といっても勤勉なんですよ。そこへもってきて日本人よりも安い賃金でよく働く…多少の無理もききますしね。それを日本人の下級労働者からみますと、それでなくてさえも朝鮮人に対して非常な侮蔑観念をもっているところに云わば商売がたきといいますか、仕事の上における競争相手なんですね。…それから、生活の仕方が違います。日本人は少しの金でも入るというと、焼酒《ママ》でも飲んでしまう。そこえいくと朝鮮人は、…いざという時には家族を連れて国へ帰れるだけの用意がある。腹掛けのようなものをしていまして、あの中にいつもお金をもってるんです。こいつがまたしゃくにさわるんですよ、手前は金がないでしょう。そこえもって来て向こうはまじめにやっていってそれで金を残して…いまいましいんですね。

日朝労働者間には「熾烈なる職業争奪等を見るに至らざる」どころではなかった。日本人労働者は朝鮮人労働者を差別しながら、ライバル扱いしていた。こうして労働現場ではさまざまな「内鮮人争闘事件」が発生した。

表1－3－8は、関東地方で朝鮮人労働者が関与した事件と事項を時系列に沿ってまとめたものである（一九二二年〜震災直前まで）。これによると、一九二二年は関連事件が三件発生、熱海と箱根山の土木現場での日朝労働者の抗争事件などが起こった。また、東京市深川区富川町では、土工・日雇などの自由労働者が毎日四、五〇〇人も仕事にありつけない状態に陥っていた。

二三年になると事態は一気に深刻さを増している。神奈川県土肥村（現湯河原町）で日本人馬車挽きが朝鮮人労働者に重傷を負わせた事件を皮切りに、八月までに七件の抗争事件その他が発生した。荷役賃の引下げや失業者の増大を背景に、同県町田村（現横浜市）では労務供給業者間のテリトリー争いが、朝鮮人労働者の格闘という形で起こった（三月二八日）。職業紹介所長会議では、失業の原因として朝鮮人労働者の移入がクローズアップされ、外国人労働者「問題」が意識されるようになる（七月二〇日）。

注意を要するのは、これらの事件の発生地のほとんどすべてで、震災時に朝鮮人・中国人虐殺事件が起こったことである。神奈川県土肥村では中国人労働者六人が襲撃されて二人が殺害、同県潮田町（旧町田村）と保土ケ谷町でも朝鮮人虐殺事件が発生、千葉県の北総鉄道工事関連（塚田村、千代田村他）では一〇〇名以上の朝鮮人が殺傷されている。

「争闘」事件は、労働現場ばかりで起きたわけではなかった。西日本では、日本人住民と朝鮮人労働者との間でも発生した。[23] 二二年六月二五日、広島県安芸郡渡子島村（現呉市）では、住民六五人と朝鮮人の土工一五三人の「争闘」事件が発生し、朝鮮人側に重傷者一人、軽傷者二人を出した。村の青年が、「一鮮人土工と内地人婦女の私通同棲するに至れる事実に憤慨して、鮮人側に暴行を加えたるに端を発した」事件である。同年九月二日、兵庫県武庫郡鳴尾村（現西宮市）住民は、朝鮮人の土工二二名との間に「猛烈なる格闘を惹起し、鮮人側に死者一名、重傷者二名、軽傷者八名」を出した。住民たちは「鮮人の居住を甚だ嫌忌し」、家屋所有者に働きかけて「一旦貸し渡したる貸家の明け渡しを再三要求」していた。「争闘」、「格闘」と表記されているが、被害状況から見て、住民による一方的な襲撃事件であったと考えられる。日本人民衆は、権力の使嗾なくしてここまでの憎悪犯罪（ヘイト・クライム）に手を染めていた。

前節でみた自警団の結成、本節でみてきた在留朝鮮人の急増と差別賃金の横行、日本人労働者の蔑視とライバル心がない混ざった差別行為とそれをきっかけとする抗争事件、日本人住民による朝鮮人排斥事件。関東大震災下で膨大な数の民衆犯罪が起こる前に、すでにこれだけの「準備」が地域社会では整っていた。朝鮮人虐殺事件は、起こるべくして起きた事件と考えざるを得ない。

1923年	6/25	千葉 塚田村	鮮人同士の大格闘　北総鉄道工事場で30余名のうち3名重傷 （塚田村在住の山中組と深川区の原忠一組90名が大乱闘、東朝6/27）⑥
	7/10	神奈川 田浦町	土木工事現場で日朝労働者の乱闘が発生した。またもあらたな土木工事が始まるというので、地元有志が自警団の結成を協議しだした。①
	7/18	茨城 大郡線	鮮人土工30名　棍棒を携えて襲撃　大郡線の下小川村地先で増給を取り消させられて（組頭が朝鮮人土工の増給を約束していたのに、工事請負人が取り消したため、朝鮮人土工30名が請負人宅を襲撃）②⑤7/21
	7/20−7/24	職業紹介所長会議	毎日入ってくる夥しき鮮人労働者「殊に朝鮮人は一日一円二三十銭で労働に忠実な為」「此儘で行けば日本人労働失業者は益々増加して停止するところを知らぬという有様で当局も誠に頭を悩まして居る」内務省社会局の認識⑦
	7月	千葉	千葉県北総鉄道の軌道敷設工事に従事する日本人労働者の支那人及び鮮人労働者排斥事件発生（7月、記事見あたらず）②
	7/26	神奈川 潮田町	朝鮮人80余名が合宿「鮮人町」。朝鮮労働総同盟代表来訪。平壌のゴム女工の餓死に関するビラ配布。警官隊が出張して警戒（横貿7/27）。①
	8/7	保土ケ谷町	横浜市近郊の保土ヶ谷と戸塚を結ぶトンネル工事現場で朝鮮人50名と日本人250名が対立。手桶一杯の水をめぐり乱闘、十数名が検束。①
	8/19	千葉千代田村	鮮人土工格闘　数名の重軽傷（北総鉄道工事に従事中の土木労働者の一団が新旧交代に伴うトラブルで数名が格闘、日本人土工頭らが重軽傷）⑤8/19

出所：①樋口雄一前掲論文、②日本労働年鑑「移入民関係事件」4号、5号、③読売9/11、④東京朝日、⑤東京日日、⑥報知6/26、⑦時事7/25。「横貿」は横浜貿易新報。
新聞記事は、水野直樹「戦前日本在住朝鮮人関係新聞記事検索」データベースで検索。

表1－3－8　関東地方での朝鮮人労働者関連事件（1922－23年8月）

	発生日	発生地	見出し（概要）
1922年	2月末	神奈川 平塚	相模紡績勤務の朝鮮人労働者を日本人が撲殺。同工場労働者はストを決行し、浦賀ドックの同胞を呼び寄せる動きを見せるが未遂（横貿3/1）①
	9/9	静岡 熱海	土工達危く血の雨　鮮人土工と内地土工のもめ事（熱海線泉越トンネル工事場で朝鮮人労働者がリンチを加えられた為、百数十名の朝鮮人労働者が抗議集会を計画。熱海署が察知し署員総出で鎮圧する。）②③
	12/7	東京 深川区	歳末にあわれ　食べられぬ人々　富川町辺りの日傭人が救済を嘆願（屋外労働者の仕事が激減、富川町内だけで毎日4～500名があぶれ　社会局田子課長に陳情、水野内相も現場に出張。④12/7
	12/8	静岡 箱根山	箱根改修工事の日鮮土工　乱闘す　5名重傷　賃金の事から（静岡県田方郡錦田村で「賃金の事から日鮮人30余名入り乱れての大喧嘩」）⑤12/11
1923年	1/27	神奈川 土肥村	鮮人土工を斬る（足柄下郡土肥村の荷馬車挽きが熱海線工事現場で働く朝鮮人土工の右指四本を切断する等の重傷を負わせ2/16検事局に送致される）⑤2/17
	2/27	神奈川 横浜港	荷役賃引き下げに　沖人夫の反対決議（横浜港荷主が前回に続き、二割引下げを要求、沖仲仕同盟会3500人が反対）⑤2/27
	3/28	神奈川 潮田町 (町田村)	鮮人土工十数名の大格闘　3名瀕死の重傷（労務供給業者間のテリトリー争い類似の争闘で3名が重傷）④3/30
	5/1	内務省	夥しく流れ込む鮮人の労働者　あがったりの内地労働者の為　社会局が渡航を斡旋（朝鮮人労働者との競合を回避するため、内務省社会局では日本人の移民、海外渡航を斡旋する）⑤5/2

1 以下、本項の在留朝鮮人の動向については西成田豊『在日朝鮮人の「世界」と「帝国」国家』（東京大学出版会、1997年）に多くを拠っている。

2 西成田前掲書22－38頁を参照のこと。

3 東京での朝鮮人集落としては南葛飾郡砂村での運河開削工事（1918年頃）を機に周辺工場に職を求める人びとが集住した例が認められる。西成田前掲書67頁。

4 大阪府内鮮融和事業調査会「在住朝鮮人問題ト其ノ対策」（1936年、朴慶植編『在日朝鮮人関係資料集成　第三巻』三一書房、1976年、912頁）。

5 埼玉県のデータは、県内各地の警察署等に収容された朝鮮人数を筆者が合算したもの。典拠にした資料は『かくされていた歴史』267－301頁、帝国在郷軍人分会熊谷支部『震災特別号支部報』第79号、埼玉県北足立郡役所編『埼玉県北足立郡大正震災誌』1925年、昭文堂、325頁他。千葉県のデータは千葉県罹災救護会前掲書298頁。

6 表1－3－1～4に用いた田村紀之の推計は、警保局資料からえた指標を国勢調査人口に掛け合わせて算出している。しかし、警保局資料の一部には、朝鮮人は定住性を欠くなどで「実数を調査すること頗る困難にして、恐らく実在員は遥かに多数なるべし」と注記されている（内務省警保局「大正十一年十二月　内地残留朝鮮人ノ最近ニ於ケル一般状況」荻野富士夫編『特高警察関係資料集成　第12巻』不二出版、1992年、84頁）。国勢調査も同様の問題をはらんでいると考えられる。

7 警保局以外の調査でも、朝鮮人在留数は実勢を下回ると認識している。その理由として雇用主が警察による調査を避けたがる、風貌態度言語等外見では識別できない、「内地人」風通り名を用いるなどが挙げられている（大阪市社会部「朝鮮人労働者問題」1923年、朴前掲書第一巻、345頁、中央職業紹介事務局「東京府下在留朝鮮人労働者ニ関スル調査」1924年、朴前掲書第一巻、432頁）。

8 西成田前掲書93－96頁。

9 荻野前掲書85頁。

10 西成田前掲書110頁。

11 山脇啓造『近代日本の外国人労働者問題』（明治学院国際平和研究所、1993年、63－65頁）。

12 山脇前掲書132頁。

13 内務省警保局長「朝鮮人労働者募集ニ関スル件依命通牒」1923年5月14日、朴前掲書38－39頁。
14 高崎宗司「関東大震災・朝鮮での反響」『三千里』36号、1983年、56－63頁。
15 山脇前掲書139頁。
16 荻野前掲書84－87頁。同種の認識は中央職業紹介事務局「東京府下在留朝鮮人労働者問題に関する調査」1924年、朴前掲書432－439頁。内務省警保局「最近に於ける在留朝鮮人情況」1925年、荻野前掲書110－111、118頁。
17 荻野前掲書85頁。
18 ただし「別冊内鮮人争闘状況」欠落のため事件の詳細は不明。荻野前掲書133－134頁。
19 「内地人対朝鮮人間に意志の疎隔を来たし遂に嫉視反目的の闘争を惹起したるもの及び其の他を合わして大正十一年十二月本会設立当時より今日に至る（三年、引用者注）間実に九千余件に達している」（相愛会総本部『事業施設の概要』1926年1月、30頁）。
20 野田久太「内地における朝鮮人の分布と生活状態」『太陽』1924年1月号、博文館、40頁。
21 脚注15と同じ。
22 戸沢仁三郎、藤島宇内「対談　関東大震災における朝鮮人虐殺の責任」『朝鮮研究月報』1963年10月号、34－35頁。
23 荻野前掲書、86頁。

第2部

刑事事件化した民衆犯罪の動向

（1）典拠とした資料とその特徴

第2部では、民間人による朝鮮人、中国人、日本人殺傷事件等のうち、検察が起訴した事件（起訴猶予を含む）の動向を見る。これら刑事事件化した民衆犯罪の検討対象は一一四件、下記の先行研究と官庁記録に基づいている。

1．山田昭次『朝鮮人虐殺関連新聞報道史料別巻』中「朝鮮人虐殺事件関係判決一覧」[1]

2．司法省『震災後ニ於ケル刑事事犯及之ニ関聯スル事項調査書』（後藤新平文書）

3．右と同じ（山岡萬之助関係文書）

4．吉河光貞『関東大震災の治安回顧』

それぞれの概要と参照した点は次のとおりである。

1の「朝鮮人虐殺事件関係判決一覧」（以下「判決一覧」と略称）は、自警団員被告に対する判決書や起訴・予審・公判に関する新聞記事を最大限収集し、編纂した労作である。区裁判所から大審院までの七五件の判決（事件数五八件）と、判決不明の裁判二三件について事件概要、裁判の状況、出典などを簡潔に整理してある。被害者別の事件数は、朝鮮人四三件、日本人三三件、朝鮮人と日本人一件、中国人二件、騒擾その他二件である。本書は、「判決一覧」をベースに検討対象を選んだが、事件の分類その他に異同がある。[2]

2は、震災の年に作成された司法省の資料で（「司法省A」）、つくられた経緯と問題点についてはすでに述べたとおりである。内容もかなり粗い。たとえば被害者の性別と氏名を取り違えてい

表2－1　司法省調査書における「犯罪事実個別的調査表」の件数

	朝鮮人殺傷	中国人殺傷	日本人殺傷	合計
司法省Ａ（11/15付）	53	4	46	103
司法省Ｂ（11/30付）	51	6	57	114

＊ABとも「朝鮮人と日本人」と「朝鮮人と中国人」殺傷事件３件を重複掲載。

る。[3] 隅田町玉の井、府下三島町など架空の地名を事件発生地としている。[4] 朝鮮人殺傷事件全体の「被害者人員表」と、個別事件の概要を記した「犯罪事実個別的調査表」の被害者合計とで一七人の差がある。[5]「被告人員表」と「犯罪事実個別的調査表」の「犯人」合計とでは五〇人ちがう。[6] どちらが正しいかは分からない。そして震災からふた月半を経たのに、朝鮮人被害者の九割は「氏名不詳」のままとなっている。情報の質が低く、厳密さに欠ける。

それでも利用せざるを得ないのは、これが「民間人による殺傷行動についての官庁資料で最も網羅的なもの」だからだ。[7] とくに自警団による日本人の被害をまとめたものは他にみあたらない。このため本書では、朝鮮人、中国人、日本人殺傷事件の「犯罪事実個別的調査表」を参照した。

３も、「司法省Ａ」と同じ表題の司法省調査書だが、殺傷事件に関する調査の締め日が異なる（以下「司法省Ｂ」と略称）。Ａは一一月一五日、Ｂは一一月三〇日現在の調査結果が中心になっている。両者には「犯罪事実個別的調査表」収録件数をはじめ（表２－１）、次のような違いがある。

・「司法省Ａ」から一〇件がなくなり、あらたに二一件が追加された

・削除した事件のうち八件は他の事件と一緒に起訴した模様である（理由不明二件）

・日本人殺傷事件の新規追加が一四件と目立つ（削除三件）
・同じ事件を軽い罪名に変更した（騒擾殺人→殺人他一六件、殺人→同未遂二件）
・発生地と犯罪事実の記述を簡潔にした

他にも、「被害者／被告人員表」と「犯罪事実個別的調査表」合計との差が小さいなど、AよりもBの方が整理されていることは間違いない。このため同じ事件は「司法省B」の記述を優先した上で、新聞記事などによって補っている。

また、騒擾（騒乱）事件（殺人及び傷害を含む二八件）を中心に4を参照した。これは、思想検事の吉河光貞（後の公安調査庁長官）が、司法研究所研究員として関東大震災下の治安状況と取締状況を一九四三年にまとめたものである。[8] 後に戦火で失われる数多くの裁判記録や司法大臣官房秘書課、企画院官房調査課の保管文書等を活用している。

（2）刑事事件化した民衆犯罪の傾向と問題点

次に、検察が起訴した事件の内訳を見ながら、その傾向と限界を明らかにする。ここではとくに少ないデータに注目する。

府県別の起訴件数は、東京府が最も多く（五三件）、次いで千葉県（二二件）、三番手に栃木県、群馬県、神奈川県が一〇件前後で続き、最後に埼玉県（七件）となっている（表2－2）。

被害者数では、埼玉の一九一人が突出して多く、続いて東京（一五一人）、千葉（一一四人）、群馬（三一人）、最後に栃木（一五人）、神奈川（一四人）の順になっている。

このように神奈川県の起訴件数、被害者数は少ない。この地方では、震火災のため事実上の無警察状態が続き、朝鮮人、中国人の虐殺も大変多かった。[9] 横浜刑務所を放たれた囚人による掠奪や殺人も多発した。[10] しかし、ほとんどの事件は起訴を免れている。神奈川県の実態は、起訴事件ではよく分からない。

次に被害民族別の起訴件数をみると、「日本人のみ」を被害者とする事件が五二件と最も多く、「朝鮮人のみ」の事件を六件上回っている（表2－3）。検察が日本人の被害をとくに重視したことが分かる。一方、中国人襲撃事件はわずか六件の起訴にとどまる。

表2－2　府県別起訴件数と被害者数

	件	人	人／件
全体	114	516	4.5
東京	53	151	2.8
神奈川	9	14	1.6
埼玉	7	191	27.3
千葉	22	114	5.2
群馬	10	31	3.1
栃木	11	15	1.4
茨城	1	1	1.0
福島	1	1	1.0

被害者総数は五一六人、最も多いのは朝鮮人の四一三人（八〇・〇％）、次いで日本人九二人（一七・八％）、中国人一一人（二・一％）であった（表2－4）。起訴事件における中国人の被害も限定的である。

次に、起訴事件と実際の被害との違いをみていく。

表2－5－1は、検察が起訴した事件と諸調査における朝鮮人・中国人殺害数を比較したものである。調査Aは吉野作造「圧迫と虐殺」の朝鮮人殺害数を、[11] 調査Bは主として中華民国政府『日本震災惨殺華僑案』に基づく

中国人殺害数を表している。[12] 調査Cは前掲吉河光貞『関東大震災の治安回顧』の「内地人」死亡数で参考値にとどまる。[13] また、表2-5-2は、起訴事件における殺害数を諸調査の殺害数で除した、起訴事件の「殺害数割合」を表す。起訴事件が全体の被害をどの程度反映したかを示すものだが、調査AとBには、警察や軍隊による殺害が含まれているため厳密な比較は難しい。それでも起訴事件の傾向と問題点はより明確になるだろう。

表2-5-2によれば、起訴事件における朝鮮人の「殺害数割合」は一三・一%、中国人は

表2-3　被害民族別の起訴件数

	件	%
朝鮮人のみ	46	40.0
中国人のみ	5	4.3
日本人のみ	52	45.2
朝鮮人と中国人	1	0.9
朝鮮人と日本人	7	6.1
その他騒擾事件	3	2.6
計	114	100

表2-4　府県別民族別被害者数（人）

	全体	朝鮮人	中国人	日本人
全体	516	413	11	92
東京	151	109	7	35
神奈川	14	3	3	8
埼玉	191	189	0	2
千葉	112	85	0	27
群馬	31	20	0	11
栃木	15	7	1	7
その他	2	0	0	2

表2－5－1　起訴事件と諸調査の朝鮮人・中国人殺害数（人）

	朝鮮人		中国人		日本人	
	起訴	調査A	起訴	調査B	起訴	調査C
全体	343	2613	3	612	63	57
東京	52	1024	1	511	22	13
神奈川	3	1129	2	97	7	9
埼玉	189	251	0	0	1	1
千葉	72	141	0	4	26	25
群馬	20	18	0	0	2	5
栃木	7	4	0	0	3	2
その他	0	46	0	0	2	1

出所：千葉県の船橋九日市避病院前と船橋警察署前事件の殺害数は司法省Bに基づく。
埼玉県の起訴事件の殺害数は『かくされていた歴史』50頁。

表2－5－2　起訴事件と諸調査の殺害数割合（%）

	朝鮮人	中国人	日本人
	調査A	調査B	調査C
全体	13.1	0.5	110.5
東京	5.1	0.2	169.2
神奈川	0.3	2.1	77.8
埼玉	75.3	0.0	100.0
千葉	51.1	0.0	104.0
群馬	111.1	0.0	40.0
栃木	175.0	0.0	150.0
その他	0.0	0.0	200.0

＊起訴事件の殺害数を調査A～Cの殺害数で除した。

〇・五％、日本人は一一〇・五％となっている。起訴事件は朝鮮人の被害のごく一部しか反映しておらず、中国人の被害はほぼ反映していない。日本人の殺害数は吉河の調査よりもやや多いという結果になっている。また、府県別にみた朝鮮人の「殺害数割合」にも顕著な違いがある。東京府は五・一％にとどまり、神奈川県は〇・三％と極端に低い。両府県の起訴事件は朝鮮人の被害を十分に反映していない。一方、埼玉、千葉、群馬、栃木の「殺害数割合」は五一〜一七五％を示し、起訴事件の殺害数の方が多い地域もある。これら四県における起訴事件は朝鮮人の被害の反映度合いが比較的高い。

以上、検察が起訴した事件をみると朝鮮人襲撃事件と日本人襲撃事件の実態はある程度把握できるが、神奈川県と中国人襲撃事件についてはほとんど何も分からない。前者については無警察状態が、後者については、政府が軍隊による中国人虐殺事件の隠蔽をもくろんだことが[14]、それぞれ起訴方針に影響したと考えられる。

以下、本書では神奈川県のデータは参考値としながら、民間人による朝鮮人、日本人襲撃事件の動向を検証する。典拠となった資料の性格上、提示する数値は厳密さ、正確さを欠いていることをお断りする。

（3）刑事事件化した民衆犯罪の発生状況

起訴事件に基づいて民間人による朝鮮人、中国人、日本人殺傷事件等全一一四件の発生期間と発生地域をみておこう。

①民衆犯罪の発生から終熄まで

まず、民衆犯罪の発生期間は次のとおりであった（表2－6）。「全体」では九五％の事件が九月二～五日の四日間に集中した。また、府県別には大きく二つのパターンがあった。ほとんどの事件が二～四日に集中した東京・神奈川と、三～五日に集中した埼玉・千葉その他である。それ以前は一件（東京）[15]、それ以降も激減している。

民衆犯罪が三日間に集中したことは共通するが、両地域には一日のずれがある。

これは、軍や官憲が民衆犯罪のお膳立てを整えるまでの時期と関係が深い。おさらいをすれば、東京では一日夕方から官憲の手でデマが拡散され、各地の警察署は自警団の結成と朝鮮人の逮捕、検束を呼びかけた。被災地周辺住民の警戒心と排外意識は高まり、二日から三日にかけての事件多発につながった。

千葉県各地にデマを伝えたのは東京方面からの避難民であった。市川、中山、船橋といった総武線沿線の町村には大勢の被災者が押しかけ、三日には六万人以上が避難した。彼らは震災被害の大きさに加え、朝鮮人に対する憎悪を伝播した。「あの大火は朝鮮人が放火したためだ。仇を討ってくれ」と[16]。これに加えて、海軍無線電信所船橋送信所の所長が周辺一帯の殺傷事件で果した役割はすでに見たとおりである。

表2－6　民衆犯罪の発生日

	1日	2日	3日	4日	5日	6日	7日	計
全体	1	25	30	40	13	4	1	114
東京	1	22	21	8	1	0	0	53
神奈川	0	3	1	4	0	1	0	9
埼玉	0	0	0	5	1	1	0	7
千葉	0	0	4	16	1	1	0	22
群馬	0	0	1	5	2	1	1	10
栃木	0	0	3	2	6	0	0	11
その他	0	0	0	0	2	0	0	2

埼玉県で内務部長が「不逞鮮人襲来」に備えて武装出動するよう命ずる「移牒」を発したのが二日夜、郡役所、町村長を経て区長まで届いたのは三日午後であった。県内各町村では日本刀や槍で武装した自警団が結成され、四日、県外移送される予定の朝鮮人の一団と遭遇するなどで虐殺事件の発生へと結びついた。

一方、どの地域でも自警団の犯罪が九月五日ないし六日から激減している。各地でばらばらに蠢《うごめ》いていた自警団が、七日にはほぼ完全に襲撃をやめた。前述のとおり、九月五日は治安当局の方針が転換し、内閣総理大臣が朝鮮人のリンチを禁じる『告諭』を布告し、朝鮮人「暴動」に関する新聞記事が発禁・差押となった。翌日には戒厳司令部が、流言に迷って朝鮮人を迫害することは「絶対に慎め」と命じるビラを撒いた。これらの対策が功を奏したのに加え、流言だけでは自警団の暴力を維持・継続する力がなかった。いわば火に注ぐ油がなかったため、虐殺事件は三日間で沈静したと思われる。

当局の予断と思い込みに端を発し、民衆が無批判に追認した朝鮮人「暴動」妄想と、これに基づく殺傷事件が収まるまでの大ざっぱな経過である。

②民衆犯罪の発生地域

次に、刑事事件化した民衆犯罪の発生地を確認する（表2－7）。東京府では、東京市及び周辺五郡で九割の事件が起こった。周辺五郡とは、後に東京市と合併する新興の人口集住地で、中でも千葉県と隣接する南葛飾郡、神奈川県と隣接する荏原郡の発生件数がとくに多い。

神奈川県では横浜市から鶴見、川崎を含む橘樹郡で事件が多発した。これは六郷橋をはさんで東京府荏原郡と結びついている。

千葉県では、東京と隣接する東葛飾郡と千葉市で七割の事件が発生した。

これらの地域の多くは、工業集積が進み、土木工事が行われるなどで、朝鮮人、中国人が大勢暮らしていた。東京府南葛飾郡の荒川西縁は、本所区、深川区に隣接する京浜工業地帯の中心であった。鋳物工場やゴム工場などの中小工場が並び、荒川開削工事も行われていた。荏原郡（品川、大崎、大井町など）や南足立郡（千住町、西新井村）も古くから工場や木賃宿が軒を連ねていた。千葉県東葛飾郡では、北総鉄道（現東武鉄道野田線）の工事が行われていた。船橋から柏方面に向けて線路を敷設するこの工事には、県内在留朝鮮人の多くが携わっていた。神奈川県の横浜、鶴見、川崎でも沿岸地域の埋立や鶴見鉄道の敷設などインフラ整備が盛んに行われていた。つまり、埋立地に開設された大工場の多くは人夫、雑役夫として大勢の朝鮮人を雇い入れていた。

表2－7　民衆犯罪の発生地

府県市郡	件	町村等
東京府	53	
東京市	9	小石川、本郷、麴町 芝、四谷、浅草
南葛飾郡	18	寺島、隅田、吾嬬 亀戸、南綾瀬
南足立郡	5	花畑、千住、西新井 江北
北豊島郡	7	巣鴨、西巣鴨、尾久 南千住
荏原郡	10	大崎、目黒、平塚 入新井、大井町他
豊多摩郡	1	高井戸村
北多摩郡	2	千歳村烏山
南多摩郡	1	八王子市
神奈川県	9	
横浜市	4	横浜公園、根岸、久保 堀ノ内*
橘樹郡	3	川崎、鶴見（横浜市鶴見区）
高座郡	1	茅ヶ崎
足柄下郡	1	土肥村（湯河原）
千葉県	22	
千葉市	1	寒川片町
千葉郡	1	検見川町（千葉市）
東葛飾郡	13	船橋、浦安、馬橋 中山、福田（柏市）他
印旛郡	2	成田駅、成田町
香取郡	3	佐原町、滑河町、神崎町
君津郡	1	木更津町
海上郡	1	三川村（旭市）

府県市郡	件	町村等
埼玉県	7	
川越市	1	大字川越
北足立郡	1	片柳村（さいたま市）
大里郡	3	熊谷町、寄居町、妻沼町
児玉郡	2	本庄町、神保原村、賀美村
群馬県	10	
前橋市	1	県庁前
高崎市	1	高崎駅
群馬郡	2	倉賀野町、塚沢村
碓氷郡	2	横川駅、八幡村
佐波郡	2	上陽村、境町
多野郡	2	藤岡警察署、新町巡査駐在所
栃木県	11	
河内郡	1	小金井駅
那須郡	1	東那須野駅
上都賀郡	1	西大芦村
下都賀郡	6	小山駅、間々田駅、石橋駅、家中村他
足利郡	2	足利駅、富田駅
茨城県	1	嘉田生崎村（筑西市）
福島県	1	西郷村関根

*括弧内は現市町名。横浜公園と根岸は現中区、久保町は西区、堀ノ内は南区。

これらの町村では「不逞鮮人」襲来に備えて自警団ができれば、すぐ目の前に襲撃対象となりうる人びとが働き、暮らしていた。

一方、埼玉県から群馬県にかけては、熊谷町以北の中山道沿いで八割以上の事件が発生した。[17]熊谷、本庄、神保原、新町、藤岡、倉賀野、高崎の各市町村である。これらは埼玉県南部の川口町や蕨町から朝鮮人避難民が移送・殺害された地域であり、高崎線、八高線の列車から朝鮮人とみなされた人びとがひきずりおろされて殺傷された地域でもある。

栃木県では、東北線沿線の間々田、小山、小金井、石橋の各駅町村と、両毛線沿線の足利駅、富田駅で殺傷事件が発生した。[18]各駅に消防組、在郷軍人会、青年団ら武装した自警団が押しかけた結果である。

このように民衆犯罪には四つの多発エリアがあったと考えられる。[19]

・東京府南葛飾郡から千葉県東葛飾郡、千葉市にかけての地域（三三件）
・東京府荏原郡から川崎町、横浜市にかけての地域（一七件）
・埼玉県大里郡熊谷町から児玉郡本庄町、群馬県前橋市までの地域（一六件）
・栃木県内の東北線沿線、両毛線沿線の地域（九件）

1　山田昭次編著『朝鮮人虐殺関連新聞報道史料別巻』緑蔭書房、２００４年、２５１‐３５８頁。以下「判決一覧」と略する。

2 本書では、東京府南葛飾郡本田村の朝鮮人爆弾所持事件と同亀戸町京成電車踏切事件を検討対象から外した（「判決一覧」２６８、３２１頁）。前者は自警団事件ではなく、後者は吾嬬町請地事件（同２６７頁）と同じため。また、東京府南足立郡西新井村与野通り事件は日本人襲撃事件に、北豊島郡の尾久町事件は中国人・朝鮮人強盗殺害事件に、豊多摩郡の高井戸村事件は朝鮮人・日本人襲撃事件に分類し直した。

3 東京府江北村の事件の被害者は「三橋文吉外一名」ではなく「三橋よね」、司法省Ｂで訂正。

4 山田は「府下三島町」について「〔芝区〕三島町」と補注するが（山田前掲書、２００３年、１８６頁）、犯人氏名（宇佐美伊助外七名）から推して9月4日南千住町での金英一殺人事件と考える。

5 被害者人員表は２７５人（負傷含む）、調査表の合計は２５８人。『現代史資料６』４２６‐４３２頁。

6 被告人員表は３７７人（起訴猶予含む）、調査表の犯人合計は３２７人。

7 中央防災会議「１９２３　関東大震災報告書〔第２編〕」２００９年、２０７頁。https://www.bousai.go.jp/kyoiku/kyokun/kyoukunnokeishou/rep/1923_kanto_daishinsai_2/index.html

8 吉河の経歴は第五回衆議院法務委員会第22号（１９４９年5月18日）梨木作次郎議員の質問に基づく。

9 神奈川県の朝鮮人虐殺数は２０００人余という推計もある（『神奈川県史　各論編１　政治・行政』１９８３年、６６１‐６６２頁）。また、同県の中国人の被害は殺害が97人、傷害が24人、生死不明が２人（伊藤泉美「関東大震災と横浜華僑社会」『横浜開港資料館紀要15号』１９９７年、８‐11頁）。

10 ねずまさし『批判日本現代史』日本評論新社、１９５８年、１８６‐１９０頁、今井清一『横浜の関東大震災』有隣堂、２００７年、１８５‐１９９頁。

11 山田前掲書、２００３年、１７３‐１７５頁。神奈川は１１２９余人となっている。

12 東京と千葉の被害者数は仁木ふみ子前掲書、81‐83頁。神奈川は伊藤泉美前掲論文８‐11頁。

13 吉河前掲書55頁。起訴事件における「内地人」死亡数を表しているが、事件数も、どのような事件に基づいたデータかも分からない。なお、同書では内地人殺傷事犯の事例として6件を取り上げている（62‐64頁）。

14 11月7日、後藤新平内相は山本総理、伊集院外相、平沼法相、田中陸相に呼びかけ、軍隊が約３００人の中国人を虐殺した大島町事件と、将校による僑日共済会会長王希天殺害事件の隠蔽を決定した。すぐに事態は明るみに出て、日中間の大問題に発展した。仁木前掲書105－126頁を参照のこと。

15 前出「司法省B」の「個別的事件調査表」では、九月一日午後九時荏原郡大井町南浜川での日本人殺害事件が皮切りとなっている。この夜、民間人による朝鮮人の捕縛、連行等が荒川土手や小松川、大井町目白、川口で始まり、一部では深夜から二日未明にかけて虐殺に至った（姜徳相前掲書84－88頁）。

16 高山辰三「修羅の巷に立つ」『現代資料6』154頁。

17 他に戸田、上尾、桶川、児玉、深谷の各地で朝鮮人虐殺事件の発生が確認されている。いずれも刑事事件化していない。『かくされていた歴史』50頁他。

18 起訴事件以外を含む宇都宮地裁検事局管内での殺傷事件は、間々田駅、小山駅、小金井駅、石橋駅、雀宮駅、宇都宮駅と東北線沿線各駅で発生した。吉河前掲書57頁。

19 事件の発生地については、朝鮮人虐殺事件や加害のあった場所をグーグルマップに記したサイト「つまずきの石」を参照のこと。サブタイトル「関東大震災・朝鮮人虐殺の記憶のために」、公開：2022年9月29日。

1　朝鮮人襲撃事件にみる自警団の情動

震災時の自警団には、デマに突き動かされた暴徒といったイメージがつきまとう。かつては研究者の多くも、軍や官憲に動員された他律的な暴力集団と位置づけてきた。[1] 確かに自警団の結成を指導し、朝鮮人の拘束を命じた国家の責任は決定的であった。だが、朝鮮人虐殺事件における民衆の行動は、他律的ないし受動的といった形容からはかけ離れている。[2] たとえば、多くの事件で民衆は官憲の制止を排して朝鮮人を抹殺した。以下では、自警団の行動の特徴と情動を、刑事事件化した朝鮮人襲撃事件の実態をふまえて考えていく。

1　たとえば今井清一「朝鮮人虐殺」（平凡社『世界大百科事典』第二版、１９９８年）。「軍隊、警察は各所に在郷軍人、青年団、消防組を中心に自警団をつくらせ、ときには武器を与えて朝鮮人を狩り立て集団的に殺害したり、迫害、検束した」。ここで自警団は軍隊、警察の走狗と位置づけられている。

2　一方、民衆犯罪を直視した論文として藤野裕子「関東大震災時の朝鮮人虐殺と向き合う——災害時の公権力と共同性をめぐって」（歴史学研究会編『震災・核災害の時代と歴史学』青木書店、２０１２年、２３９－２５２頁）。

〔1〕朝鮮人襲撃事件の発生状況

ここで検討する朝鮮人襲撃事件は表2－1－1（巻末参照）のとおりである。起訴件数五七件、被害者四一三人（未確定事件があるため概数、以下同じ）、被告（起訴猶予含む、以下同じ）四一〇人。近代日本で最大最悪の刑事裁判であった。

これが氷山の一角に過ぎないことはくり返しみてきたとおりである。朝鮮人襲撃事件の捜査・取調・裁判は、どこからみても厳正さと無縁で、「検挙の範囲」をしぼりにしぼった茶番であった。それでもこれほど大がかりな裁判にならざるを得なかった。日本人の暴力がどれほど荒れ狂ったか、改めて慄然とせざるを得ない。

以上の認識を前提に朝鮮人襲撃事件の発生状況をみていく（表2－1－2）。

まず、府県別の起訴件数が最も多かったのは東京の二八件、次いで千葉一四件、埼玉五件、栃木四件、群馬三件となっている。表にはないが、東京府では南葛飾郡が多く（一四件、五〇・〇%）、千葉では東葛飾郡（九件、六四・三%）、埼玉では大里郡と児玉郡がほとんどと地域的な偏りが大きい。

被害者数は四一三人、このうち三四三人が殺された。その割合は八三・一%で、これが「虐殺事件」と呼ばれる理由を端的に示す。府県別の被害者数は埼玉一八九人（全員殺害）、次いで東京一一一人（殺害数五二人）、千葉八四人（同七二人）などの順となっている。埼玉、千葉では殺

表2－1－2　朝鮮人襲撃事件の発生状況

	件数	被害者	被殺者	被害者/件	被告	被告/件
全体	57	413	343	7.3	410	7.6
東京	28	111	52	3.9	130	4.6
神奈川	3	3	3	1.0	6	2.0
埼玉	5	189	189	37.8	104	20.8
千葉	14	84	72	6.0	98	8.9
群馬	3	20	19	6.7	43	14.3
栃木	4	7	7	1.8	29	7.3

＊件数には「朝鮮人と日本人」7件、「朝鮮人と中国人」1件を加えた。被害者・被殺者から中国人、日本人は除く。

表2－1－3　自警団による主な大量殺戮事件　単位：人

府県	No. 発生地	被殺者
埼玉県	34 本庄警察署前他（本庄市）	88
	33 熊谷町・久下村（熊谷市）	57
	35 神保原村（上里町）	42
千葉県	38 船橋町九日市避病院前（船橋市）	37
群馬県	51 藤岡警察署（藤岡市）	16
千葉県	40 中山村（市川市）	16
東京府	11 寺島町荒川放水路（墨田区）	10
	16 玉の井三之助橋（同上）	9
	18 南綾瀬村（葛飾区）	8

＊埼玉県の被殺者は『かくされていた歴史』50頁に基づく。
＊＊39船橋警察署前事件等被殺者不明の事件を除く。

表2－1－4　罪名別の起訴件数

	計	東京	神奈川	埼玉	千葉	群馬	栃木
殺人	23	12	3	1	4	0	3
殺人及同未遂	3	3	0	0	0	0	0
殺人及強盗	1	1	0	0	0	0	0
殺人及傷害	3	2	0	0	0	0	1
騒擾及殺人	14	0	0	4	7	3	0
殺人未遂	8	8	0	0	0	0	0
傷害致死	0	0	0	0	0	0	0
傷害	2	2	0	0	0	0	0
騒擾	3	0	0	0	3	0	0
計	57	28	3	5	14	3	4

＊罪名は司法省Ｂを参照、騒擾事件関連は吉河前掲書に基づく。

された人の割合が圧倒的で、東京では半数以下となっていた。

一件あたりの被害者数は七・三人に上っている。これは埼玉や千葉、群馬で大量殺戮事件が起きたためである（表2－1－3）。府県別に見ても埼玉が極端に多く（三七・八人）、次いで群馬（六・七人）、千葉（六・〇人）、東京（三・九人）の順であった。

一件あたりの被告数は七・六人。偶然にも被害者数と近く、自警団も被害者と同じくらいの集団だったという印象をもたらす。しかし、これは「検挙の範囲」を限定した結果に他ならない。被告の背後には、常に膨大な群衆がひかえていたことは改めて述べる。府県別には埼玉が最も多く（二〇・八人）、次いで群馬（一四・三人）、千葉（八・九人）、栃木（七・三人）、東京（四・六人）の順であった。

表2－1－4で罪名別の起訴件数をみると、「殺人」が最も多く、以下「殺人及殺人未遂」、「殺人及強盗」、「殺人及傷害」、「騒擾殺人」、「殺人未遂」の合計が八割と、凶悪犯罪ばかりであった。また、騒擾罪に関わる事件が一七件ある。府県別にみると東京では「殺人未遂」が多く、埼玉、千葉、群馬では「騒擾殺人」の占める割合が際立っている。

このように埼玉、千葉、群馬では大量殺戮事件と騒擾殺人事件の発生が、東京では小規模な殺傷事件の頻発が特徴的であった。軍や警察の虐殺への関与同様に、民間人の犯罪も地域によって様相が異なる。

〔2〕朝鮮人被害者のプロフィール

次に、朝鮮人被害者のプロフィールをふり返る（表2－1－5巻末参照）。これは、「司法省調査書」や山田昭次編『朝鮮人虐殺関連新聞報道史料』の中で、被害者の性別や氏名、年齢、属性に言及した箇所を抜き出したものである。単に「労働者」や「工夫」と記した場合を含んでいる。

残念ながら情報量はあまりに少ない。氏名が判明した被害者は八〇人余で（うち年齢判明分が約六〇人、原籍判明分が約二〇人）、八割以上の氏名、年齢、性別が分からない。このため女性や子どもが何人殺されたのかさえ判然としない。先に私たちは「司法省調査書」中、被害者の九割が「氏名不詳鮮人」と記されたことをみてきたが、新聞も同じ問題を引き継いだ。殺された人びとを名無しのまま放置する。これも事件が明らかにした大正期日本の姿であった。

残された手がかりから推定すると、自警団に殺された女性は少なくとも七人。乳幼児や少年少女もいたことが分かっている（事件番号11、24、34、38）。しかし、熊谷事件（33）、本庄事件（34）、神保原事件（35）における女性と子どもの被害がハッキリしない。熊谷で殺害されたのは五七人、「女の人が多いくらい」だったという証言がある。[1] 本庄では八八人が警察署構内と演武場で殺された。演武場での犠牲者四三人について「はっきりわからないが女性も半分位、子どもは五六人いたと思います」という証言がある。[2] 神保原でも小さい子どもを抱いた女性や妊婦がいたという。[3] とすると女性はおよそ六〇人、子どもも一〇人近く殺されたことになる。自警団の暴力は性別、年齢を問わずに行使されたのであった。

また、被害者の年齢は二〇代前半が最も多く（一八人）、次いで一〇代後半（一七人）、二〇代後半（一四人）の順で、平均二八・三歳であった。

他に職業や所属その他が記されているのは次のような人びとで、他には何もわからない。

・北総鉄道敷設工事（千葉県、現東武野田線）の工夫　一〇八人
・「労働者」、「行商人」、「工夫」と表記された人　九二人
・「四ツ木堤防工事又は隅田川鉄工所勤務」　一〇人
・飴やオモチャの行商人　七人
・「星製薬人夫」、「（大崎町）桐ヶ谷の女工」　二人

・「日大研究科」、「帝大学生夫婦」、「お茶の水の女子学生」などの学生　六人
・「一五、六歳の少年少女」「二十歳前後の女学生」

1　村田清作証言『かくされていた歴史』72頁。
2　関口又三郎証言『かくされていた歴史』117頁。
3　橋本實証言『かくされていた歴史』90頁。

〔3〕朝鮮人襲撃事件の態様

次に、起訴事件をもとに朝鮮人襲撃事件の態様を検討する。襲撃状況が明確な三一件を六つの類型に整理し、それぞれの典型例と特徴を見ていく（表2－1－6）。表中、括弧内の数字は表2－1－1（巻末資料）の事件番号である。事件の経緯については前出の資料に加え、当時の新聞記事や戦後の調査で掘り起こされた証言、先行研究を参照した。

（1）検問中・警戒中に遭遇して襲撃

自警団といえば、朝鮮人かどうかを判別する訊問が付き物で、突然、取り囲まれて恐い思いをしたといった証言は大変多い。このため朝鮮人襲撃事件もまた、自警団が検問中・警戒中の出来事と考えられがちである。ところが、「検問中・警戒中に遭遇して襲撃」した事件は三一件中六

表2－1－6　朝鮮人襲撃事件の態様

①検問中・警戒中に遭遇して襲撃（6件）
東京府北多摩郡千歳村（26）　東京府南葛飾郡亀戸遊園地付近（15） 神奈川県橘樹郡鶴見町（30）　千葉県東葛飾郡馬橋村（41） 埼玉県北足立郡片柳村（32）　栃木県河内郡小金井駅（54）
②逃亡した人を捕縛して惨殺（3件）
神奈川県横浜市横浜公園（29）　千葉県東葛飾郡我孫子町（46） 埼玉県大里郡久下村（33①）
③住居や勤務先、宿泊先を襲撃（6件）
東京府南葛飾郡南綾瀬村（18）　千葉県東葛飾郡浦安町（43②） 千葉県千葉市寒川片町（37）　千葉県香取郡佐原町（48①） 千葉県香取郡滑河町（47）　埼玉県児玉郡本庄町（34②）
④警察署や軍隊への移送途上を襲撃（7件）
東京府南足立郡花畑村（1）　東京府荏原郡世田ヶ谷町太子堂（25） 千葉県東葛飾郡中山村（40）　千葉県船橋町九日市避病院前（38） 千葉県船橋警察署前（39）　埼玉県大里郡熊谷町（33②） 埼玉県児玉郡神保原村（35）
⑤派出所や警察署を襲撃（6件）
群馬県藤岡警察署（51）　埼玉県大里郡寄居町（36） 埼玉県児玉郡本庄町（34①）　群馬県群馬郡倉賀野町（52） 千葉県東葛飾郡小金町（45）　千葉県君津郡木更津町（50）
⑥負傷した人、捕縛された人を殺害（3件）
東京府南足立郡千住町（2）　東京府南葛飾郡吾嬬町大畑（5）　千葉県東葛飾郡馬橋村（42）

件にとどまっている。証言からイメージされる自警団像と実際とにはかなりのズレがある。裁判になったのは次のような事件であった。

東京府下の通称亀戸遊園地付近では、同居の朝鮮人二人を警察署に保護してもらうため通りかかった薪炭商を、自警団が誰何訊問した。薪炭商は不逞の徒ではないと弁解したが、自警団員は信じず、殴打に及んだ。これを見ていた被告はすわ「不逞鮮人」と思ってリンチに加わり撲殺におよんだ[1]（15）。

東京府千歳村烏山では、甲州街道をゆくトラックを自警団が取り囲んだ。朝鮮人の土工二五人が乗っていたからだ。日本人の親方が京王電鉄の補修工事に出かけるのだと説明したが、自警団は受け付けない。押し問答の挙げ句、「誰とも無く雪崩れるように手にする凶器を振りかざして打ってかかり[2]」、二四人に重傷を負わせ、一人を殺害した。前述の大学教授が逮捕されたのはこの事件である（26）。

千葉県馬橋駅では、「『不逞鮮人』到着」の情報に備えて自警団数百人が待機していた。列車が止まると、彼らは乗客が指差した朝鮮人避難民六人を引きずり出して暴行を加え、約二〇〇メートル先の萬満寺境内へ連れ去って斬殺した（41）。

神奈川県鶴見町の総持寺前では十数人の自警団が通りすがりの朝鮮人労働者を捕まえた。そしていかなる理由か、軍隊用の重焼きパンを所持していたので「不逞鮮人」と断定し、総持寺脇にある料理店崋山荘付近の山道に連れ込み、各自携帯の棍棒で撲殺した[3]（30）。

栃木県小金井駅では、消防組、青年団、在郷軍人会が「不逞鮮人」の侵入を警戒していたところ、停止したばかりの列車の避難民が「『不逞鮮人』乗車中！」と叫んだため騒然となった。列車の屋根にしがみついていた二人の朝鮮人避難民は耐えきれず、一人は下りホームに、一人は列車後方の線路上に飛び降りた。しかし、消防組員らにとらえられて一人は撲殺、一人は重傷を負わされた[4]（54）。

（2）逃亡した人を捕縛して惨殺

警察や役所が自警団に、朝鮮人を逮捕・拘束するよう呼びかけたことはすでに見たとおりである。自警団もこれに応え、避難する人、居住する人を次々に捕らえ、リンチを加えた。隙を見て、逃げようものなら当然のように殺害している。これが「保護」検束の実態であった。

千葉県我孫子町の消防組員は、朝鮮人三人を警戒本部のあった八坂神社境内に連行した。群衆は彼らに暴行を加えたが、警察官の制止でいったんは中止した。ところが二人が逃げだしたため、居残った一人を撲殺。すぐに二人も捕まえ、境内まで連れ戻して殴り殺した（46）。

横浜公園では、迷い込んだ朝鮮人を避難民が捕らえ、避難民収容バラックに拘束した。隙を見て逃げ出したところを再び捕らえ、バラックの管理人が手斧で殺した（29）。

埼玉県では、県警察部長の命令で、朝鮮人避難民を群馬方面に移送したことは既に述べた。自警団は宿場ごとに交代しながら一行につきそった。四日夕方には県北部を二〇〇人近くが進んでいた。沿道の群衆は、連日の道程で疲れ切った人々をこづき回した。久下村（現熊谷市）で休憩中、一人が元荒川に飛び込んだところ、つるはしを打ち込んで殺害した。続いて久下神社脇でも数人が逃げたが、自警団数十人が取り押さえた。彼らは「この地震をお前たちが起こした」、「東京のおれたちの親戚の井戸に毒を入れた」と意味不明の叫びを上げながら、一抱えもある石を背中にぶつけて惨殺した[5]（33①）。

（3）住居や勤務先、宿泊先を襲撃

朝鮮人の住まいや勤務先を襲撃する事件も相次いだ。同じ町内で暮らす人も多く含まれていて、彼らが暴動や放火、投毒に関与していないことは誰の目にも明らかであったろう。しかし、住民・群衆にとって相手が「不逞鮮人」かどうかは無関係であった。朝鮮人だから殺した、襲撃理由はそれに尽きた。

東京府南綾瀬村住民は、数キロ南の旧四ツ木橋付近で、軍隊が大勢の朝鮮人を殺したことに動揺していた[6]。村にも九人の朝鮮人が暮らす四軒長屋があり、これを放置すればいかなる災難を被るか分からない。軍隊から武装するよう促された住民もいて、在郷軍人を中心に自警団が結成さ

れた。自警団は駐在巡査に朝鮮人の連行を要請すると共に、日本刀・竹槍・鳶口を手に長屋を取り囲んだ。やがて二人がビール瓶状のものを投げながら飛び出したところを殴打、斬殺。長屋にも踏み込んで五人を殺害に及んだ。その後も彼らは生存者が朝鮮人の軍勢を引き連れてくるかも知れないと警戒を強め、翌朝には逃げ延びた一人と思われる人をも殺害した（18）。

千葉県佐原町では、「不逞鮮人五〇人が来襲」という噂が流れ、町民がいきりたっていた。このため佐原警察署は、町内在住の朝鮮人行商宅を警護するため、巡査二人を派遣した。ところが行商宅には鳶口、棍棒を手にした群衆が押し寄せ、「やってしまえ」と怒号しながら取り囲んだ。巡査と行商人四人が避難する途中、一人が撲殺、一人が重傷を負った。町民はなおも警察署を取り囲んで、残り二人の引き渡しを要求し、数日間にわたって騒ぎ続けた（48①）。

千葉市寒川片町の旅籠前には爆弾を持った朝鮮人がいるという噂を聞きつけて百人以上の群衆が集まっていた。[7]被告ら二人はこれを信用して宿に上がり込み、飴売り行商の宿泊客二人を殴打。一人を溝に突き落として群衆と共に撲殺した（37）。

千葉県滑河町でも、巡査が警護して停車場まで連れてきた行商人三人のうち、殺気だった群衆に怯えて逃げ出した一人が列車に轢かれて亡くなり、残り二人は撲殺された（47）。

埼玉県本庄町では、町民数千人が本庄警察署収容の約六〇人を鏖殺《おうさつ》した後、警察署隣の富士瓦斯紡績本庄工場を襲い、朝鮮人労働者二〇人近くを惨殺した。このうちの一人は「最後まで毅然とした態度で『皆さんのやることは間違っている』と訴えた」という。[8]隣の萩原製糸工場も襲われたが、工場主がかばい通したため三人が助かった（34②）。

（4）警察署や軍隊への移送途上を襲撃

自警団による大量殺戮事件は、しばしば町村境や駅、船着き場で起こっている。朝鮮人を放逐する動きと阻もうとする動きが衝突した場所であった。すると、必ずといってよいほど大勢の人々が殺された。

埼玉県彦成村（現三郷市）には、中川改修工事のため五人の朝鮮人労働者が滞在していた。彦成村住民は彼らを東京の軍隊に引き渡すため捕縛した。一行の背中に「善良な鮮人」と大書し、地元代議士の添え書きまで持たせたところから見て住民に殺意はなかったと思われる。ところが、対岸の東京府花畑村（現足立区）では、武装した住民が通行を阻止するため待ちかまえていた。おびえて五人が逃げ出すと、彼らは全員を斬り殺した（1）。

千葉県船橋町周辺では百数十人の朝鮮人が北総鉄道の敷設工事に従事し、鎌ヶ谷方面にかけて点々と飯場が設けられていた。自警団は、彼らを拘束して警察署か軍隊に引き渡そうとした。ところが、移送途上で別の町の自警団や群衆と遭遇。誰ともなく「やってしまえ」と声を上げ、混乱のうちに多くの人びとが殺された（38、39、40）。

東京府世田ヶ谷町太子堂付近では、世田谷警察署巡査が、品川方面から朝鮮人二人を護送する途中、付近を警戒中の約四〇人の群衆が「不逞鮮人」の一味と即断して襲いかかった。これに付和雷同した被告も、所持した猟銃で朝鮮人を射殺した（25）。

埼玉県熊谷町では、朝鮮人避難民の「県外移送」の途上であった。四日夜には警察官や消防組員が六〇人の朝鮮人を護送して熊谷の街中に入ろうとしていた。ところが、いきなり「祭の人出のような群衆」が押し寄せ、「突如喊声をあげて一行を襲撃」した。[9] このとき数十人が斬り殺され、町の中心部にあった熊谷寺にも大勢が連行された。寺は震災避難民の収容所となっていて、群衆は、避難民に東京での「復讐」を遂げさせようと考えたようだ。[10] 寺では一人を三、四〇人が取り囲み、次々に竹槍を突き立てた（33②）。

事件は連続して起こった。埼玉と群馬の県境・神流川の川原には、トラック数台が立ち往生していた。朝鮮人避難民と本庄警察署の巡査が乗っていた。一〇〇〇人近い群衆は、トラックをとりまきながら、「この朝鮮人は、ひどいことをやった奴等だ。ぶっ殺してしまえ」と口々に叫んだ。[11] 群馬側でも通行を阻止しようと武装した群衆が待ちかまえていた。このためトラックが本庄署へ戻ろうとした途中の神保原村（現上里町）で事件が起きた。住民らが粗朶まきの束を積み上げて通行を阻止したのであった。警察署長が自制を呼びかけたが投石を浴び、護衛の警官も重傷を負った。自警団は、真夜中までかけて四二名を惨殺。子供を抱いた女性、妊娠した女性も竹槍で突き殺した（35）。

(5) 派出所や警察署を襲撃

警察は武装した群衆の猛威を抑える術を知らなかった。震災で要員が不足し、サーベル一つでは鎮圧できないという事情はあった(震災の翌月から拳銃携帯を許可)[12]。だが、それ以前の方針が問題であった。前述の通り警察や役所は「不逞鮮人」来襲に備えるよう呼びかけた上、朝鮮人住民の拘束・連行を要請した。これは自警団に「治安」を委ねたに等しかった。群衆は生殺与奪の権を握ったかのように、朝鮮人が収容された派出所や警察署を取り巻いて引き渡しを要求。往々にして構内に乱入して収用された人を殺害した。これらの事件では、当然、警察官も大きな被害を被ったが、公文書等にはほとんど記録されていない。

群馬県藤岡警察署には、自ら保護を求めてきた一人を含め、朝鮮人一七人が留置場に収容されていた。藤岡町住民は、警察が朝鮮人をかばい立てしていると騒ぎ始め、五日夜七時過ぎには、二〇〇〇人が警察署を取り囲んだ。やがて署内に乱入、留置場から全員を引きだして一六名を惨殺した。騒ぎは一昼夜続き、群衆は警察施設を壊し、書類を焼き払った。翌日、高崎歩兵第一五連隊から部隊が派遣され、群衆はようやく解散した(51)。

群馬県倉賀野町巡査駐在所でも、保護中の朝鮮人の引き渡しを要求して群衆が殺到、男子一名を殴打刺殺に及んだ(52)。

千葉県小金町の自警団は、刀剣、竹槍を携帯した男四人を「不逞鮮人」と思い込んで捕縛、駐在巡査に通報した。巡査が北小金駅で四人を取り調べたところ、陸軍経理部派出所勤務の日本人と判明し、釈放しようとした。しかし、自警団員ら数百の群衆は彼らを松戸警察署へ連行せよ、釈放すれば巡査を殺害すると脅迫して騒擾に及んだ（45）。

同じく木更津町でも、三日から四日にかけて武装した住民数百が警察署に収容中の朝鮮人の引き渡しを要求して騒擾となった。五日、木更津駅で自警団群衆と警察の対立は激化し、群衆が駅前の巡査派出所を襲撃するとともに、警察署に戻る署長、巡査二名に投石。ついに警察署に乱入して騒擾に及んだ（50）。

（6）負傷した人、捕縛された人を殺害

逮捕者の中には、他の者に襲われて息も絶え絶えになった人をさらに襲った者も含まれている。無抵抗の、丸腰の人を惨殺する。これも多くの朝鮮人虐殺事件に共通する特徴であった。

東京府千住町の森川某は、多数の夜警が崔圭錫（圭石、司法省）を包囲しているのを見て、「不逞鮮人」と思い、日本刀で背を切りつけて重傷を負わせた（2）。吾嬬町大畑で森田某は多数の者が朝鮮人らしい男を殴打して引きあげたのをみて殺害を決意し、「木棒を以て殴打し殺害す」（5）。千葉県馬橋村の斉藤某らは、電柱に繋がれている朝鮮人を「不逞鮮人」と信じ、附近にいた消防夫から鳶口を借りて殺害した（42）。

(7) 政府が捏造したタイプ

存在しなかったタイプについてもふれておく。日本政府は、民間人による朝鮮人襲撃事件を一貫して次のように説明してきた。

「一部不逞の鮮人で、災害の機に乗じて略奪、強姦、放火、井戸水への投毒等の挙に出でたるものがいて、市民の激昂を買い、検挙または殴殺せられたるものあり」[13]

朝鮮人による掠奪、放火、投毒のデマを「事実」と強弁して、朝鮮人虐殺事件を合理化する企てであった。このため司法省が四二件もの凶悪犯罪を捏造したことはすでにみたとおりである(五三頁参照)。ところが、資料のどこを探しても、朝鮮人の窃盗犯、放火犯等が「市民の激昂を買い」襲われた事件は皆無であった。被害者本人の犯罪が、群衆・自警団による襲撃の引き金になった事件は一件もみあたらない。日本人住民は、朝鮮人の犯罪に激昂して襲ったわけではなかった。朝鮮人だから殺したとくり返す他ないだろう。

1 吉河前掲書59頁。
2 「東日」10/20『新聞史料Ⅰ』181頁。
3 「東日」地方版11/29『新聞史料Ⅰ』328頁、吉河前掲書60‐61頁。
4 吉河前掲書61頁。

5 『かくされていた歴史』35、68頁。
6 南綾瀬村事件については藤野前掲論文を参照。
7 吉河前掲書61頁。
8 『かくされていた歴史』95頁。
9 「東朝」10／17『新聞史料Ⅱ』76頁。
10 『かくされていた歴史』79頁。
11 『かくされていた歴史』86頁。
12 大日方純夫『天皇制警察と民衆』日本評論社、1987年、71頁。
13 臨時震災救護事務局警備部「大正十二年九月十六日協議事項」『現代史資料6』八二頁。

〔4〕「報復」行為としてのエスノサイド

自警団の犯罪の特徴を整理し、彼らがどのような考えで凶行に及んだのか、さしあたりの見解をまとめておく。

（1）自警団の犯罪、四つの特徴

朝鮮人襲撃事件の態様から自警団の犯罪の特徴が四つ浮かび上がる。

第一の特徴は、徹底した攻撃性である。ほとんどの事件で、自警団は自ら攻撃を仕掛け、朝鮮人が寄宿する飯場や木賃宿、勤務先などを直撃した。逮捕拘禁すると暴行を加え、逃げようものなら容赦なく殺した。駅や大通りで捕まえれば、有無を言わさず襲いかかった。留置場や駐在所に収容された人を皆殺しにし、警官が護送する一行にも襲いかかった。どの事件においても自警団は「積極果敢な攻撃ぶり」を示し、抵抗する術を何一つもたぬ、無辜の人々を殺し続けた。

第二の特徴は、性別、年齢を問わず、朝鮮人すべてを襲撃対象とした無差別性にある。同じ町内で暮らし、働く人を襲い、顔見知りの行商や土木労働者も見逃そうとはしなかった。乳幼児や妊娠している女性さえ惨殺した。目の前の子供が「不逞」行為と無関係なことは誰もが分かったはずである。犠牲者自ら住民・自警団に無実を訴え、助けて欲しいと懇願した例も少なくはなかった。町村長らが「良民に暴行はやめろ」と自制を呼びかけた例もあった。それでも彼らはやめなかった。「自警団等の間には、いつしか『この際鮮人はことごとく之を殺害するも可なり』というが如き風説が瀰漫し」た。[1]

つまり、自警団は「善良な朝鮮人」と「不逞鮮人」を区分し、前者を保護する官憲の論理を拒絶した。「善良な朝鮮人」を区別する能力がなかったためではない。両者を区別する意志がなかった。自警団群衆は、朝鮮人のエスノサイド＝民族抹殺を指向した。

第三は、警察への反発である。[2] これまで見たとおり、警察は自警団と深い関係を持っていた。「不逞鮮人」来襲のデマを流して警戒を呼びかけ、自警団に朝鮮人の逮捕拘禁を要請した。郡部では役所と共に自警団の結成を指導している。ところが、いったん火の付いた排外感情は、朝鮮人を保護する警察官への攻撃にまで膨れあがった。「鮮人を庇護する者は、民衆の敵なり、社会主義者なり」[3]という理屈さえ叫ばれた。自警団は、朝鮮人を警護する巡査を追い回し、警官隊が護送中の一行を皆殺しにした。朝鮮人を収容する警察署を包囲し、留置場や駐在所をあっけなく襲撃した。自警団群衆は、治安当局の思惑を乗り越えて極点へと突っ走る「ウルトラ・ナショナルな大衆」であった。

第四の特徴は、群衆による犯罪だったことである。これは前述した自警団の規模からして当然ではあるが、念のため各事件に参集した人数を確認しておく。表2－1－7は、これまで例示してきた事件に参集した群衆の規模を表している。これによれば少なくとも四〇人、おおむね数百、数千人が襲撃現場に蝟集《いしゅう》した。もう一つ、栃木県の例も見ておく（表2－1－8）。九月七日現在で宇都宮地方裁判所検事局が把握した朝鮮人襲撃事件は六件、それぞれの現場に参集した群衆も数百から数千に達した。このうち騒擾罪で起訴された事件は一つもない。だが、吉河光貞は、自警団事件の予審終結決定と第一審判決には「しばしば『群衆と共に』犯した事実が記述されている」と指摘した上で、「検察手続上単純なる事件として処理された」事件の多くも「実際には自警団群衆による集団的犯行であった」と総括している。[4] つまり、民間人による目を掩うような蛮行は、「祭りの人出のような群衆」の中、各自が無名性・匿名性に埋没して、激情が高まるままにくり返された。関東大震災時の自警団事件を考える上で、群衆犯罪という要素は見逃すことができない。

表2－1－7　事件現場に参集した群衆

No. 発生地	現場参集の群衆	被告数
42 馬橋村萬満寺	数百人	9人
37 千葉市寒川片町	100人以上	2人
34 本庄町	数千人	32人
25 世田谷町太子堂	約40人	2人
33 熊谷町	祭りの人出のような群衆	35人
神流川川原	1000人近い	－
51 藤岡警察署	2000人	34人
45 小金町	数百人	1人
50 木更津町	数百人	14人

表2－1－8　宇都宮検事局管内の事件に参集した群衆

No. 発生地・日	現場参集の群衆	被告数
54 小金井駅 9/3	約300人	7人
55 間々田駅 9/3	約200人	8人
56 石橋駅 9/3	200～300人	7人
宇都宮駅 9/3	約200人	不起訴
102 小山駅 9/3	約3000人	不起訴
103 小山駅 9/4	約3000人	不起訴

注：小山駅事件では日本人襲撃事件のみ起訴された。
出所：吉河前掲書57頁の表を改めた。

(2)「原始的な復讐心」の発露

自警団は、老若男女すべての朝鮮人を敵と見なし、虐殺をくり返した。乳幼児や妊娠した女性、昨日までの隣人さえ襲っている。襲撃を邪魔する者は警察官でも容赦しなかった。彼らはどのような情動に突き動かされて凶行に及んだのか。ここでは最も証言が充実している埼玉県の事件を中心に検討していく。[5]

自警団にとって朝鮮人は、震火災に伴うあらゆる災厄の源であった。「おまえたちが、東京のおれたちの親戚の井戸に毒を入れた」、「家の叔母さんだ、兄貴だ、いとこだのをこの朝鮮人が殺っちゃったんだから、家を焼いちゃったんだから、このやつらは敵だ」[6]。

情報が途絶していたため、親戚知人の被災状況は全く分からなかった。それでも避難民が口々に伝える噂は、最悪の事態を想像させた。東京は大地震に加えて朝鮮人の暴動で大勢が殺され、焼け野原になってしまったと。「自分の息子は東京でこのやつらのために殺された」、老婆までが怒りを漲《みなぎ》らせた。「この地震をお前たちが起こした」[7]、遂に天災そのものを朝鮮人の責任とみなした。[8] 憎悪はいやましに膨れあがり、相手構わず「東京で悪いことをやった」と責め立てた。[9] さらには朝鮮人避難民を「地震と朝鮮人にやられた」被災者のもとへ連行し、仕返しをさせようとも企てた。

自警団にとって目の前の人々は、「おまえたち」朝鮮人の一員であった。「おまえたち」が家を焼き、毒を放ち、兄弟や親戚を殺害した。「おまえ」も朝鮮人なのだから報いを受けよ。一人一人が「犯罪」に関与しているかどうかは関係がない。朝鮮人であるだけで十分だ。朝鮮人は日本人の仇だから殲滅する。これが自警団の理屈ではなかったか。

襲撃者の発言から、自警団が「報復」を意識して襲撃したこと、個々の朝鮮人ではなく、朝鮮人という民族を「報復」対象にしたことが浮かびあがる。事件当時、本庄町の町会議員をしていた中島一十郎(後に市長)の証言は、民衆がどのような理由で虐殺に及んだかを鮮明に伝える。

「『警察に朝鮮人が来ている』ときいて集まったのはもっぱらトビ職だとか大工、魚屋といった威勢のいい若い人たちでした。それがまず車の上に残っている人に投石する。棒で叩く。ついに一人一人引きずりおろしてはなぐり、蹴倒し、勢いに乗ってなぐり殺してしまったのです。……血をみてますます狂暴となった群衆はますます勢いづき、トラックの上の女性や少年をふくむ全員を惨殺。『東京の仇がとれた』とガイ歌をあげたのですが、さらに門内をのぞいていた者が武道場の中にいる人たちをも発見したのです。……この人たちはあとは全事件を通じほとんど抵抗らしい抵抗はみせずただ手を合わせて助けてくれとおがむだけだったのですからずいぶんむごいことでした」(中島一十郎「本庄の虐殺事件」埼玉新聞、一九五七年九月二一～四日)。

「東京の仇がとれた」、およそ理に反する勝ちどきだが、民衆犯罪の原動力はここにあった。かって姜徳相は、自警団について「官憲が民衆の排外心から原始的な復讐心を引きずり出すべく組織した団体」と規定した。[10]官憲の力を買いかぶりすぎではあるが、自警団の行動は、姜の指摘どおり「原始的な復讐心」の噴出であった。報復を核に行動したからこそ、日常の規矩を破る非合理で、禍々しい言動がまかり通った。

見逃せないのは、彼らの行動が私怨から発したわけでも、我欲を満足させるためでもなかった点である。自警団員の発言を紹介する。

「旦那、朝鮮人は何うですい。俺ァ今日までに六人やりました。」「何てっても、身が護れねえ、天下晴れての人殺しだから、豪気なものでサァ。[11]」

「不断剣をつって子供なんかばかりおどかしやがって、このような国家緊急の時には人一人殺せないじゃないか。俺たちは平素ためかつぎをやっていても夕べは十六人も殺したぞ[12]」

一つ目は人を殺して昂揚したままの殺人者が新聞記者にした発言（横浜）、二つ目は地元警察官を揶揄した発言である（本庄）。彼らは、愚かだから「天下晴れての人殺し」と誤解したのだろうか。彼らは、デマにだまされて「このような国家緊急の時には人一人」くらい殺すべきだと考えたのだろうか。

そうではあるまい。民衆は国家の後ろ盾を強く意識し、「公許の殺人」を犯したと認識していた。国家との間には、前線の兵士同様に「殺しても良い」という黙契が成立していた。当初の経緯を考えても、彼らがこの黙契を信頼するのは当然であった。言い換えれば、彼らは町や村を代表して、朝鮮人に「報復」を加えた。事実、殺人者は事件後も虐殺行為を誇りに思っていた。もう一度中島の証言を見てみよう。

「事件後二、三日は町中で『おれは二人殺した』、『おれは三人やっつけた』と血なまぐさい武勇伝がかたられ、八日の町内の呑龍様の縁日の日などには血染めのユカタを着ていばってあるいていた人もあったほどでした」(前出)

自警団の凶行を、朝鮮人への「報復」と考えれば、彼らが警察署まで襲撃した理由もかいま見えてくる。「報復」感情にとらわれた住民にとって、「善良な朝鮮人」を保護するなど論外であった。朝鮮人はすべて日本人の仇ではないか。なぜ、われらが正義の「報復」を邪魔するのか。「今までたのむたのむといっておきながら、何事だと怒ってしまった」[13]。こうした理屈と感情が、自警団を惨殺へと突き動かした。

乳幼児や女性、顔見知りを襲ったのも「報復」感情の現れであろう。日本人がどこでどのようにやられたかは分からない。噂は伝え聞いた。上野の山で軍隊と朝鮮人の一団が銃撃戦をしている、○○は朝鮮人の放火で壊滅した、××では女子供も皆殺された、と。「報復」の原理は「やられたらやり返せ」である。より残酷で、より執拗な攻撃こそ「報復」にはふさわしい。顔見知りは「恩顧を裏切った朝鮮人」の代表であり、無力な人々の惨殺は「日本人の怒り」の証ではなかったか。

次章で検討する日本人襲撃事件の無原則で、たがの外れた残酷さも「正義の暴力」の本質を垣間見せる。

1 吉河前掲書58頁。
2 この点に言及した先行研究として吉河の他、尾原宏之『大正大震災』（白水社、２０１２年）。
3 同右。
4 吉河前掲書56頁。
5 『かくされていた歴史』。本書には事件の被告をはじめ、元巡査、襲撃事件に関与した消防組、青年団、在郷軍人会の役員から遺体を検分した医者、事件を目撃した中学生に至る68人の証言が集められている。
6 橋本政一証言『かくされていた歴史』73頁。
7 大島利雄証言『かくされていた歴史』68頁。
8 吉河光貞も自警団について同様の認識を抱いている。「彼らの鮮人に対する反感と憎悪は、限りなく激成され、憤激はその頂点に達し、地震による災害はすべてこれら鮮人の所為に基づくものと断定されるに至った」。吉河前掲書47頁。
9 柴山好之助証言『かくされていた歴史』79頁。
10 姜前掲書１３５頁。
11 梶村秀樹「在日朝鮮人の生活史」『神奈川県史』各論編第一巻、６６０頁。
12 新井賢次郎（当時の本庄警察署巡査）証言『かくされていた歴史』１０２頁。
13 富沢貞次証言『かくされていた歴史』１１４頁。

2　日本人襲撃事件の実態と被害者像

日本人襲撃事件の実態は全く分かっていない。朝鮮人襲撃事件とのちがいや共通点、いつ、どこで、どのような人が何人襲われたのかも分からない。たとえば自警団は、日本人を「朝鮮人と間違えて」襲ったとしばしば言われてきた。しかし彼らは、相手が日本人と分かった後もしばしば暴行を加え、「同胞殺し」を避けようとしなかった。すべてを「誤認」襲撃とみなすと民衆犯罪の本質が見えなくなる。ここでは日本人襲撃事件の発生状況や類型、被害者のプロフィール等を明らかにし、事件に関するいくつかの伝承も再検証する。

〔1〕日本人襲撃事件の発生状況

表2－2－1（巻末参照）は、民間人による日本人襲撃事件の一覧である。これを定量的に整理したのが表2－2－2である。起訴件数は五二件、被害者は九二人で、このうち五九人が殺された。[1] 朝鮮人襲撃事件同様、神奈川のデータは参考値だが、同県警察部の発表によれば「内地人五〇名以上」が殺されたという。[2] 試みに合計すると一一〇人以上が殺された計算となる。数千名

が殺された朝鮮人の犠牲の数十分の一にあたる。[3]

一件あたりの被害者は一・八人、これは一度に三人以上が殺された事件が四件にとどまるためである（表2－2－3）。また、被告（起訴猶予を含む、以下同じ）の合計は一九四人、[4]一件あたりの被告数は三・七人であった。ただし、日本人襲撃事件においても群衆による集団的犯行は多く、起訴されたのは一握りという事情に変わりはない。

朝鮮人襲撃事件と起訴件数に差はないが（五四対五二）、被害者数は四分の一、殺された人は五～六分の一、被告数は二分の一となっている。被害規模の小さな事件が頻発したことを表している。

府県別には東京の二二件が最も多く、次いで千葉八件、群馬七件、栃木六件という順であった。埼玉が二件にとどまる点を除けば、府県別起訴件数の分布は朝鮮人襲撃事件と重なっている。また、表にはないが、東京で事件が多発したのは荏原郡（八件）、東京市内・南葛飾郡（各六件）で、千葉では東葛飾郡（五件）であった。朝鮮人襲撃事件の発生地よりもやや広がっている。おそらく荏原郡や東京市内では数多くの朝鮮人襲撃事件が発生したが、犯人が検挙、起訴されなかったのであろう。

府県別の被害者数は、東京（三五人）と千葉（二八人）が突出し、以下群馬（一一人）、神奈川（七人）、栃木（七人）などとなっている。府県別の被告数も東京が最多で（七二人）、二番手に千葉（五〇人）、以下群馬（二七人）、栃木（一八人）などの順であった。

表2－2－2　日本人襲撃事件の発生状況　単位：件、人、％

	件数	被害者	被殺者	被害／件	被告数	被告／件
朝鮮人襲撃	57	413	343	7.3	410	7.6
日本人襲撃	52	92	59	1.8	194	3.7
東京	22	35	21	1.6	72	3.3
神奈川	5	7	7	1.6	9	1.8
埼玉	2	2	1	1.0	15	7.5
千葉	8	28	24	3.4	50	6.3
群馬	7	11	2	1.6	27	3.9
栃木	6	7	2	1.2	18	3.0
茨城	1	1	1	1.0	1	1.0
福島	1	1	1	1.0	2	2.0

注：千葉騒擾3件と中国人5件なし。　出所：表2－2－1と同じ。

表2－2－3　主な大量殺戮事件　単位：人

府県	No. 発生地	被殺者
千葉県	89 福田村・田中村（野田市・柏市）	9
東京府	59 芝区日出町（港区海岸通）	5
千葉県	44 浦安町（浦安市）	4
千葉県	87 検見川町（千葉市花見川区）	3

表2－2－4　罪名別の起訴件数　単位：件

	計	東京	神奈川	埼玉	千葉	群馬	栃木	その他
殺人	21	11	4	0	0	2	2	2
騒擾殺人	7	0	0	1	6	0	0	0
殺人未遂	4	2	0	0	1	0	1	0
傷害致死	2	1	0	0	0	1	0	0
傷害	18	8	1	1	1	4	3	0
計	52	22	5	2	8	7	6	2

＊罪名は司法省ABに、騒擾殺人は吉河前掲書に基づく。

罪名別の起訴件数をみると殺人（二一件）、傷害（一八件）が多く、騒擾殺人（七件）がこれに次いでいる（表2－2－4）。東京以外の地域において騒擾罪による起訴件数が多いのは朝鮮人襲撃事件と同様であった。ここから考えても民間人による殺傷事件は、集団的犯行によるものと理解してよいであろう。

また、被害者のプロフィールについては後述するが、九割の氏名が新聞記事その他に明記されている。一部事件では加害者に対する損害賠償裁判も提起されていて[5]、被害の回復が試みられている。まだしもまともな報道や裁判が実施された傍証であろう[6]。八割以上が「氏名不詳」の死者として放置され、犠牲者の数も定まらない朝鮮人襲撃事件との対照は際立っている。

1　自警団による日本人襲撃事件の被害者は「司法省A」89人（58人死亡）、「司法省B」86人（59人死亡）、吉河106人（57人死亡）。江口圭一は「少なくとも59人」が殺されたと記す（江口圭一『大系日本の歴史14　二つの大戦』（小学館、1989年、158頁）。

2　「報知」10／22『新聞史料Ⅰ』51頁。横浜市内で30余人殺害の報道も「東日」10／21『新聞史料Ⅰ』18 3頁。

3　起訴されなかった日本人襲撃事件は今のところ検証できない。たとえば「報知」には牛込区の巡査襲撃（『新聞史料Ⅰ』22頁）、四谷区の砲兵学校生襲撃（同23頁）、麻布区の土木請負業者殺害、小学校教員暴行（同110頁）、矢板駅の岩倉鉄道学校生殺害（同56頁）が掲載されているが、公的な記録はみあたらない。

4　「判決一覧」では被告と予審に付された者、送検された者の数、「司法省資料」では「犯罪事実個別的調査表」中の「犯人氏名」欄に記載された者の数である。後者は起訴猶予を含む。

5　損害賠償に関する記事は、千葉県佐原町事件（「東日地」11／30『新聞史料Ⅰ』329頁）、千葉県検見川町事件（「東日地」11／28『新聞史料Ⅰ』同上）、群馬県高崎駅事件（「上毛」10／24『新聞史料Ⅱ』300－301頁）など。

6　日本人襲撃事件被告の第一審での実刑率は59・3％で、朝鮮人襲撃事件の実刑率16・5％を大きく上回った（山田前掲書、2003年、99頁）。

〔2〕日本人襲撃事件の経緯と態様

次に、自警団群衆がどうして特定の人を襲撃対象と定めたかを見た上で、日本人襲撃事件の態様を検討し、「誤認」襲撃という認識の問題点を明らかにする。

（1）「朝鮮人に似た人」を襲う

自警団は「朝鮮人」のステロタイプを共有し、それに近い人を襲っている。『新聞史料』を中心に、どのような人が襲われたかを具体的に見てみよう。避難民を満載した列車から「不逞鮮人」とみなされ、真っ先に引きずり降ろされたのは「土方風、行商人風のもの」であった。[1] 前橋市で襲われそうになったのも行商人で、「棒縞の単衣」に「チョボ髯」で、「鮮人と間違えられやすい風体」だった。[2] 辻々の検問所で身体検査を強いられたのは「半纏着のふてぶてしい土方ふうの男」である。[3]「荒い絣の単衣を着た者、色の燻んだ菜っ葉服を着た職工」は「朝鮮人そのもの」と考えられた[4]。被災地を離れても事情は変わらない。篠ノ井（長野）から名古屋へ向かう列車の中、突如、兵士に「ジュウゴエンゴヂッセン」と言わされたのも「色の黒い印半纏の労働者」である（壺井繁治「十五円五十銭[5]」）。朝鮮人を識別して殺害対象を定めるためであった。

また、パジや髷からの連想だろうか。白衣や長髪も「朝鮮人」の表象と考えられた。手術服のまま避難する途中、竹槍で小突かれた医師がいた[6]。東京神田では、大学の様子を見に行こうとした学生が「頭の髪も長いし、朝鮮人そっくりだ」と周囲に止められた。「文士式に蓬髪、髯」の高校生も取り調べを受けた。「朝鮮人よろしくの格好して居った」からだという[7]。東京在住朝鮮人の多くは日傭労働者、職工、勤労学生で[8]、自警団の「朝鮮人」識別基準は必ずしもでたらめでなかった。

このように自警団は、外見で「朝鮮人」や「不審人物」を識別した。最初に着目したのは衣服や髪型、風体や挙動で、怪しいと思えば問答無用で襲うか、訊問を経て襲った。

また、多くの日本人は「朝鮮人」固有の風貌があると考えていたようだ。たとえば島崎藤村は、震災後、帰郷する朝鮮人の一行を次のように綴っている[9]。これは当時の日本人が共有する「朝鮮人」の表象であり、デッサンに形を変えた差別意識の表われでもあった。

「背の高い体格、尖った頰骨、面長な顔立、特色のある眼付なぞで、その百人ばかりの一行がどういう人達であるかは、すぐに私の胸へ来た」

こうして職工風・土方風・行商風・学生風の、背が高く、頬が突き出た、面長な人びとが襲撃された。典型例は次のとおり（括弧内は表2－2－1の事件番号）。

・千葉県八幡町では、在郷軍人分会長の某が男二人を日本刀で斬り付けた。地元青年団が「不逞鮮人！」と叫んで後を追い、「職工服のまま」逃げたから朝鮮人と誤認したという。被害者は両国駅勤務の鉄道員であった（88）

・高崎線横川駅では、転轍手が自警団と共に、乗客五人に重傷を負わせた。被害者は京浜電鉄の労働者で「浅黄色の職工服を着しおりたるより鮮人が横川駅破壊のため下車したるものと誤信し」たという（97）

・群馬県塚沢村の自警団九人は、東京から避難してきた学生が「怯えきって逃げ隠れしたのでてっきり朝鮮人だと思って」、「木剣、金熊手、バット等を以て」惨殺した（98）

（2）訊問・取調を経て襲う

日本人襲撃事件の経緯はシンプルで、ほとんどの事件は、被告たちの警戒活動の最中に発生した。[10] 自警団にいきなり呼び止められて恐い思いをしたという手記や証言が多いのは、こうした実態を反映している。自警団はたまたま出会った相手を怪しいと疑い、おろかにも殺傷した。それでも被害者の住まいや職場、一時収容先を襲ったりはしなかった。だから大量殺戮事件は少なく、一件あたりの被害者も少なかった。

では、どのような経緯を経て襲撃におよんだか。日本人襲撃事件五二件のうち襲撃の経緯がある程度分かる事件は二九件、このうち「訊問・取調を経て襲撃」した事件が一六件（五三・三%）、「それ以外」が一三件（四六・七%）であった。[11]

「訊問・取調」とは、怪しいと思った相手に行き先や氏名を言わせ、「一五円五〇銭」などと発音させることであった。[12] 濁音の入った単語をしゃべらせて朝鮮人と日本人を識別する。これは一九一三年、内務省警保局が全国の官憲に指導したやり方で、在留朝鮮人をもれなく捕捉して「始終其ノ言動ヲ視察」するために用いられた。[13] 関東大震災で民間にまで広まったのである。

だが、どんな発音であろうといったん怪しいと思った自警団を納得させるのは至難の業であった。身分証明書を見せれば「盗んだのだろう」と疑い、巡査や知人が「日本人だ」と保証してもなかなか聞き入れなかったのだ。殺人者の一人など警官が止めるのを振り切って刺殺した理由を次のように証言している。「日本語をすらすら言う」者などかえって怪しいと。[14]

「（巡査部長が）鮮人でないと群衆に釈明したが、今日は鮮人でも日本語などはすらすら言うものもあるので鮮人に相違ないと思って兇器ふッテ右肩を打った」（86）

襲撃者が「朝鮮人」とみなせばすべては「朝鮮人」となった。ひとたび捕らえられれば、日本人と証明しきる手段など、今も、当時も存在しない。

自警団の暴力に歯止めはなかった。解放されると分かって嬉しさのあまり「万歳！」と叫んだのが気に入らないと殺し（86）、捕まった人が「改めて礼にくる」と言ったからと殺した（94）。裁判では報復を恐れたと証言しているが、事後的な合理化と思われる。

典型例は次の通りである（カギ括弧内は新聞記事他）。

・東京四谷区では、運送店勤務の明大生が「髪を長くしている所から伝馬町の自警団が怪しみ」、「学生証他を示し身分を如何に弁明するも信用せず互いに押し問答中」、西洋料理店主が「散弾を装塡した拳銃で」射殺した（62）

・東京西巣鴨町では、「制服のまま陸軍省からの帰途」にあった陸軍二等主計を、巣鴨睦町自警団が「偽軍人」とみて誰何して「答弁が曖昧だと称して袋叩きにした」上、止めようとした巡査にも重傷を負わせた（71）

・千葉郡検見川町（現千葉市花見川区）では、地元青年団が京成電車停車場付近にいた青年三人を派出所に連行した。習志野の朝鮮人・中国人収容施設から逃げてきたと聞いた住人数百人は、被害者たちが「身元証明迄も出して哀訴嘆願するも肯かず」派出所を襲撃。針金で縛り付けた上、竹槍で突いて半死状態にして花見川に投げ捨てた。被害者は三重、秋田、沖縄出身であった（87）。詳細は254頁以下を参照。

・千葉県福田村（現野田市）と田中村（現柏市）の境では、香川出身の売薬行商人の一行に、突如、「土地の人たちが『朝鮮人だ』とおそいかかっ」た。被害者は「『日本人だ』といいはったが」、「荷物の中にくじゃくの羽の扇子があったのをみて『やっぱり朝鮮人だ』とおそいかかった[15]」。一行は利根川に投げ込まれて八人が溺れ死に、対岸にたどり着いた一人も斬り殺された。九人の中には乳幼児三人と母親二人が含まれ、五人が難を逃れた（89）

・千葉県三川村（現旭市）の自警団員は、深川から避難してきた洋傘直しの職人を「不逞鮮人」と誤認して捕縛した。巡査が取り調べて日本人と判明したが、怒った本人が「改めて礼にくる」と言ったため、「後難を恐れて」槍や丸太で殺害した（94）

・埼玉県妻沼町では、一泊を乞いに来た元炭坑夫を自警団が取り囲み、「容貌が鮮人に酷似している」と駐在所に連行した。巡査の取り調べで秋田出身と判明し、ほっとした被害者が「万歳」と喜んだところ、自警団は「生意気だ」と反発して「日本刀、薙刀等を以て」惨殺し、遺体を利根川に投げ込んだ（86）

・千葉県浦安町では、本所区の職工二人が米を買い入れるためやって来たところを群衆に捕縛された。浦安町助役が取り調べ、日本刀を携帯していたとして群衆に突き出した。二人は堀江地先江戸川堤防水番小屋で刺殺され、遺体は江戸川に投棄された（44①）

（3）日本人殺しの必然性

ところで、日本人殺しは事故や過失の一種だったのだろうか。「不逞鮮人」来襲のデマで、自警団が結成されたのは見たとおりである。自警団群衆は襲撃を待ちかまえるどころか、朝鮮人すべてを仇敵とみなし、職場や住居に襲いかかった。朝鮮人に対するエスノサイドであった。

夜警や巡回の際も、彼らは、内なるステロタイプに合わせて「朝鮮人に似た人」を探し求めた。職工ふう、土工ふう、学生ふう、半纏を着て、髪が長い……。「朝鮮人に似た人」の表象は曖昧で、相互に矛盾もしていた。ましていきなり襲いかかったのである。「問答無用で襲撃」する以上、日本人をも殺傷する危険は火を見るより明らかであった。日本人の被害は、襲撃者にとって織り込み済みではなかったか。

そして「訊問・取調を経て襲撃」した事件の場合、犯意はより一層確信的であったろう。「朝鮮人に似た人」を捕まえた後、彼らは身元証明書も信用せず、被害者の弁明も聞き入れなかった。警官が身元を保証し、知人が「日本人だ」と説得しても無造作に暴行を加えた。自警団は日本人殺しをためらわなかった。

自警団は「朝鮮人に似た人」や「怪しい人」を襲撃したのであり、事実のレベルにおいて日本人と朝鮮人の識別に努めたとは言い難い。それでも逮捕された者は口を揃えて「朝鮮人と間違えた」と弁明した。国家も彼らの主張を追認している。『司法省調査書』では、日本人襲撃事件を「鮮人と誤認して内地人を殺傷したる事犯」と名付けて、その内容を新聞各社に公表した。裁判所も原則として証言を受け入れ、間違えたのなら仕方ないと言わんばかりに六割の被告を執行猶予とした[16]。新聞各紙も「不逞鮮人と勘違い」、「鮮人と誤認」と見出しを付けて事件を報道した。歴史研究においても事態は変わらなかった。管見によれば「日本人襲撃事件」と「日本人誤認襲撃事件」を区分したのは山田昭次以外に見あたらない[17]。

だが、「誤認」は結果論に過ぎないだろう。被告たちは「朝鮮人に似た人」の摘発には精を出したが、「日本人」の識別には関心を示さなかったからである。被害者と言葉を交わして誤認襲撃しないよう注意した様子はもちろん、ためらった気配もうかがえない。

ここで思い出されるのは、自警団群衆が見せた朝鮮人襲撃事件における無差別性である。多くの自警団は「善良な朝鮮人」を区別し、これを保護する官憲の論理を拒絶した。彼らは「不逞鮮人」と「善良な朝鮮人」の区別を拒んだのと同様、「朝鮮人」と「朝鮮人に似た人」も区別しようとしなかった。後者をかばい立てする官憲は同様に攻撃対象となった。「朝鮮人は敵だ、敵を殺せ」という命題は唯一の行動規範であり、「日本人」を誤認襲撃しないことなど顧みられるはずもなかった。

彼らは日本人を「朝鮮人と間違えて」襲ったのではない。「怪しいと来たら」ためらいなく殺した。結果として日本人が巻き込まれた。日本人の被害は、無差別殺人に伴う必然であった。「不逞鮮人」や「朝鮮人似」に実態はなく、その隣には当然のように「日本人」の被害がひかえていた。朝鮮人のエスノサイドは「同胞殺し」を必然的に伴った。

1 「九州日日」10／21『新聞史料Ⅳ』380頁。
2 「上毛」9／5『新聞史料Ⅱ』288頁。
3 田中貢太郎「自警団」『現代史資料6』152頁。
4 福島善太郎証言、日朝協会豊島支部編『民族の棘』（日朝協会豊島支部、1973年、25頁）。
5 現代史の会『ドキュメント関東大震災』草風館、1983年、138-140頁。
6 「弘前」9／8『新聞史料Ⅲ』110頁。
7 「弘前」9／11『新聞史料Ⅲ』115頁。
8 西成田前掲書92頁。
9 島崎藤村「飯倉だより（子に送る手紙二）」「東朝」10／19『新聞史料Ⅱ』66頁。
10 例外は84の横浜市根岸町の事件。外国人住宅に忍び込んだ疑いで自警団に捕まった男が、海に飛び込んで逃げようとするところを刺殺された。吉河前掲書64頁。
11 「訊問・取調を経て襲撃」：59、61、62、63、64、71、72、75、78、82、87、88、90、91、99、107。
12 他に歴代天皇名を言わせる、君が代や都々逸を唄わせるなどさまざまな例がある。
13 「朝鮮人名簿調製ノ件」、「朝鮮人識別資料ニ関スル件」（朴慶植編『在日朝鮮人関係資料集成 第一巻』（三一書房、1975年、27頁）。
14 「東日」埼玉版10／31『新聞史料Ⅰ』286頁。
15 『いわれなく殺された人びと』159頁。
16 第一審と控訴審で執行猶予となった被告の割合（山田前掲書、2003年、99-101頁）。
17 山田昭次は『新聞史料』の凡例で「自警団による日本人虐殺事件の記事は、日本人を朝鮮人と間違えて虐殺した事件以外に、日本人であることがわかっても虐殺した事件の記事も収録した」と両者の違いを明記する。

〔3〕日本人被害者に関する伝承と史実

自警団に襲われたのは「朝鮮人ばかりではない、日本人も」という認識は広く定着している。とくに東北や沖縄の出身者、ろう者は、発音による朝鮮人識別法から連想される典型的な被害者と目されてきた。[1] しかし、こうした認識の枠組み自体、朝鮮人の被害を小さく見せようとした当局のねらいから生じた側面は否めない。このため十分な事実の検証なしに両者を併記／併置することは、朝鮮人虐殺事件の相対化に加担する恐れを孕んでいる。以下では、上記の認識が定着した経緯と背景をみておく。

（1）日本人の被害を併記するという問題

関東大震災から四日後、臨時震災救護事務局警備部は「鮮人問題に関する協定」を取り決め、日本人の被害を誇張し、朝鮮人の被害を矮小化する方針を定めたのは前述のとおり。いわく「朝鮮人にして混雑の際危害を受けたものが少数あるのは間違いないが、内地人も同様の危害を蒙ったものが多数ある。皆混乱の際に生じたもので、鮮人に対しことさらに迫害を加えた事実はない」。この旨、「各方面官憲は」「事実の真相として宣伝に努め将来之を事実の真相とすること」と。[2]

政府の方針は着々と履行された。二年後、警視庁は『大正大震火災誌』を刊行し、朝鮮人虐殺事件について次の所見を披露している。[3]

> ……朝鮮人来襲のデマに激高した住民は、各町村一斉に自警団を組織した。自警団は武装して、至るところに検問所を設け、「鮮人と認めたるものは其犯行の有無、善悪の有無を問わず、直ぐに之を迫害して非常なる危険に陥ら」せた。その被害は「独り朝鮮人のみにあらず」。自警団は「たとえ同胞なりとも発音不明瞭なるもの、群衆の気勢に恐れて応答に逡巡せるもの、理由なき暴行に激怒せるもの等に対してはたちまち苛虐の処置に出で」「殺傷せるもの亦少なから」ず。

ここには大きく二つの問題が横たわっている。まず、朝鮮人虐殺事件の責任一切を住民・自警団に押しつけたことである。すでに見たとおり警察は、朝鮮人「暴動」というデマを広め、武装した住民に朝鮮人を拉致連行するよう要請した。警察署によっては抵抗する者は殺しても良いと教唆するばかりか、虐殺にも加わった。ところが、警視庁は、この所見に見られるとおりあらゆる責任をほっかむりした。軍隊による虐殺についてもひと言もふれない、朝鮮人虐殺事件の国家責任を認めない、これは日本政府の今日まで一貫した姿勢である。[4]

もう一つの問題は、朝鮮人と日本人の被害を併記したことである。朝鮮人の犠牲は、軍官民一体のエスノサイドによるものであった。日本人はその巻き添えに過ぎない。関東大震災下で犯されたあらゆる殺傷事件において両者は対極に位置した。日本人は殺す側にあり、朝鮮人は殺される側にあった。ところが、警視庁は殺される側に日本人を潜ませることで、この基本的な構図をゆがめ、朝鮮人の被害の相対化・矮小化を目論んだ。これが『鮮人問題に関する協定』を忠実に履行した結果であることは論を俟《ま》たない。ただし、「発音不明瞭なるもの」の被害については当初から民間でも指摘する声は多かった。とくに目立ったのは東北地方の新聞社の報道である。

（2）地方紙による「誤認」被害報道

『新聞史料』によれば震災の月（一九二三年九月）に発行された全国の新聞の中で、朝鮮人識別方式に直接関わる記事が三本、「誤認」被害に関する記事が八本見つかる（表2－2－5〜6）。掲載したのは北関東、東北、北海道の五紙であった。

このうち最も早い記事が、九月五日、『山形民報』の「『いろは』を読ませ怪しいものは銃殺」である。帰還したばかりの被災者の話として「東京市の戒厳令は殊の外厳重で、……危しき者或いは不逞鮮人と思しき者を見れば、直ちに逮捕し、会話中に『イロハ四十八字』及び『アルハベット二十六字』を言わせてみる。そして少しでもアクセントが違うものなら直ちに銃殺、或いは斬殺すという風であった」と報じている。アクセントの違いが生死を分けるという凄まじい内容であった。記事には「言わせてみる」主体を明記していないが、逮捕から発話強制、銃殺までの有無を言わさぬ行動は、軍隊によるものと考えられる。

一方、六日の『河北新報』（本社仙台）は「不逞鮮人に対して燃える復讐心はなかなか消えそうでない」と見出しを付けて、民間人による「誤認」襲撃の模様を伝えている。

表2-2-5　発話による朝鮮人識別に関する記事

日	見出し	新聞	頁
5	『いろは』を読ませ／怪しいものは銃殺	山形民報	216
6	不逞鮮人に対して燃える復讐心はなかなか消えそうでない	河北新報	153
8	川口駅では乗客に何か喋らして見る／鮮人であるか否やを試した後に証明書を	北海タイムス	36

注：「頁」は前掲『新聞史料Ⅲ』の掲載頁。北海タイムスは札幌市本社。

表2-2-6　東北出身者の「誤認」被害報道

日	見出し	新聞	頁
5	朝鮮人と間違えられ迷惑した青年／態度は鮮人そっくり／秋田訛りの在郷軍人	上毛新聞	288
6	鮮人と見誤り／避難民を殺傷す	弘前新聞	104
6	鮮人に似た青年散々撲らる／仙台駅の出来事	河北新報	155
7	殺気漲る駅頭／不逞鮮人と間違われ瀕死の重傷を負った者もある	河北新報	158
8	鮮人と間違れ竹槍で突かる　◇本市出身の竹村氏	弘前新聞	110
8	朝鮮人と間違われ列車から落とされた	山形民報	234
8	朝鮮人と誤認され竹槍で突かれた弘前人／弟の安否も分からず横浜から避難	東奥日報	66
10	本市人又も鮮人と誤らる	弘前新聞	115

注：「頁」は表2-2-5と同じ。「東奥」は『新聞史料別巻』。「上毛」は前橋市、「東奥」は青森市本社。

朝鮮人は言うまでもなく朝鮮人と見誤られたが最後、東京近郊では命に関わる問題が生ずる。中でも一番分の悪いのは東北方面の人々で、一流の訥々たる弁は往々「こいつ怪しい」と来る。怪しいときたら最後ワーッと鬨の声が上がる。そうなったらもうダメだ。せいぜい殴られた上で「日本人だったとヨウ」でアッサリ済んでしまう。

「東北方面の人々」は「一流の訥々たる弁」のため襲われやすく、東京近郊の自警団は「誤認」を気にも留めていないと指摘している。これは東北固有の言葉づかいは、朝鮮人と間違えられやすく危険だと警告した最初の記事であった。震災直後の東北地方にはこうした言い伝えが広まっていった。

相前後して各紙は、東北出身者の「誤認」被害を次々に報じた。たとえば『弘前新聞』は、青森駅に到着した人びとの中に被害者が多数あり、「本市出身の竹村氏」も「言葉が東北なまりと来ているので直ぐ間違われ」竹槍で胸を突かれた、列車内では「秋田県の男もよく間違われたので「日本人に候」と書いた板をぶら下げていた」、「本市人又も鮮人と誤らる」と連日のように報じた。『河北新報』も「青森県生まれのコック」や「青森県三戸郡の人」が、仙台駅周辺に集まった群衆によって重傷を負わされたと記事にした。『山形民報』や『東奥日報』も同様であった。

このように東北出身者の「受難」は、地元紙を通して仙台以北へ伝わった。しかし、これらの記事がどこまで事実を反映しているかは分からない。一般に九月上旬の新聞各紙は、流言蜚語の垂れ流しに等しかった。中でも東北の地方紙は、被災者からの伝聞と鉄道電話だけが頼りで、朝鮮人の「放火」や「暴動」についても盛んに報道していた。[5] 同郷者の「被害」についても、事実確認なしに被災者の話をまとめただけという疑いは禁じ得ない。

一方、『東京日日新聞』や『報知新聞』といった中央紙が、自警団の犯罪を取りあげたのは九月下旬からで、日本人襲撃事件の記事も数百にのぼった。ところが、被害者の言葉づかいが襲撃の原因になったという記事は見あたらない。例外は福田村・田中村事件に関する記事の見出し「自警団員が九名を惨殺／言葉の行き違いから通行の男女を要して」（「要して」は待ち伏せの意）くらいだが、「言葉の誤解から全部を虐殺せる事件」とあるだけだ。[6] 他には裁判記事の中で「返答が曖昧なので朝鮮人と誤認した」と被告の弁明が記された程度であった。静岡以西の地方紙も、発音による朝鮮人識別にことさら注意する記事や、東北など特定地方出身の人に被害が多いという記事は載っていない。[7] 東北地方に帰郷した被災者の言い伝えと東北地方紙の報道は明らかに突出していた。その背景には方言矯正教育の徹底と流行があったと思われる。

政府が「方言ヲ調査シテ標準語ヲ選定スル」目的で、国語調査委員会を設置したのは一九〇二年だが、東北地方では『方言改良論』（一八八八年）を皮切りに早くから方言への関心が高まっていた。方言矯正法に関する出版は盛んで、『東北地方発音仮名遣矯正法』（一九〇一年）、『東北発音練習書』（一九〇九年）など、震災の前年までには一四冊が刊行されている。[8] 中でも、吃音矯正を基礎にした伊沢修二の『視話応用東北発音矯正法』は、この地方の教育関係者にとって「干天に慈雨を望むがごとくに」争って読まれたという。[9]

方言矯正への熱意は教育関係者にとどまるものではなかった。雑誌や新聞でも津軽弁、秋田語等の改良を説くものが相次いだ。[10] 一九二〇年前後になると東北各地の小学校で「発音練習」の授業が日常的に実施され、仙台在営の歩兵第四連隊でも、連隊長が命令の受領・伝達の発音を矯正するよう指示している。[11]

つまり、東北地方では、震災以前から数十年をかけて、自分たちの言葉づかいを否定する土壌が培われていた。だから人々は、発音による朝鮮人識別方式を知って、同郷者の被害を連想し、東北各紙もこれを針小棒大気味に伝えたと思われる。では、実際に何人の東北出身者が被害を被っただろうか。

1 「さまざまな日本人の被害」を主題にしたものに小薗崇明「関東大震災下における虐殺の記憶とその継承」（専修大学2014年度博士課程学位請求論文）がある。
2 臨時震災救護事務局警備部「鮮人問題に関する協定」『現代史資料6』79頁。
3 警視庁編『大正大震火災誌』1925年、501頁。https://dl.ndl.go.jp/info:ndljp/pid/1748933
4 2003年8月25日、日本弁護士連合会は小泉純一郎総理大臣に「関東大震災時における虐殺事件に関する人権救済」勧告を行い、震災時の朝鮮人、中国人に対する軍隊の虐殺や虚偽事実の伝達などを謝罪し、全貌を明らかにするよう求めたが、未だに対応を怠っている。

5　詳細は山田昭次『関東大震災時の朝鮮人迫害――全国各地での流言と朝鮮人虐待』（創史社、２０１４年、34－81頁）。とくに『河北新報』は「朝鮮人暴動」関連のデマ記事が異様に多く、前掲大畑・三上論文では同社のケースレポートに一章を割いている（下１７７－１９９頁）。

6　「東朝」10／6『新聞史料Ⅱ』64頁。発話関連に「オシやツンボが沢山／自警団に殺傷」など東京聾唖学校卒業生殺害事件の記事もある（『新聞史料Ⅱ』１３７頁）。

7　「自警団に「一円五十銭」と言わされた」とか（「京都日出」10／22『新聞史料Ⅳ』39頁）、「甚だしきに至っては言語が明晰を欠くとの理由を以て」殺傷したと自警団を非難する社説がある（「大朝」10／27『新聞史料Ⅳ』85頁）。

8　河西英通『東北――つくられた異境』（中公新書、２００１年、１４３頁）。

9　小松代融一「東北方言と国語教育」『講座方言学４』（国書刊行会、１９８２年、４１４頁）。

10　河西前掲書１４５－１４８頁。

11　『青森県史　資料編　近現代３』（青森県、２００４年、６７４頁）。

〔4〕日本人被害者のプロフィール

自警団に殺傷された日本人の性別、年齢、職業、出身地などをみていく（表２－２－７巻末参照）。

被害者の性別は男性八三人、女性五人（性別判明分のみ）。女性が襲撃されたのは三件で、千葉県福田村・田中村事件（89）で三人、東京府江北村（64）で一人が殺され、群馬県前橋市（95）で一人が傷害を負った。

年齢構成をみると二〇代前半が三〇・四％、二〇代後半が一九・六％、三〇代前半が一六・一％となっていた。三五歳未満が八割、平均年齢は二七・八歳であった（表２－２－８）。このなかには福田村で殺された二歳、三歳、六歳の乳幼児や江北村で殺された七二歳の女性も含まれている。

表2－2－9は、被害者の職業・所属を整理したものである（判明分五一人）。これによると「工場労働者」（八人）、「鉄道労働者」（七人）、「行商」（六人）、「自動車運転手」（五人）の四職種

表2－2－8　被害者の年齢構成　データ数56

年齢	人	%
10歳未満	3	5.4
10～15歳未満	0	0.0
15～20歳未満	5	8.9
20～25歳未満	17	30.4
25～30歳未満	11	19.6
30～35歳未満	9	16.1
35～40歳未満	5	8.9
40～45歳未満	2	3.6
45～50歳未満	2	3.6
50歳以上	2	3.6
計	56	100.0

表2－2－9　被害者の職業・所属　データ数51

	職　種	人
近代産業	工場労働者（職工、機械工等）	8
	鉄道労働者（鉄道省工夫、電鉄会社雇員）	7
	自動車運転手（太田町警察署、製菓会社等）	5
	社員・政党職員・株式仲買人	5
	郵便配達	1
	弁護士	1
	巡査	1
	軍人	1
在来産業	行商（薬行商）	6
	商業（材木商、米穀商）	2
	旅館・下宿（待合経営）	1
	建築系職人（左官）	1
	その他職人（洋傘直し）	1
	船夫	1
	土木監督	1
学生（明大2、日大1、東京音楽学校他2）		5
無職（乳幼児を含む）		4
合　計		51

と、「学生」（五人）が多く、三分の二を占めている。前述のとおり自警団は労働者ふう、行商人ふう、学生ふうの人々を「朝鮮人に似ている」とみなしたが、実際の被害者も労働者、行商、学生が中心であった。

興味深いのは、工場や会社、大学、警察、軍隊といった近代産業／近代セクターに属する人びとが大変多いことである。日本人被害者の実に七割を占めている。農民や漁民は全くいないし、商店主や職人もわずか五人にとどまっている。これは際だった特徴と言ってよい。というのも当時、近代産業（移植産業）に属する有業人口は一四％と少なかったからである。[1] この点については改めて述べるが、自警団に襲われたのは、職業柄、地縁の薄い「若い勤労者と学生」であった。

そして、半数近くが勤務中や通勤途上を襲われた（有職者のみ、表２－２－10）。震火災が収まらぬ中、鉄道工夫や運転手、電報配達といった、仕事の都合でどうしても外出せざるを得ない労働者が犠牲になった。おそらくは同じような事情で新聞配達人の被害も頻発した。震災から七日後、報知新聞社は次のような社告を掲載している。[2]

「市民に急告す　本社三千の社員は生命を賭して報道の任に当たり毎日夕刊を発行して居ります、しかるにこの夕刊を配達するに際し、為にする者の宣伝により配達夫に迫害を加え甚だしきは自警団が配達夫に危害を加えた事実も沢山あります、若し今後善良なる配達夫に対して暴行を加える如きものあったときは我が社は自衛上断乎たる手段に出る覚悟であります、

表2－2－10　襲撃当時の状態

業務中	21
避難民	16
一時避難中	3
乗客	3
近隣住民	9
通行中	4
計	56

＊業務中には通勤途上含む。

表2－2－11　被害者の現住地と発生地

発生地	合　計	東　京	その他
①　現住市区町村	12	11	1
②　近隣市区町村	15	10	5
③　①、②以外	15	4	11
合　　計	42	25	17

市民諸君特に自警団のご了解を得たいと存じます」

また、事件の発生地と被害者の現住地に関するデータからも、この犯罪の特徴が浮かび上がる（表2－2－11）。東京では「①現住市区町村」や「②近隣市区町村」で被害にあった人が八割を上回った（八四・〇％）。一方、千葉その他では、「①、②以外の場所」で襲われた人が三分の二を占めた（六四・七％）。これは自警団の面識範囲を反映したものだろう。都市化の進んだ東京では面識範囲が狭く、いきおい同じ町内や隣町の住人も襲撃対象になった。東京では夜警に出た者同士が殺し合う事件さえ起こっている（76入新井町）。対照的に千葉や埼玉、群馬、栃木の自警団は古くからなじみのある地元民ばかりで、同じ町村の住民を襲った事件も一件にとどまる（108嘉田生崎村）。代わりに被害をこうむったのが、避難民を中心とするヨソモノであった。いずれも、自警団が「見知らぬ相手」を襲撃した点は共通している。

とはいえ、必ずしも地方出身者が襲われたわけではない。表

２－２－12によると、出身府県が判明した被害者は二二人、被害者総数の二四％にとどまる。これは地方出身者の被害が実際に少なく、警察や新聞記者の被害者出身地に対する関心も薄かったためだろう。このうち目立つのが香川県の九人で、やはり福田村・田中村事件の犠牲者である。他には近畿が四人、九州が五人いるが、被害者総数の四〜五％であった。前項で検討した東北出身者は二人（86妻沼町，87検見川町）、沖縄出身者も一人にとどまっている（87検見川町）。ゼロではないが多くはない。

また、東京ではろう者が一人殺された。浅草区で焼け残った遊技場に避難中の東京聾唖学校卒業生から返答がないとして、土木請負業者ら二人が刺殺した（63）。[3]他に路上警戒中の憲兵に同校生徒が斬殺されたため、学校長は生徒にろうあ者証明書を発行した上、当分の外出を禁じたというエピソードも伝わっている。[4]

このように民間人による東北や沖縄出身者、ろう者の襲撃事件は確かに発生した。しかし、事件数はそれぞれ一、二件、被害者も一、二人にとどまる。発音による朝鮮人識別法から連想されるほど多くはない。この事実を直視することから自警団による日本人の被害は語り直される必要があるだろう。なお、関東大震災と沖縄出身者に関する伝承は詳細な検討を要するため、この事実を基本に章を改めて論じる。

被害者のプロフィールをくり返しておく。

・日本人襲撃事件の被害者のほとんどは青年男子であった
・工場労働者や鉄道工夫、自動車運転手など、労働階層に属する人々が襲撃された
・勤務中や通勤途上を襲われたケースが目立つ
・工場・会社・官庁・大学等、近代セクターに属する人びとが七割を占めた
・農民、漁民、商店主や職人の被害は少なかった
・東京では同じ町や隣町の住人が、千葉その他では遠隔地からの避難民が襲われた

自警団にやられた典型的な日本人とは、労働階層に属する青年男子であった。工場や会社、官庁に勤めていて地縁が薄いか、避難民であったため、自警団メンバーと交わるところがなかったことが災いしたと考えられる。次章では、被告のプロフィールを検証し、その職業・所属において日本人の被害者と対照的な人びとであったことを明らかにしていく。

表2-2-12　被害者の出身地

地方	県	人
東北	秋田	2
関東	栃木	1
近畿	三重	1
	京都	2
	兵庫	1
四国	香川	9
九州	福岡	2
	熊本	2
	鹿児島	1
沖縄	沖縄	1
合計		22

1　松本貴典、奥田都子「戦前期日本における在来産業の全国展開」（中村隆英編『日本の経済発展と在来産業』山川出版社、1997年、15頁）。
2　「報知」9／8『新聞史料Ⅰ』12頁。

3　「法律」24年4／20『新聞史料Ⅰ』220頁。

4　伊藤正雄「民族差別とろうあ者の悲劇」『日本聴力障害新聞』266号、1973年9月1日。

菅原白洞「東都大震災過眼録」に描かれた朝鮮人虐殺事件現場の消防組

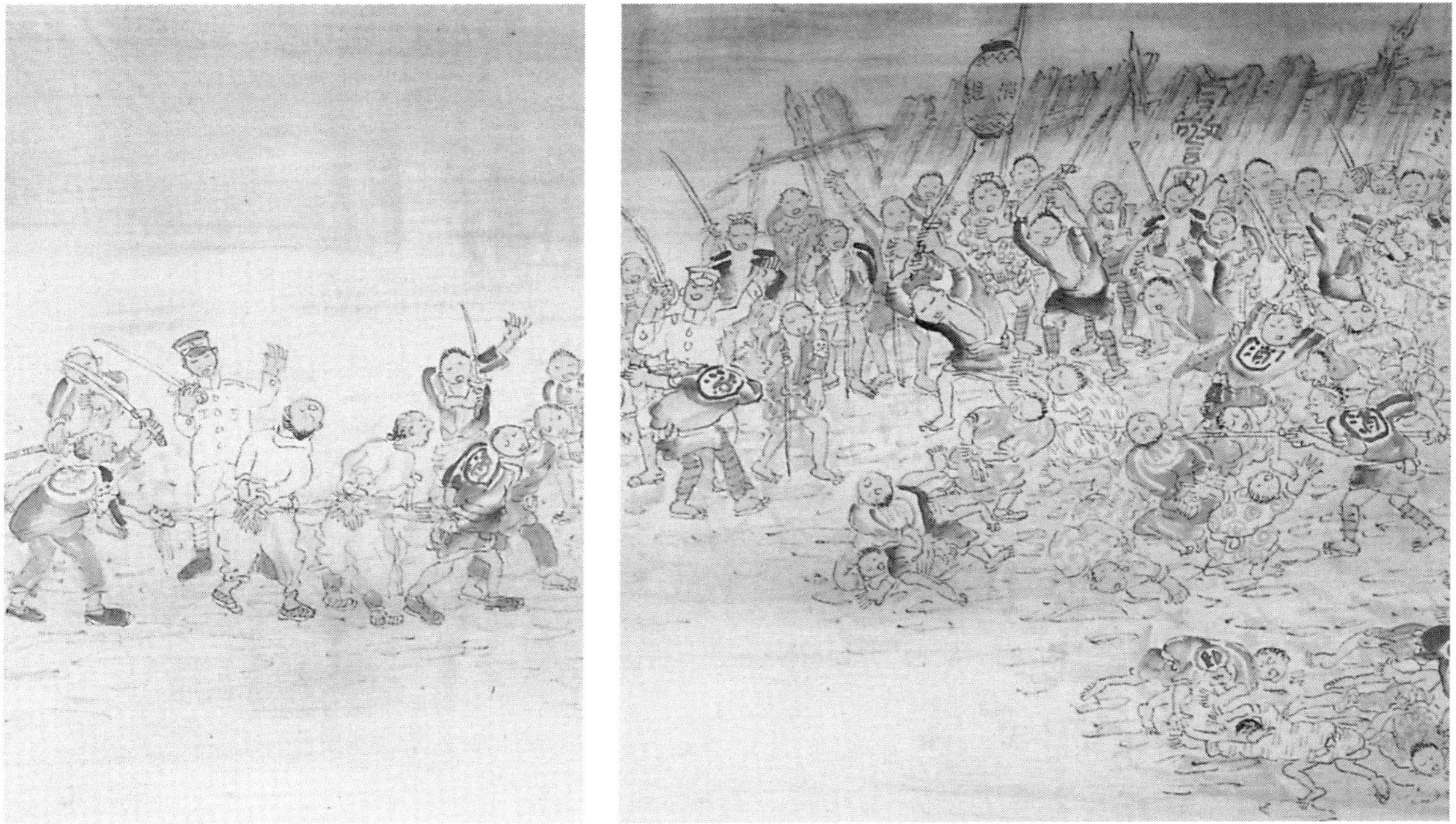

左側では白いチョゴリを着た朝鮮人が後ろ手にしばられ、消防組の印半纏（背中に「消」とある）をまとった男たちに連行されている。右側では「消（防）組」の高提灯に照らされる中、消防組の男五、六人が、鳶口、竹槍、日本刀で朝鮮人を刺し殺し、斬り殺している。周囲ではやし立てている者の中にも印半纏姿が見られる。菅原白洞「東都大震災過眼録」（部分）『部落解放』1997年4月号より。池田敏捷が入手、公表した。

3　自警団員裁判の実態と加害者像の再検証

「暴行参加者の主力」は在郷軍人なのか、「下層細民」なのか、どちらでもないのか。ここでは関東大震災下の民衆犯罪の加害者像を再検証する。まず、先行研究に対する疑問を提起する。次いで自警団員裁判の実態を通して、被告の属性をもとに加害者像を検証する際の留意点を確認する。最後に六〇〇人以上の被告に関する定量分析を行う。立ち現れてきたのは、地縁で互いに結びついた「ふつうの地元民」であった。

〔1〕先行研究の加害者像に対する疑問

自警団の成立過程や構成メンバーに関する議論は、時期によって重点の置き方が変化している。たとえば当初は、自警団が「上から組織」されたことを強調したのに対して[1]、最近では、住民が自発的に組織した例や労働組合幹部が組織した例にも言及している[2]。また、かつては「暴行参加者の主力」は特定の階層であるとして、民衆一般と切り離して論じる傾向が強かった[3]。しかし、近年では日雇い雑業層に工場労働者や土木労働者を含めた「男性労働者」や「店子階級」など、より広い範囲の民衆が加害主体と考えられるようになっている。[4] つまり、一九六〇～七〇年代の研究では軍と警察に組織され、有産階級に督励された、特殊な連中（下層階級）が加害者と考えられていた。ルンプロ＝反革命論の焼き直しのようなものと思われる。[5] これに対して近年では、民衆一般の加害責任を直視する傾向が強まった半面、加害者像が拡散して不明瞭になっている。たとえば、当時の借家率は中流層ですら九割を超えていたのだから「店子」は「階級」に馴染まない。[6]

　また、最近の議論も昔のそれに接ぎ木するように組み立てられているため、加害者像の本質は変わっていない。大きく二つの認識が並立し、相互に矛盾しているのに議論もみあたらない。第一は、自警団の主力となった在郷軍人、消防組員、青年団員の役割を強調する議論である。この中では、在郷軍人の主導性を重視するものが目立つ。[7] しかし、自警団に占める消防組の圧倒的なプレゼンスを考えれば説得力がないことは前述のとおりである。むしろここで注意したいのは、これらの官製団体が半ば階層横断的に組織されていた点である。まず、在郷軍人会は予備役、後備役が半数、軍隊経験のない補充兵が半数を占める組織であった。[8] そしてその内部は、田中義一（帝国在郷軍人会副会長）が言うとおり、分会長はじめ「役員は多く資本家、若しくは地主の立場に在って、分会員は労働者若しくは小作人の立場に在る」。[9] 実際分会員の多くは、米騒動や小作争議、労働争議にも率先して加わり、役員を寒心たらしめている。[10] 消防組も事情はよく似ている。組頭、小頭といえば「名望ある者」であることが条件だったが、[11] 組員の主力は鳶職をはじめとする若い衆であった。青年団も中等学校には進学できないが、青年団活動に参加する程度のゆとりはある家庭の男子から成っていた。このように官製団体は特定階層（たとえば下層）の青壮年を組織したものではない。したがって官製団体を主力とする自警団も特定階層に拠っていたとは考えづらい。

第二がその下層主犯説である。虐殺事件の被告は「米騒動の主体と階層を同じくする」として、[12]土工、日雇といった「都市下層」を主犯とする議論がある。[13]これは朝鮮人、中国人労働者との競合によって不熟練労働市場の緊張が高まったという背景認識との整合性が高い。このため工業地帯や工事現場周辺での事件については一定の説得力と根拠をもつ。しかし、自警団に占める官製団体構成員の割合から見て「都市下層」主犯説が成り立つのはごく一部の事件に限られる。その上、「都市下層」主犯説の論証過程には二つの問題がある。一つは、参照する被告数があまりに少ないことである。数十の被告の職業を列挙するだけで、そのうち何割が都市下層に該当するかという検証さえしていない（表2－3－1）。たとえば、姜徳相は「各地で裁判を受けた人たちの職業別統計を検討すると、鳶職、桶屋、馭者、土工、職工、大工、製管工、日雇など、ほとんどがいわゆる『下層細民』に属する人びとであることがわかる」という。[14]しかし、このうち土工、日雇は「都市下層」の典型職種だが、鳶職、桶屋、大工は「職人」、職工は「工場労働者」である。一九二〇年代の階級構成の中で、これらを「下層細民」と一括りにはできないだろう。[15]また、管見の限りでは「裁判を受けた人たちの職業別統計」というのも見あたらない。[16]さらに自警団員

表2－3－1　下層主犯説とその論拠

主犯	都市貧民	底辺労働者と小商人	東京・横浜は「下層細民」 埼玉・千葉等は「下層民」
根拠となる事件	本庄事件	藤岡事件	大崎町他10件
事件の被告数	34人（岩村は被検挙者43人とする）	職業判明分34人	職業判明分18人、本文では言及しない
うち該当者	不明	不明	6人（推定）
その他の論拠	埼玉新聞、山陽新聞記事	注5、姜徳相論文、『警視庁史 大正編』の東京・富川町の事例	東京・横浜は被告の「職業別統計」に基づく。その他地方は三原令「埼玉関東震災の証言」など
出所	注5掲載書90頁	注1掲載書78頁	姜前掲書252-253頁

を被告とする裁判は一〇〇件以上あるのに、この程度のサンプルから「暴行参加者の主力」を推定するのは暴論である。

もう一つ、各町村において弱い立場の人びと、貧しい人びとが被告に選ばれたのではないかという問題がある。とすれば被告の所属階層は下層に傾くはずで、そこから「暴行参加者の主力」が属する階層を導くのはおかしい。しかも、自警団事件には群衆犯罪という性格が色濃い。大量殺戮事件に関与した人数は数百、数千に及んでいた。ところが被告はほんの一握り、藤岡事件の三九人が最大で、現場に参集した群衆の一割にも及ばない。

では、どのようにして被告は選ばれ、裁かれたのか。この点について議論の一貫性は欠いているが、当初から自覚的なのも姜徳相であった。姜は、「東京や横浜などでは官憲の意向に逆らって最後まで凶器を振り回した連中」が検挙されたとする一方で、「埼玉、千葉、群馬などの地方で検挙された人びとも……いわゆる「下層民」が選ばれた」が、彼らは「『旦那衆』の罪を一身に背負わされ」「因果を含められ」て「村を代表した『受難者』」であったと断言する。[17]少し脇道にそれるが、虐殺事件裁判の実態をふり返った上で、被告の属性にどのような傾向があるかを確認しておこう。

1 かつては自然発生的に自警団が創設されたとするのは「官憲の責任を転嫁するための論拠」とさえ認識されていた（今井清一、斎藤秀夫「大震災と朝鮮人虐殺の真因の究明」『歴史の真実』77頁）。

2 山田前掲書、2011年、127－138頁。

3 「流言が流布されても日本民衆の大多数は防衛的であり、恐怖心におののいていた。そのさい、とくに攻撃的に戦闘心を燃やした層は、特定の社会層であったとしか考えられない」という（今井、斎藤前掲書、71頁）。特定の社会層とは都市貧民、とくに「親方子方関係を温存した子飼い・部屋者」を指す。

4 「男性労働者」は藤野裕子『民衆暴力』（中公新書、2020年、179頁）、同『都市と暴動の民衆史』（有志舎、2015年、70頁）、「店子階級」は山田前掲書、2011年、134－136頁。

5 「都市貧民」主犯説では「総同盟などに結集した先進的な労働者や知識人は、けっして流言におどらされはしなかった」とまでいう（岩村登志夫『在日朝鮮人と日本労働者階級』（校倉書房、1972年、100頁）。

6 中流層とは月収50円以上400円以下の官吏、会社員、教員、職工等を指す。東京府社会課『東京市及近接町村中等階級住宅調査』による（1922年9月施行）。https://dl.ndl.go.jp/pid/970763/1/23。

7 矢澤康祐「関東大震災における在郷軍人および軍隊による朝鮮人虐殺について」『専修大学人文科学年報』20号、1990年。関原正裕「関東大震災時の朝鮮人虐殺における国家と地域」2021年、一橋大学博士学位請求論文、36‐48頁。在郷軍人が反民衆的ないし国家的な性格を強めるのは、青年訓練所の指導員に依嘱されるようになった1925年以降ではないか。

8 戸部良一『戦争のなかの日本』（千倉書房、二〇二〇年、102頁）。

9 藤井前掲書99頁。

10 小作争議の指導層にも多くの在郷軍人が加わった（藤井前掲書83‐99頁）。

11 埼玉県令「消防組規則施行細則第六条」1920年10月（藏重耕一『消防発達史』1933年、29頁）。

12 藤野前掲書、2015年、271頁。岩村前掲書90頁、姜前掲書175頁も同じ指摘がある。

13 ここで「都市下層」とは、都市貧民社会（都市貧民の集住地域）の住民を指す（西成田豊『近代日本労働史』有斐閣、2007年、第四章）。しかし、「都市下層」主犯説はいずれもアプリオリに「米騒動の参加者と同じ」と言うだけで詳細に論じていないため、正確なところは分からない。

14 姜前掲書、252頁。中公新書版では「鳶職、桶屋、駁者、日雇」は同じで、人力車夫、火鉢屋、足袋職、行商が列挙されている（姜前掲書、1975年、174頁）。

15 第一次大戦を経て都市下層と工場労働者階層の収入や生活構造が分離したのは通説的見解である（中川清『日本の都市下層』、兵藤釗『日本における労資関係の展開』、熊沢誠『日本の労働者像』など）。

16 注14と同じ。姜前掲書は随所で大胆に問題の本質を突く半面、こうした瑕疵も散見される。

17 注14と同じ。

〔2〕自警団員裁判という「猿芝居」

ここでは、埼玉県の虐殺事件裁判について『綾川武治述　埼玉県自警団事件経過真相』と題する史料を中心にふり返る。これは謄写版刷り五六頁（原稿用紙約一三〇枚相当）の冊子で、表紙にはタイトルの他、著者として「関東自警同盟」が記され、「極秘」の印と「用済み後焼却」とペン字のメモが付されている（埼玉県立熊谷図書館所蔵、以下『冊子』と略する）。

本編の構成は次のとおりで、前後に緒言と結言がついている。

第一節　県当局の移牒
第二節　無方針無定見なる鮮人逓送事件
第三節　県内六事件の概要
第四節　検挙より公判廷の経過
第五節　本事件に対する官民態度の差異
第六節　本事件に対する責任者

第四節に各被告に対する検察官の求刑年月はあるが、判決は記されていない。したがってこの『冊子』は、震災の年の一一月、求刑（一一月八日）の後に書き始められ、二四日の関東自警同盟主催の演説会を前に、[1]事実関係を整理・共有するためにまとめたと思われる。[2]

著者の綾川武治（一八九一－一九六六）は、埼玉県大里郡長井村（旧妻沼町、現熊谷市）に生まれ、東京帝大を卒業した弁護士であった。在学中から憲法学者上杉慎吉の唱える君権絶対主義に心酔して、北一輝、大川周明主宰の「猶存社」に加わった。[3]気鋭の国家主義者だが、小説家の江口渙や福田雅太郎狙撃事件の和田久太郎と親しかったという一面をもつ。
震災後、綾川が郷里に避難している最中、地元消防組員が妻沼事件の犯人として逮捕された。自警団が日本人炭鉱夫を妻沼町巡査派出所で殺害した事件である。村人が留守宅の暮らしを陰に陽に支える姿を目の当たりにして、彼は、被告の減刑嘆願を決意する。こうしてできたのが「関東自警同盟」であった。上杉慎吉と元「猶存社」メンバーも加わり、朝鮮人虐殺事件における当局の責任を新聞紙上で問う一方で、[4]代議士や国家主義者など四〇人余りの参集を得た。[5]
この『冊子』には、県庁が内務省と相談の上、「不逞鮮人襲来」に武装して備えよという「移牒文」を作成し、県下の隅々まで送達した経緯や、警察が移送先も決めずに朝鮮人避難民の「県外移送」を企てた経緯が詳細に記され、官憲の責任を厳しく糾している。その一方で自警団員だけが罪に問われる不当を訴え、減刑を嘆願する内容になっている。[6]また、弁護士の立場を活かしてであろう。被告一一六人の氏名、年齢、職業、消防等所属団体を明記した他、検事の論告の一部までを記してある。県庁や警察内部の事情にも通じているなど内容は詳細で、新聞記事の及ぶところではない。
さて、『冊子』によれば、司法当局は九月一九日、熊谷、本庄、神保原事件の犯人検挙に着手し、翌二〇日寄居、妻沼事件、最後に片柳村事件に及んだが、二七日頃、突如、検挙を中止したという。[7]これについて浦和地裁福井広道検事正は奇妙な声明を発表している。埼玉県検事局は、千葉県、群馬県等の検事局と打ち合わせ、九月一九日払暁検挙に着手し、「暴民全部をとらえて公正なる検挙の実を示さん」とした。しかし、被疑者の一部は「検挙拡大と共に極度の不安に陥り」仕事も手につかない有様となったため、有力者の陳情が相次いだ。当局もその悔悟恭順の誠意を認め「本件（本県の誤記か、引用者）についてのみ破格の取扱いをなし、右一一六名以外の検挙は一時これを猶予する」と（「鮮人惨殺事件検挙　他は一時猶予　福井検事正語る」「東日」一〇月二一日）[8]。検察当局は、「暴民全部」を検挙する方針だったが、「本件／本県のみ破格の取扱い」をして、残りの実行犯は検挙しないと発表したのである。その理由はぼんやりとしている。綾川は、移牒文送達と朝鮮人の県外移送といった「本県当局の失態」が犯行発生の背景にあり、検挙の範囲が拡がるほど人心の憤激が高まっていた。だから「破格の取扱い」をして鎮静に努めざるを得なかったと解き明かす[9]。この点については主席検事も次のように認めている[10]。自警団員裁判は被疑者の捜索、検挙の段階から「地方の民情」におもねっていた。

「本事件の被告は、百十数名であるが、このほかにも多数未検挙のものもある。それはこの百十数名の検挙によって地方の民情にわかに騒然を極め、村治等にも困難なるものあるのを察し、しばらくこれ以上の検挙を見合わせて、他の免れたる者の行動を監視することとした」（事件の総括的論告の一部）

では、当局は、どのような被疑者を検挙したか。綾川は、「犯行付近地方において率直に手柄話のごとく当時の犯行を語りつつある者を主とし、他は平素駐在巡査の注意人物たる者のみであった」という。[11]この結果、「二人の消防小頭級の人物を除く他は、ことごとく細民のみ」が検挙された。暴行に加わった「地方の富豪は当時奥深く隠れ居た」ことに加え、「駐在巡査の地方の富豪に阿諛する」傾向と習慣によって検挙を免れたと。

これは綾川一人の観察事実ではない。本庄事件を目撃した新井賢次郎巡査も「加害者の中には相当の名士もいたようだが、私が、顔や名前を知らないのは報告できなかった」と証言している。[12]つまり、被疑者全員の捜査は行われなかった。また、事件前日、本庄駅前で朝鮮人襲撃を教唆煽動したと衆目が一致する、児玉郡役所書記も検挙されていない。[13]その一方で、警察と折り合いの悪かった青年団支部長は無実にもかかわらず逮捕されたと主張し、被告中の三人は警察の拷問で自白を強要されたとして予審での供述を否認した。[14]検察と警察は、地元有力者や地方役人を避けて、立場の弱い者、階層の低い者をねらい打ちにした。その結果、検挙者の中には冤罪を疑われる者も含まれたのであった。

一方、各町村は全力で被告を支援した。熊谷と本庄では有力者が奔走して「町内各戸から寄付を募り、一切の費用を」まかなった。神保原村では「収監中の差入れ一切の費用から弁護士その他総て」を村会決議して村費から支出した。寄居事件で検挙者を出した用土村では「裁判費用から家計費の一部まで補助している」。[15]裁判が開かれれば町村長や助役、町会議員代表、消防組頭、在郷軍人分会長までが顔をそろえ、傍聴人向けに弁当まで配った。新聞に『町村営被告』と揶揄されるほどの支援体制を組んだ理由は三つあった。一つは、貧しい家庭の被告が多く、弁護士費用や留守宅の家計費を自弁できなかったからである。もう一つは、町や村の全責任を被告に押しつけてしまったからである。押しつけた側の後ろめたさが被告支援の原動力であった。さらに、被告以外の加害者に関する証言が出ないよう圧力をかけたという面もあっただろう。こうした町や村を挙げての被告の支援は、東京の千歳村烏山や千葉の木更津町、福田村などさまざまな地域で確認できる。[16]

熱烈な支援に応えるように、勾留期間もきわめて短かった。[17] 一〇月六日には全員の予審が終結して一一六人中一一四人が有罪と決まり、このうち九八人は、裁判所の職権によって勾留を解かれた（旧刑事訴訟法第一一八条「責付出獄《せめふ》」）。二週間あまり勾留されただけである。その余の一六人も口頭弁論の終わる一一月七日までに全員が責付出獄となった。裁判所も奇妙なくらい寛大であった。

検察当局は虐殺事件裁判にどのような姿勢で臨んだか。一一月六日、各事件の求刑前に、根元主席検事は、埼玉県の六つの虐殺事件を総括して次のように論告している。[18]

「本事件の真の原因は、当時各被告が興奮の絶頂にあった際、あの流言蜚語のため刺激されたのであって、いわば酔っぱらいが酒の元気に駆られて心にもない行動を取るのと何ら異なるところがない。酔後民心に責められる酔漢の気の毒である如く、各被告にも同情すべきである」「社会上の影響及び法の威信上、決して軽く処断することはできぬが、各被告中実刑に処せられたとしても、刑期の全部を服役しなくともよい方法、たとえば大赦、特赦、仮出獄等の恩典に浴することもできる」

二〇〇人近い人びとの大量殺戮を「酒の元気に駆られて心にもない行動」にたとえ、殺人者を「酔後民心に責められる気の毒な酔漢」になぞらえる。そして、実刑になっても短期間で出獄できると約束する。これが司法官僚の、虐殺事件に対する認識水準であった。朝鮮人犠牲者の影すら見ようとしない。中央から地方までよくぞと言いたいほどその姿勢は一貫していた。

司法当局のやり方はどこも似たり寄ったりであった。前出の船橋警察署の巡査渡辺良雄は、千葉県の裁判の模様について次のように記している[19]。

九月二十日頃から、自警団、その他の殺人犯人の検挙が開始された。私達は、重大問題が起こるなと心配しながら、浦安町や行徳町方面に早朝出張して、犯人多数を連行してきた。その時、船橋町の稲荷屋という料理屋に、千葉から裁判官と検事や書記が来て、二階に陣取っていた。彼等は、連行してきた犯人を次々と呼び出し、検事から最初に「君は執行猶予にする。」と予言して、取調べを始めた。すると犯人は、素直に犯行を認める。そこで隣に控えている判事の手に渡すと、判事は、「お前は二人殺したか。それでは懲役二年、執行猶予

表2－3－2　朝鮮人虐殺事件裁判の判決　単位：人

府県	発生地	実刑	最高刑	執行猶予	小計	無罪	審級
埼玉	本庄	3	懲役3年	28	31	1	控訴審
	熊谷	1	懲役2年	34	35		上告審
	神保原	0		19	19		控訴審
	寄居	3	懲役3年	9	12	1	上告審
	片柳村	0		5	5		第一審
群馬	藤岡	4	懲役3年	32	36	1	上告審
	倉賀野	1	懲役1年	3	4		第一審
東京	花畑村	0		10	10		第一審
	巣鴨宮下	1	懲役3年	0	1		第一審
	荒川放水路	0		1	1		第一審
	荒川放水路2	0		1	1		第一審
	吾嬬町大畑	0		1	1		第一審
	吾嬬町請地	0		0	0		第一審
	大崎町桐谷	4	不明	0	4	1	控訴審
千葉	千葉市	0		1	1		控訴審
	流山	1	懲役2年	5	6		第一審
	我孫子町	0		6	6		第一審
	滑川	0		3	3		第一審
栃木	間々田	5	懲役2年	3	8		第一審
	石橋	0		1	1		控訴審
	小金井	2	懲役1年	5	7		第一審
神奈川	鶴見	0		4	4		第一審
	横浜公園	0		1	1		第一審
計		25		172	197	4	

出所：山田昭次「判決一覧」（342−348、354−355頁）を加工。「発生地」の表記も。但し、片柳村の被告人数は山田編『関東大震災朝鮮人虐殺裁判資料1』（緑蔭書房、2014年）に基づく。

三年に処する。わかったか。」「控訴するか。」と判事が犯人に尋ね、「控訴しません。」と答が返ると「それでは帰って宜しい。」というような処置が行われたので、私達はこれを一日裁判と呼んだ。

一日裁判の結果はどうなったか。山田昭次の「判決一覧」によれば、朝鮮人虐殺事件裁判のうち判決が判明した事件は二三件[20]、被告二〇一人のうち実刑となったのは二五人、執行猶予が一七二人、無罪が四人であった（表2-3-2）。有罪となった者の九割近くが執行猶予となっている。殺人罪、騒擾罪でこのような判決が続出したのも空前にして絶後だが、それを問い糾す声はどこからも誰からも上がらなかった。最高刑は懲役三年、しかし翌年一月二六日の皇太子（後の昭和天皇）結婚の際に恩赦を受けた。これでは自責の思いに駆られる被告などいるはずもなかった。「猿芝居」にふさわしい顚末であった。

さて、虐殺事件裁判の被告の職業から暴行参加者の所属階層を割り出すことが適当かという課題に立ち戻ろう。検挙の経緯を見る限り、全実行犯の中で、力も、金もない人びとが検挙され、被告になったのは間違いなさそうである。当然、被告総体の所属階層は下振れするにちがいない。このため、被告集団に基づく階層の特定に意義があるとは考えづらい。とはいえ、ほとんどの被告が自分の罪を認めたのも間違いなく、その属性を無視して加害者像を考えるのも不自然である。

以上をふまえた上で、自警団群衆とは何者であったか、別の形で分節化を試みる。

1 熊谷町の芝居小屋で開かれた「自警団救護、国家主義振興」と題する演説会。被告を含む満員の聴衆が集まった。「東日埼玉版」11／24『新聞史料Ⅱ』324頁、「朝日」11／25『新聞史料Ⅱ』98頁。

2 埼玉県立熊谷図書館の「資料詳細」に「大正12年川口市加々美友幸氏所蔵資料の電子複写」とある。

3 木下宏一「エリート国家主義者の肖像（1）綾川武治と中谷武世」『政治経済史学』520号、22－27頁、2010年2月。猶存社は北と大川の対立から震災の年に解散した。

4 「国民」10／13夕『新聞史料Ⅱ』16－17頁。猶存社の関与については綾川武治「純正日本主義運動と国家社会主義運動」（『経済往来』9巻3号、1934年3月号、45頁）。

5 発起人として菊池良一、関東自警同盟演説会の講演者として中西六三郎、小川運平、他に高畠素之と天野辰夫が参集（「東日」埼玉11／25『新聞史料Ⅰ』324頁、「報知」11／20夕『新聞史料Ⅰ』74頁）。当初は自由法曹団弁護士や浄土宗労働共済会常務も発起人に名を連ねたが、資金問題と朝鮮人追悼会への出席をめぐって黒龍会との間に対立が起こり、脱退した模様である。

6 綾川の基本スタンスは次のとおり。虐殺事件の全責任は官民共に負うべきだが、今は民衆にすべてをなすりつけようとしている。民衆の責任は検挙されることで果たされた。仮に官憲が責任を負わないのであれば自警団員被告も即刻放免すべきであると（『冊子』15頁他）。綾川の視野には殺された朝鮮人の存在は、入っていない。

7 『冊子』23－24頁。

8 「東日」10／21『新聞史料Ⅰ』182頁。『冊子』では「大正一二年十月二十日浦和地裁検事正福井広道氏談」として「本県のみについては、他の事件とことなり破格の取扱いをして、右一一六名の他多数の検挙は一時これを猶予し」とある。

9 『冊子』31頁。

10 『冊子』32頁。

11 『冊子』26頁。段落内のカギ括弧は同じ。

12 新井賢次郎「元本庄署巡査の語る事件の全ぼう」『かくされていた歴史』98－103頁。
13 『かくされていた歴史』109、113、177頁。
14 『かくされていた歴史』105頁。「本庄警察署が自警団員を拷問」「東日」10／27『新聞史料Ⅰ』202－203頁。
15 「東日埼玉版」10／24、10／27『新聞史料Ⅰ』265、277頁。
16 「東日府下版」11／29『新聞史料Ⅰ』329頁、「東日房総版」11／16、同318頁。
17 以下、責付出獄の月日と人数は『冊子』31頁。
18 『冊子』32－33頁。
19 渡辺良雄『関東大震災の追憶』1976年、前掲『いわれなく殺された人びと』138頁。
20 日本人襲撃事件のため西新井村与野通り事件を除く。

〔3〕加害者のプロフィール

まず、虐殺事件被告の「官製団体」への加入状況を概観した上で、性別、年齢別、職業別構成を検討する。

(1) 消防組員、在郷軍人、青年団員の割合

前章に引き続き、綾川武治の『冊子』に基づいて埼玉県における被告の官製団体への加入状況を見ていく。最初に、官製団体構成員の占める割合を確認する。表2－3－3によれば「全体」の六割強（六二・三％、七一人）が官製団体のメンバーで、暴行参加者の主力を消防組員、在郷

表2－3－3　埼玉県の被告に占める官製団体構成員（人）　単回答

	全体	熊谷	本庄	神保原	寄居	妻沼
構成員	71	22	15	11	12	11
非構成員	43	13	18	8	1	3
被告数	114	35	33	19	13	14

出所：関東自警同盟『綾川武治述　埼玉県自警団事件経過真相』26−30頁。

表2－3－4　埼玉県の被告の官製団体加入状況（人）　複数回答

	全体	熊谷	本庄	神保原	寄居	妻沼
消防組	29	5	2	9	5	8
在郷軍人会	35	16	7	6	3	3
青年団	24	5	7	3	7	2
全被告数	114	35	33	19	13	14
重複加入	17	4	1	7	3	2

出所：表2−3−3と同じ。略字の「青」「世」は青年団、「〃」は直ぐ上の被告と同じと解した。

軍人、青年団員が占めた。事件別に見ると「寄居」が九割強、「妻沼」が八割弱と高く、「熊谷」、「神保原」は六割前後、「本庄」では四割五分が官製団体に加入していた。官製団体はいずれも地縁団体である。したがって、地縁で結びついた青壮年が「暴行参加者の主力」だったと考えられる。

次に、三つの官製団体の中でどの団体の割合が高いかを見る。表2－3－4によると「全体」では「在郷軍人」三割、「消防組」二割五分、「青年団」二割となっている（複数回答、以下同じ）。事件別には「熊谷」の被告の四割五分が「在郷軍人」、「神保原」と「妻沼」では「消防組」が五割弱から六割弱、「寄居」では「青年団」が五割五分を占めていた。一方、「本庄」では「在郷軍人」と「青年団」が二割ずつとなっている。事件によって主力となった官製団体構成員の割合はことなっている。

前述したとおり自警団の主力は消防組員であった。ところが、埼玉県の虐殺事件被告に占める消防組員はそれほど多くない。とくに熊谷事件、本庄事件では消防組員の割合が極端に低い。これは多くの消防組員が検挙を免れた結果と考えられる。警察が、自身の下部組織に対する配慮から消防組員の捜査を控えたためにこうした割合になったのではないか。朝鮮人虐殺事件で検挙、起訴を免れたのは地方の役人と有力者、そして消防組員だった。だから消防組の関与はこれまで見逃されてきた。

(2)「ふつうの地元民」の犯罪

次に、被告の属性について検証する(表2-3-5、2-3-6巻末参照)。これは朝鮮人、中国人、日本人襲撃事件等の被告に関する情報を、『新聞史料』と綾川の『冊子』に基づき集計した結果である。

まず、被告六二五人全員が男性であった。

また、老若幅広い年齢層が襲撃に加わった(表2-3-7)。年齢が判明した被告は五五四人。このうち二〇代前半がピークで(二二・六%)、以下、二〇代後半(一九・〇%)、三〇代前半(一八・二%)、三〇代後半(一四・六%)、四〇代前半(一〇・六%)、四〇代後半(六・〇%)と少な

表2－3－7　被告の年齢構成

年齢	人	%
15～20歳未満	23	4.2
20～25歳未満	125	22.6
25～30歳未満	105	19.0
30～35歳未満	101	18.2
35～40歳未満	81	14.6
40～45歳未満	59	10.6
45～50歳未満	33	6.0
50歳以上	27	4.9
計	554	100.0

くなっていく。五〇歳以上が二七人（うち六〇代七人）含まれるのも珍しいだろう。平均年齢は三二歳、最年少者は一七歳、最年長者は六九歳であった。つまり、民衆犯罪には、あらゆる年齢層の男性が関わった。町ぐるみ、村ぐるみで朝鮮人、中国人の虐殺に加担し、結果として日本人も殺戮した事件であった。

表2－3－8は、職業判明分の被告四五〇人の従業種上位三位をまとめたものである。「全体」では「農漁業」が最も多く、三割近かった（一二九人、二八・七％）。次いで「商業」が二割弱（八三人、一八・五％）、「工業」が一割強（四八人、一一・一％）を占めた。

府県別の主要従業種を見ると、地域の産業特性が表れているようだ。まず、東京府では「土木」、「工業」、「商業」が一割五分前後で拮抗していた。被告の中に鳶や土工、職工が多いのが特徴的で、事件発生地の多くも工業地帯や土木現場であった。

埼玉県と千葉県の主要従業種は似通っている。どちらも「農漁業」が最も多いが、埼玉は農民ばかり、千葉は漁民が多い。次いで「商業」となっている。商人が多いのは、地方都市で事件が起きたためであろう。千葉では千葉市、佐原町、船橋町、埼玉では熊谷町や本庄町など、いずれも県内人口規模で四位以内の町とその周辺で事件は多発した。[1]

表2－3－8　被告の従業種上位3位（有職者のみ）　データ数450

	全体		東京		埼玉		千葉		群馬		栃木	
1位	農漁業	28.7	土木	18.7	農業	37.2	農漁業	37.1	工業	40.0	農業	46.3
2位	商業	18.5	工業	15.3	商業	18.6	商業	19.0	商業	20.0	商業	17.1
3位	工業	11.1	商業	13.0	雑業	11.5	建築	10.7	農漁業	13.3	工業	7.3

出所：埼玉県は『埼玉県自警団事件経過真相』、その他は『新聞史料』。

表2－3－9　被告の産業分野別・職種別構成（有職者のみ）　データ数450

	全体		東京		埼玉		千葉		群馬		栃木	
農漁業	129	28.7	17	13.0	42	37.2	45	37.2	6	13.6	19	46.3
在来産業	257	57.1	85	64.9	66	58.4	68	56.2	20	45.5	18	43.9
火鉢製造・機業	2		0		1		0		1		0	
職人（土建・製造）	70	15.6	25	19.1	21	18.6	15	12.4	7	15.9	2	
商人、商店雇	75	16.7	17	13.0	20	17.7	23	19.0	8	18.2	7	17.1
行商	8		0		1		6		1		0	
飲食店、同雇	15		5		2		6		0		2	
宿屋・湯屋・理髪	17	3.8	7		3		5		1		1	
船夫・船頭	8		2		0		6		0		0	
馭者・荷馬車	11		2		4		3		2		0	
土木請負	5		4		0		1		0		0	
土工	18	4.0	14	10.7	1		0		0		3	
人夫・日雇	6		2		3		0		0		1	
車力・人力	14		3		8		3		0		0	
その他雑業	8		4		2		0		0		2	
近代産業	64	14.2	29	22.1	5	1.1	8	6.6	18	40.9	4	9.8
職工	45	10.0	18	13.7	5		3		16	36.4	3	
鉄道輸送	4		1		0		2		1		0	
自動車運送	3		2		0		0		0		1	
公務・専門職	6		5		0		1		0		0	
会社員	3		1		0		2		0		0	
製造業	3		2		0		0		1		0	
有業者合計	450	100	131	100	113	100	121	100	44	100	41	100

出所は表2－3－8と同じ。注：「その他雑業」とは便利屋、妓夫、行者など。

群馬県は「工業」が四割（一六人）と突出している。これは瓦職工、醤油工といった「工場」工業化した元在来産業の従業者が多かったためである。この中には総同盟醸造労働組合藤岡支部副部長ら労働組合幹部も含まれている。[2]

また、栃木県では「農業」従業者が被告の半数近くを占めていた。

次に、表2－3－9で被告の産業分野別・職種別構成を検討する。ここでは被告の従事する職種を、農漁業、在来産業、近代産業（移植産業）の三つに区分してその割合を算出した。このうち在来産業とは、「農林水産業を除いた、近世以来の伝統的な商品の生産流通並びにサービスの提供にたずさわる産業」を指す。一九二〇年の国勢調査によれば有業人口の三割強（三一・五％）を占めた。[3]主な職種として商業全般（従業者二一一万人）、料理飲食店（同三七万七〇〇〇人）、大工（同三五万人）、鍛冶（同一四万七千人）、理髪（同一四万五〇〇〇人）、建具・指物業（一四万三〇〇〇人）などが含まれる。一方、海外から移植された技術と制度に基づく近代産業の従業者は一四％で、その中心を担ったのが工場労働者であった。三区分のうち有業者が最も多いのは農林水産業で、過半数（五三・九％）を占めた。この分類に着目したのは、在来産業と近代産業では従業者の活動範囲がことなるためである。

表によれば、被告「全体」では「在来産業」従業者が六割近くを占める（二五七人）。このうち最も多いのが「商人、商店雇」で七五人。材木屋、油屋、米屋、質屋といったおそらくは資産家（一〇人）から八百屋、魚屋、花屋、和菓子屋などの自営業者（五六人）とその雇人（九人）が含まれる。これに次ぐのが「職人」で七〇人。大工（二二人）、鳶（一五人）、左官、畳刺、建具職などの土木建築系と、足袋職、筆職などの製造系に分かれる。これらの「在来産業」と「農漁業」（一二九人）を合わせると被告の八割六分に達する（三八六人）。一方、職工や会社員などの「近代産業」従業者は一割四分（六四人）と少なかった。この中には助役、町村議、医師、技手が含まれる。したがって、「暴行参加者の主力」は農民、漁民、商人、職人といった、農漁業ならびに在来産業従業者であった。

さて、国勢調査の有業人口分布に比べ、被告に占める「在来産業」従業者の割合は倍近い。「近代産業」は同じくらい、「農漁業」は半分位であった。「農漁業」の少なさは、多くの事件が地方都市で発生したことから説明できるだろう。では、「在来産業」従業者はどうしてこれほど多いのだろうか。その理由は、彼らの活動範囲に求められる。商人、職人といった在来産業従業者は、地域に生活基盤をもっている。生産や販売、消費の各領域で、町や村の人は互いに強く結びつき、祭りや運動会などの行事、防災や防犯といった仕事も分かち合ってきた。一方、近代産業従業者は、工場や会社、官庁などで一日の大半を過ごす。仕事と家庭と地域はほぼ切り離れていて、地縁的な結びつきも薄く、弱い。では、自警団はどのような結びつきを利用して組織されたか。地縁に基づいて結成されていた。ヨソモノから地域を守るための団体だからだ。その結果、在来産業従業者と自警団の構成員が重なるのも、被告の過半数を在来産業従業者が占めるのも当然であった。府県別に見てもこの傾向には大差がない。

つまり、関東大震災下の虐殺事件、騒乱事件は、地付きの職人や商人といった「ふつうの地元民」が犯した犯罪であった。当該地域に根ざす住民（常民）が、生まれ故郷から切り離された労働者や朝鮮人難民を殺戮した事件と言い換えてもよい。[4] そして、消防組員こそ「ふつうの地元民」の代表であった。消防組員を含む地元民が警察に成り代わって地元を守る以上、「ヨソモノ」への暴力を厭うはずもなかった。

なお、被告に占める「都市下層」の割合についても見ておく。ここでは技能、経験、生産手段が乏しくても比較的従事しやすい職種として、表2－3－9の「行商」、「土工」、「人夫・日雇」、「車力・人力」、「その他雑業」の五職種を都市下層とする。その合計は「全体」で一二・〇％（五四人）、「東京」で一七・六％（一三人）、「埼玉」で一三・三％（一五人）。決して少なくはないがことさらに多いわけでもない。したがって「都市下層」主犯説は、東京府南葛東部や横浜市といった狭い地域ならば成立する余地はあるが、民衆犯罪全体に当てはまるものではない。

（3）「在来産業」従業者主犯説の意義

「在来産業」従業者主犯説を提起する意義を整理しておく。

第一に、「官製団体」主導説と「都市下層」主犯説のような矛盾が生じない。官製団体は下層中心に組織されているわけではないので、両者は並び立たない。それに対して「在来産業」従業者主犯説は合理的である。まず、自警団に占める官製団体、とくに消防組のプレゼンスは圧倒的であった。虐殺事件被告に占める官製団体構成員の割合も高く、虐殺事件・騒乱事件は、主として消防組員、次いで在郷軍人、青年団員が起こしたと考えられる。これらの官製団体は、在来産業従業者と農漁業従業者といった、地縁の強い働き方、暮らし方をする人の組織であった。だから、被告の大多数を在来産業従業者が占めた。ただし、東京市や横浜市の一部など、必ずしも官製団体を母体としない自警団については改めて検証が必要となるだろう。

第二に、各町村において貧しく、立場の弱い人が検挙された可能性は高く、被告の所属階層も下層に偏る。「都市下層」主犯説は、この偏りをなぞっているだけではないかという問題がある。しかし、「在来産業」従業者主犯説は、階層ではなく、働き方や暮らし方のちがいに重点を置いているため、この問題を回避できる。

第三に、日本人襲撃事件の基本構図がこれまでにないほど明確になった。前述のとおり、日本人襲撃事件の被害者の過半数は、工場や会社、官庁で働く青年男子であった。学生まで含めるとその割合は七割に達する。これは当時の近代産業従業者の割合（一四％）から見て際だった特徴となっている。一般に近代産業従業者は、地域との結びつきが希薄であった。一方、事件の被告は、在来産業や農漁業に従事し、仕事上も、生活上も地縁的な結びつきが強い。つまり、地付きの住民＝土着民が見知らぬ「ヨソモノ」を襲ったのが、日本人襲撃事件の基本的な構図となる。

ここで見知らぬとは、文字通り面識のない相手という意味である。東京では同じ町内の住民でも襲われたことに注意したい。これまでは政府・官憲の作った枠組みに沿って、地方出身者や障碍者など「発音不明瞭なもの」が、自警団に誤認襲撃されたと考えられてきた。「在来産業」従業者主犯説はこれを退け、一新する。

蛇足ながら権力と官憲、軍隊が一貫して取り込もうとしてきたのは、在来産業従業者であり、それに成功してきたのではないかという想いが浮かんでくる。その一方で、無政府主義や社会主義の側は、在来産業従業者を働きかけの対象とし得なかったのではないかなどなど。この枠組みは、経済史ばかりではなく、政治史、社会史、生活史においても新しい視野を拓く可能性を感じさせる。

民衆犯罪の加害者のプロフィールなどをくり返しておく。

・虐殺事件には、あらゆる年齢層の男性が加害者、殺害者に加わった
・農民、漁民、商人、職人が主力であった
・「農漁業」と「在来産業」従業者が虐殺事件被告の八割六分を占めた
・いずれも地域に根ざした働き方、暮らし方をしてきた人びとで、彼らこそが消防組の母体となり、自警団の中心メンバーとなった
・従来いわれてきた「在郷軍人」主導説や「都市下層」主犯説を裏付ける定量的な結果は見いだせなかった
・日本人襲撃事件とは、「ふつうの地元民」が近代産業に従事する「ヨソモノ」を殺害した事件

で、「発音不明瞭なるもの」が襲われた事件ではない

1 千葉市1位、佐原町3位、船橋町4位（以上、千葉県）、熊谷町2位、本庄町4位であった（1920年国勢調査）。この点、先行研究では埼玉や千葉で起きた事件を「郡部」で起きた事件とか、「村ぐるみ」で被告を支援したなど、地域特性に関する理解が不足した記述がまま見受けられる。

2 「上毛」11／4『新聞史料Ⅱ』308頁。

3 1935年国勢調査までこの割合は変わらない。中村隆英著『明治大正期の経済』（東京大学出版会、1985年、186－215頁）。

4 村井紀『新版南島イデオロギーの発生』（岩波現代文庫、2004年、62－70頁）を参照のこと。

第3部

沖縄出身者と自警団

第3部では、関東大震災の際、「標準語がうまくしゃべれない朝鮮人と沖縄人」が殺されたという伝承を検証する。最初に警視庁の朝鮮人虐殺事件に関する所見と沖縄の伝承の共通点を整理した上で、比嘉春潮と宮良當壮《みやながまさもり》、二人の知識層の震災体験記をそれぞれ批判的に読み解く。次いで沖縄北部の伊江島出身者が集団就職した、富士製紙江戸川工場における震災経験をふり返る。ここでは沖縄出身者の「被害」に関する有力な証言を検討する。最後に、震災当時沖縄で最も大きな話題になったはずの「紡績女工の悲劇」が、いつの間にか標準語問題に転じてしまった経緯を考えていく。

1　沖縄出身者襲撃伝承とその特徴

先に私たちは、警視庁の朝鮮人虐殺事件に関する所見に大きく二つの問題が横たわっていることをみてきた。一つは、事件の責任の一切を自警団に押しつけ、警察と軍隊による虐殺や、武装集団を組織するよう命じた内務省や県庁の関与をほっかむりしたこと、もう一つは朝鮮人と日本人の被害を併記して、前者の犠牲を矮小化したことである。

一方、沖縄タイムス元論説委員の国吉真永『沖縄・ヤマト人物往来録』をみると[1]、沖縄出身者が自警団に襲われたという伝承もよく似ている。おおむね次の三つの柱から成っているようだ。

①震災のときには朝鮮人「暴動」デマを信じた自警団が大勢の朝鮮人を殺した
②朝鮮人とまちがえられて日本人も大勢殺された
③標準語がうまくしゃべれない沖縄出身者の被害はとくに多かった

この伝承においても、朝鮮人虐殺事件の経緯や背景、実態にはほとんど言及しない。デマを広めた警察、政府によるデマの公認、軍隊と警察による虐殺、相呼応した自警団といった、事件を語る上で不可欠の経緯は見逃されている。この結果、自警団だけが加害者としてクローズアップされ、あたかも自然発生したデマが事件の引き金になったかのように語られる。たとえば国吉は、同書の中で沖縄出身者の震災体験について一三ページを費やしている。そして、差別意識もあらわに朝鮮人虐殺事件を「朝鮮人狩り」と呼んだ上で、「それ（デマ、引用者注）を信じ込んだ市民は、町内会ごとに自警団を組織し、目の色をかえて摘発して回った。捕らえられ、虐殺された朝鮮人は多数にのぼる」と綴っている。[2] ところがこれ以外、朝鮮人の犠牲には一切ふれない。その代わり比嘉春潮など「朝鮮人狩りにまきこまれたかのような沖縄県人」の経験を延々と記す。

また、「朝鮮人ばかりではない、日本人も」と両者の被害を併置する点も警視庁の所見と同じである。ただし、この伝承では「とくに沖縄出身者は」と畳みかける。ところが、誰が、いつ、どこで襲われたかとなると途端に曖昧になる。国吉も「虐殺されたなかには、日本人も少なくなかったといわれる。沖縄県人も何人かいたと思われるが、確認はされていない。それでも、朝鮮人とまちがわれて殺害されたと思われる県人は何人か浮かびあがっている」とよく分からない文を重ねる。[3] 朝鮮人の犠牲には目もくれず、沖縄出身者の被害を仄めかし、根拠を明かさない。異様な記述ではないか。

もう一つの特徴は、沖縄出身者は「標準語をしゃべれないから」襲われそうになったと思い込んでいるところにある。たとえば「(紡績、引用者注)工場が被害を受けて多くの女工が死に、標準語がうまくしゃべれない沖縄人が、朝鮮人と間違えられて殺されそうになった」と祖母からの言い伝えが書き継がれる。[4] たしかに自警団は、朝鮮人を見分けると称して、通行人に君が代を歌わせ、濁音の入った単語を発音させた。しかし、標準語かどうか気にした者などいなかったし、誰一人、標準語をしゃべれもしなかった。自警団は、自分たちの言葉づかいと違うから難癖をつけた。『信濃毎日』主筆の風見章も、震災翌日の信越線車内では「群馬の人たちが多かったが、土地の言葉でない物いいするものは、すべて朝鮮人ときめてしまおうとするのだから危険この上なしである」と記している。[5] ヨソモノはすべて潜在的な「朝鮮人」で、標準語をしゃべる者などまっ先に疑われたに違いない。沖縄の伝承における標準語へのこだわりには強い作為――歴史事実の修正が潜んでいるのではないか。

このように沖縄の人びとのあいだでは、政府の公式見解を土台に、ある種の作為を加えてできあがった、奇妙な言い伝えが定着している。以下では、この言い伝えを「沖縄出身者襲撃伝承」と呼び、その検証を試みる。

1 国吉真永『沖縄・ヤマト人物往来録』同時代社、1994年、65－71頁。
2 国吉前掲書65頁。
3 国吉前掲書68頁。
4 目取真俊『沖縄／草の声・根の意志』世織書房、2001年、112頁。
5 北河賢三・望月雅士・鬼嶋淳編『風見章日記・関係資料』みすず書房、2008年、497頁。

2　関東大震災、ふたつの体験記

比嘉春潮と宮良當壮の関東大震災体験記を読み比べる。前者はこの伝承の原点とも言うべき聞き書きで、[1]後者は朝鮮人の「山狩り」にも積極的に参加した大学予科生の手記である。[2]比嘉は、震災の半年前に四〇歳で上京、七月頃から豊多摩郡淀橋町（現新宿区北新宿）で甥・春汀と暮らし始めた。一方、宮良は二九歳、石垣島から上京して一二年、三軒茶屋に隣接する荏原郡野澤村（現世田谷区野沢）で妻と二人、結婚して三年目を迎えていた。[3]

1　比嘉春潮「年月とともに」『比嘉春潮全集第四巻』沖縄タイムス、１９７１年、２７５‐２８２頁。１９６４年２月22日から７月７日にかけて、当時81歳の比嘉の談話を沖縄タイムス記者の由井晶子がまとめた連載記事に基づく。同じ内容の比嘉の単著に『沖縄の歳月』（中公新書、１９６９年）がある。

2　宮良當壮「遭震惨記」『八重山新報』（３）（４）、沖縄マイクロセンター、１９９０年、石垣市立図書館。『新聞史料Ⅳ』に一部収録４０４‐４０８頁。

3　宮良當壮「日記抄」『宮良當壮全集21』第一書房、１９８８年、３７０‐３９８頁など。

〔1〕襲撃伝承の原点――比嘉春潮「年月とともに」

関東大震災時の沖縄出身者というと決まって参照される逸話がある。比嘉春潮と自警団との次のような「押し問答」である（原文は比嘉からの聞き書き）。

自警団　朝鮮人だろう
比　嘉　ちがう
自警団　言葉が少しちがうぜ
比　嘉　それはあたりまえだ
　　僕は沖縄の者だから君たちの東京弁とはちがうはずじゃないか
比嘉知人　（自警団に向かって）なにをいっているんだ　日清日露のたたかいに手柄を立てた沖縄人を朝鮮人と一緒にするとはなにごとだ
自警団　こいつも怪しいぞ
比　嘉　そうかそれでは警察へ連れて行け、そこで黒白を決めようじゃないか

比嘉は友人五人と交番に連れて行かれ、同じ問答をくり返す。その際、日本刀を腰にさした男に「ええ、面倒くさい。やっちまえ」と怒鳴られ、「ヒヤリとした」という。[1]

これは自警団に襲われそうになった沖縄出身者の「典型的」経験として知られ、多くの研究者やジャーナリストが言及してきた。[2]言葉遣いを咎められて朝鮮人扱いされたこと、あわやという目に遭ったことが「典型的」とされる所以である。中には関東大震災時のこうした経験の積み重ねが、「戦時期に沖縄で進められた標準語励行や改姓奨励」へと「人々を駆り立てる強制力」を

もたらした、[3]とこじつける向きさえあって驚かされる。しかし、沖縄出身の誰もが似たような経験を強いられたというにはあまりにムリがある。比嘉の経験が例外的であることは、前後の文脈から明らかだ。

震災からしばらくの間、比嘉は、職場の同僚ら五人と、止宿先近くの原っぱで野宿した。原っぱには他にも避難民が大勢いたが、地元自警団は彼らにしきりとつきまとった。腹を立てた同僚の饒平名《よへな》智太郎が「近づいてきた団員をつかまえると、下から顔を覗き込んで『こいつ朝鮮人じゃないか』と冷やかした。朝鮮人はいないか、いないかと捜し歩いているのをつかまえて逆手をとったので、相手はいっそう硬化してしまった」。自警団をたしなめるでもない、無意味で危険な挑発であった。[4]この結果、「幾日かたって、もう家で寝るようになったある夜半、私たちは自警団の突然の訪問に寝入りばなをたたき起こされた」。こうして冒頭の「押し問答」は始まった。これは挑発に対する意趣返しであった。

それでは当初、地元自警団がつきまとった理由は何か。まず、比嘉の止宿先は、郷里の友人である仲宗根源和・貞代夫妻の留守宅であった。仲宗根夫妻は、自宅に「無産者新聞社」と看板を掲げて、「朝鮮人の社会主義者をはじめ、いろいろな人種が出入りしていた」。しかし、この年の六月、夫婦そろって第一次共産党事件で逮捕されてしまった。そこへ見ず知らずの中年男とその甥が住みついた。朝鮮人と社会主義者の「暴動」のデマが流される中、近所の人々が怪しむのも不思議ではなかった。おまけに彼ら五人は「ボーボーすごい音の出る」小型コンロを付けて野宿したから「ひときわ目立った一群になった」。だから地元自警団もつきまとった。

結局、比嘉たちは淀橋署まで連行され、「思想問題を扱う高等警察の人」に「丁重に扱われて」難を免れるが、とても沖縄出身だから遭遇したできごととは考えられない。比嘉自身、「近所の連中もわれわれが朝鮮人でないことは知っていたはずだ。社会主義者というので危険視されたにちがいない」と、ひとまずは沖縄と「押し問答」とを切り離している。[5]

このとき淀橋署では、朴烈を始めとする活動家や朝鮮人労働者約三〇〇人が負傷したまま留置され、一部はそのまま死亡した。[6] また、同署の「高等警察の人」は、「暴動」への関与を自白させるため、朝鮮労働同盟会幹部を連日拷問したが、[7] 比嘉の知るところであったろうか。

続いて自警団が興奮して物騒になっていく様子や、自分の勤め先の改造社社長や先輩編集者までが朝鮮人「暴動」のデマを信じたこと、甥の春汀がいきなり自警団に殴り倒された後、警察に収監されていたことを縷々物語る。しかし、大勢の朝鮮人が軍や自警団に殺されたことには一言もふれない。そして最後の最後になって、沖縄出身者はなまりのせいで自警団に殺されたに違いないと締めくくる。[8]

> 『不逞鮮人』さわぎでは、日本人もずいぶんやられたらしいが、とくに沖縄人の場合、地方によっては強いなまりがあるから、逆上した自警団には見分けがつかず、犠牲になった者もあったはずである。

具体的な理由が三つ挙げられている。まず、「長浜という首里出身の青年は、深川の自動車整備工場」に勤めていた。震災翌日まで「その姿を見たという人がいるのに、遂に行方不明となった。殺されたとしか考えられない」。二つ目、同郷の教員豊川善曄が自警団に取り巻かれて「君が代」を歌って見ろと強いられた。三つ目、「連日、行方不明者の名が新聞に出た中に「鮮人安里亀」とあり、「アンリキ」とルビをふってある」。「これは新聞記者が推測して書いたもので「アサトカメ」という沖縄人ではなかったかと思えてならぬ」と。

東京・深川では三日午前一〇時に鎮火するまで大勢が焼け死んでいる。長浜青年が行方不明になった経緯は分からない。豊川善曄の経験は沖縄出身者固有のものではなく、[9] 自警団に襲撃されたわけでもない。「安里亀」の名は震災の翌年、『読売』や『報知』に掲載されている。[10] 震災一周年を機に朝鮮人が復讐を企んでいるとして、またも自警団を組織する動きがあった。これを恐れた三七人の朝鮮人労働者が、船で神戸に向かったという記事である。彼らを率いたのが安里亀で、「あんりは」とふりがながふられている。

以上のように比嘉の認識は、特異な経験（自警団による連行と甥の被害）と憶測、誤った記憶から培われた思い込みに基づいている。むろん比嘉もまた自警団による朝鮮人の迫害を他人事ではないと感じていたことは間違いない。そして彼の経験は、震災下において沖縄出身者が日本人か、そうではないのかと、暴力を以て迫られた歴史の一部であった。とはいえ、比嘉の認識をして自警団による沖縄出身者一般の犠牲の証とするのはあまりに軽率である。また、「年月とともに」を読む限り、比嘉が朝鮮人の犠牲を直視していたかはかなり気にかかる。

1 以下、カギ括弧内はおおむね比嘉前掲書からの引用。
2 牧港篤三『沖縄自身との対話　徳田球一伝』(沖縄タイムス社、1980年、174-175頁)、桃原一彦「大都市における沖縄出身者の同郷者結合の展開」(『都市問題』2000年9月号、54-55頁)。冨山一郎『暴力の予感』(岩波書店、2002年、66-74頁)。戸邉秀明「「在日沖縄人」、その名乗りが照らし出すもの」『占領とデモクラシーの同時代史』(2004年、日本経済評論社、221頁)など。
3 戸邉秀明前掲論文脚注240頁。
4 たとえば亀戸事件で殺された平沢計七は、朝鮮人を連行しようとした在郷軍人を説得して追い返した。同じく吉村光治は、警戒中に武器を持たぬよう町内に呼びかけた(山田前掲書、2011年、163、166頁)。
5 近所の内田魯庵は、浴衣姿の男女が警察と自警団に連行された様子を綴った後、「(後に聞くと、此の男女は直ぐ近所の近頃検挙された或る社会主義者の家の留守番をしていた某雑誌記者で……此の男は沖縄人で相貌が内地人らしくないので疾うから視はられていたのだそうだと、当人が後に来ての話である。)」と付け加える(『思い出す人々』春秋社、1925年、235頁)。某雑誌記者は饒平名だろうか。ともあれここでは「内地人らしくない相貌」が危険視された理由となっている。
6 「東京日日新聞」10月21日、大空社。他に「震火災に伴ふ朝鮮人に関する件」『現代史資料6』263-265頁。
7 金泰燁『抗日朝鮮人の証言――回想の金突破』(不二出版、1984年、114頁)。西崎前掲書189-191頁。
8 比嘉前掲書282頁。
9 君が代を歌わされたという証言は松村君子(同『思い出は万華鏡のように』)、吉見庄助(同『自伝・緩みなき道程』)、古川原(同『自伝的教育論』)など。

10 「続々と落ちていく鮮人労働者　自警団が恐ろしくなり」「読売」24年8／31『新聞史料Ⅱ』197頁。他に「報知」同年8／30夕『新聞史料Ⅰ』95頁。

〔2〕勤勉な自警団員――宮良當壮「遭震惨記」

次に、宮良當壮の「遭震惨記」を紹介する。宮良は方言研究で知られる国語学者だが、[1] 当時は東京・渋谷の國學院大學予科で、折口信夫に師事する苦学生であった。[2] 生計は妻の蝶子が裁縫仕事で担い、自身も博文館の奨学金や大学図書館でのアルバイトで補った。九月一日も図書カードの整理の最中に被災している。

「遭震惨記」は、郷里の石垣島で月三回発行されたタブロイド紙『八重山新報』に掲載された。掲載時期は震災の年の一二月一日から翌年三月一日までの全七回。大地震からの毎日を日記に基づいて書いているため、[3] リアルタイムに近い心情がよく分かる。現存するものとしては、震災直後に発表された沖縄出身者による唯一の体験記ではないかと思われる。[4] 九月二日から夜警に参加した五日までの記述をふり返ってみよう。[5]

九月二日、宮良は妻の実家などへの被災見舞いを終えて、夜七時すぎに渋谷へ戻って来た。当時の渋谷駅周辺は軍隊の街であった。駅の北には代々木練兵場、西には駒場練兵場が広がり、近衛師団の各部隊が配されていた。戒厳令が布告されたこの夜、「薄暗闇の中に剣付鉄砲で往来にあぐらをかいている兵士が数多いた」。

道玄坂を上ると白鉢巻きをした青年団員が叫んでいた。「三軒茶屋から彼方は横浜から押し寄せてきた鮮軍五百との戦争状態である。とても行かれない。宜しく今夜は砲兵隊の兵営（近衛砲兵連隊兵営・現世田谷区池尻、引用者注）で一泊して明朝帰宅すべし」と。「見ると手に銃剣竹槍棒など色々の武器を提携している。女までが武装している。」

しばらく行くと、別の青年団員に呼び止められて「非常に横柄に」行き先を問われたが、宮良は冷静にいなした。さらに近衛輜重兵大隊門前でも検問を受けたが、なかなか担当者がやって来ない。兵士に向かって「『調べるなら早く調べてもらいたい。私はまだ夕食を食べないからひもじくって堪らない』と駄々をこねてやった」ら帰してくれた。やがて三軒茶屋にたどり着き、この先は「砲火を交えていると聞いたが、来てみると人稀れに、急に淋しくなった」。「鮮軍五百との戦争」など影すら見られなかった。

ようやく野澤村の借家へ戻ると、妻は、隣近所の五世帯と共に竹藪に避難していた。「それは鮮人のために家をやかれることがあると案じたからで」「今夜は鮮人の襲来があるから蠟燭もつけてはならぬ」とふれが回ってきた。他の世帯は、すでに「親族郎党を引き連れて砲兵隊へ逃げたという。これは兵隊の伝達に基づいたのであるという」。「朝鮮人が玉川を乗り越えて此方に攻め来たり、既に隣村まで来ている」という伝達だった。

この夜は、半鐘の音に怯えながら過ごした。「これは鮮人がいよいよ襲来したという合図で」、

「半鐘の音の間を、オーイ、オーイと第一部隊から第二部隊へ警報を伝達していた」。「一旦止んだ半鐘はまた乱打されそして銃声も聞こえ、絶叫も耳をつんざいた、併し（一字不明）で聞くと、あれは皆風声鶴涙に等しい醜演であったそうである（以上、八重山新報百六号）。」「醜演」は半鐘の乱打や銃声、絶叫ばかりではない。宮良は断っていないが、「鮮人襲来」という兵隊からの伝達も全くのデマであった。

九月三日未明、「近くで砲声が聞こえ、やがて鮮人が山へ這入ったという伝えがあった。それで各々手に獲物を携えて山狩りに出かけたのである。砲兵隊の騎士《ママ》に加うるに在郷軍人、消防夫、一般民等を以てし、向鉢巻きに槍のいでたちでちょうど明治維新頃の野武士の姿であった。草の葉に結ぶ朝露を蹴落としながら我も我もと山の中へ駆け入った。ところが鵜の目鷹の目で探しても鮮人の足跡らしいものさえ見つからなかった。」またもデマがくり返されたのである。しかし、宮良は「これは恐らく万一を慮って真実らしく言いふらして山狩りをさせたものであろう」と受け入れた。

九月四日、前夜来の豪雨にもかかわらず東京の火は燃え続けた。「この日も亦社会主義者の放火が頻々として行われていると幾度も耳にした。」「吾妻橋や大橋や神田橋、その他の大きな橋はたいてい彼等不逞団のために爆弾で破壊されたという噂さえ」伝わった。「彼等暴徒は…変電所、車庫、郵便、電信、電話等の諸機関を破壊する」はずだから、「吾々変電所の近くに住む者はいよいよ不安を覚えた」。しかも「下町の洪水の起こりうる可能性を有する場所にあっては、彼等不逞団員は『今すぐ大津波が来るから皆二階へ上れ！』と言いふらしてその隙に放火したという。実に非道のやり方である」。宮良は、流言蜚語に心から怯え、強い怒りを表している（同百七号）。

九月五日、野澤村でも夜警が始まった。竹槍やカマ、銃剣や棍棒を手に、呉服屋、八百屋、憲兵、ウドン屋と夜番をつとめた。三日に一度、六世帯から一人ずつが出勤し、夜九時から朝七時まで巡警、監視、休眠をくり返した。[6] この日、宮良は、「好んで世を乱す輩はバラバラに斬り殺す。異相の賊は捕まえる」と殺気に満ちた覚悟を表明している（同百十号）。

「いよいよ竹槍を手にして往来へ出た時、私は何となく一種の痛惜を感じた。吾々の筆を執る手は武器を握って何事をしようとしているのであるか。万一の場合には不逞逆悪なる者の横腹に突き立てようとしている。」「中世の戦国乱世を再現せしかの観があった。しかし私は考えた。好んで世を乱す輩は屠ろう。長頸烏喙の賊は捕らえよう。衣食に飢えて盗む者には与えよう。吾等は飽くまで平安を熱望して止まぬ者である」

「遭震惨記」を読むと、人々が軍隊からの情報にふりまわされた様子がよく分かる。「鮮人に家をやかれる」、「鮮人が玉川を越えて襲来」、「鮮人が山に這入った」といった情報は、時に兵士がもたらし、時に砲兵隊の空砲と共に伝わった。「山狩り」を主導したのも砲兵隊であった。地震と火災、避難民の疎開で混乱する中、こうした知らせは平穏な日常を根底から脅かした。だから市井の人々が竹槍で武装した。結果として殺人こそなかったが、埼玉や千葉の住民と全く変わりはなかった。軍の権威に盲従した住民が、どのような惨事をも起こし得たことを「遭震惨記」から読み取ることができる。

しかし、この体験記には大きな問題がはらまれている。たとえば軍からの情報や数々の噂が結局はデマだったと、どこにも明記していない。それればかりではない。執筆当時（一一月一五日〜一月七日）、とっくにデマと分かっていたはずの噂も、宮良は何の断りもなく次々に紹介した。社会主義者が毒入りの菓子を子どもに与えて殺した、何者かが井戸に毒を投げようとして果たせず自殺したといったたぐいである。[7]朝鮮人「襲来」や社会主義者「放火」の噂に怯え、右往左往したのは理解できる。しかし、これらの噂がまったくのデマだったこと、デマに突き動かされて大勢の朝鮮人が殺されたこと、殺した自警団員が次々に逮捕されたことなど肝心要の事実を、宮良は「遭震惨記」に記さない。

知らなかったとは考えづらい。九月六日、関東戒厳司令部は「朝鮮人に対し、其の性質の善悪に拘わらず、無法の待遇をなすことは絶対に慎め」と命じる、何万枚ものビラを撒布した。翌日、政府は治安維持令を公布し、「不逞鮮人の暴動」といった記事を差し止める。九月半ばには宮良の愛読する『東京朝日新聞』[8]も、「自警団の犯罪」に関するキャンペーンを張る。[9]見出しをみると「警視総監が自警団に手こずる（九月一七日）」、「自警団の脱線　誤認や同士討ちやらで各所に殺人頻発（九月一八日）」、「人騒がせに自警団の放火　鮮人だ鮮人だと流言し（九月二二日）」、「自警団員収監（九月二九日）」、「自警団の大検挙　警視庁の活動（一〇月三日）といった具合である。九月二一日には大杉栄、伊藤野枝、橘宗一ら三人を殺した軍人甘粕正彦が逮捕され、福田雅太郎戒厳司令官が更迭された。[10] 一〇月一一日、亀戸事件関連の記事も解禁、労働組合活動家の虐殺も報じられた。一二月には、田淵豊吉や永井柳太郎の国会演説も大きく取り上げられた。田淵は、一〇〇〇人以上の朝鮮人が殺された大事件を不問に付すのかと糺し、永井は、後藤警保局長の電文（29頁参照）を読み上げ、政府自ら流言蜚語を公認した責任を問うた。

禍々しいできごととその真相が次々に明かされる中、宮良は、自分の経験を再吟味して体験記を書くこともできたはずである。しかし、その形跡は一切みられない。宮良當壯「遭震惨記」は、宮古・八重山地方にもデマを広め、朝鮮人への差別と偏見、社会主義者への恐怖を拡散した。

1　その業績は『宮良當壯全集』全二二巻にまとめられた（第一書房、1988年）。「遭震惨記」は未収録。
2　宮良のプロフィールについては宮良当章「日記抄解題」（『宮良當壯全集21』742-749頁）に基づく。
3　宮良當壯「日記抄」『宮良當壯全集21』370-398頁。
4　他に東恩納寛惇「大震災後記」が『沖縄朝日新聞』で少なくとも十回連載されたはずだが、沖縄県立図書館によれば未発見という（沖縄県教育委員会編『植物標本より得られた近代沖縄の新聞Ⅱ』2018年、30頁）。
5　以下、カギ括弧内は「遭震惨記」からの引用。
6　宮良當壯前掲書378頁。
7　他に被災者の遺体から金歯を集めた男が逮捕されたとか、老婆が避難民を泊めて放火されたといった怪しげな噂話を次々に紹介している（前掲『八重山新報』百八号、1924年2月1日他）。

8　前掲宮良當壯「日記抄」380、381頁。
9　こうしたキャンペーンは、朝鮮人虐殺事件即ち自警団の犯罪という認識をもたらした。山田昭次「関東大震災時朝鮮人虐殺事件に関する新聞の報道と論説の諸傾向」（『新聞史料　別巻』363頁）。
10　宮良は甘粕事件の概要を日記に記している。宮良當壯前掲「日記抄」380頁。

〔3〕比嘉の沈黙、宮良の無責任

比嘉春潮と宮良當壯、二人の震災体験記のちがいと共通点をまとめておく。両者のちがいは三つ、沖縄出身者の被害に関する言及の有無と自警団との関係、流言蜚語の受けとめ方にある。共通するのは朝鮮人虐殺事件への沈黙ないし無関心である。

まず、比嘉があれほどまでに心配した沖縄出身者の被害だが、宮良の手記にはそうした言及は見られない。日記についても同様である。宮良は、同郷の大浜信泉（商法学者）との交流もあり、噂の一つも聞いていれば書き残していてもおかしくない。ところが、手記にも、日記にも記載はない。実は、関東大震災の経験を残した金城芳子、大里康永、稲嶺一郎、神山政良も同様であった。[1] 管見によれば自警団による同郷者の被害を心配した沖縄出身者は、比嘉春潮以外に見あたらない。

次に、自警団との関係が対照的であった。比嘉は自警団の手で警察に連行され、宮良は「山狩り」や夜警に勤勉に参加した。比嘉は、淀橋の友人宅で暮らし始めて二カ月、男所帯の勤め人だから近所づきあいはほとんどなかっただろう。おまけに友人は逮捕されたばかり、避難仲間の一人が自警団を挑発するなど、地元民に不審がられる理由はいくつもあった。一方、宮良夫妻は近所からも裁縫仕事を請けおい、野菜を分けてもらうなど地域の暮らしに馴染んでいた。夜警当番も一〇月半ばまで三日に一回は務めている。また、村の素封家が、借家住まいで夜警に出る自分たちに米一升と現金五〇銭を支給してくれたとして、「ここの田舎の人々は外来者に対して斯くの如く親切である。……四谷では地主は夜番に出ないで、店子にさせるという。吾々はこれらに比較して幸福であり、進んで出なければならない」と日記に記した。[2] 両者の自警団との関係は、隣近所との結びつきの深浅を反映している。

そしてもう一つのちがいは、朝鮮人や社会主義者に関する流言蜚語の受け止め方である。宮良は、この手のデマをついぞ疑わなかったようだ。なすところなく「山狩り」から帰っても、万一のためを思っての演習だろうと受け止めた。竹槍を手に殺気に満ちた覚悟を語るとき、宮良の敵は朝鮮人と社会主義者であった。「遭震惨記」は流言蜚語をたれ流し、朝鮮人の犠牲については知らぬ存ぜぬを通した。師匠の折口信夫が、朝鮮人に対する強い哀惜の気持ちと自警団への怒りを込めた四行詩を発表しているのとは対照的であった。[3]

一方、比嘉は、朝鮮人「暴動」の噂に接して「そんなばかなことを最初から信じることのできないのは、社では饒平名君と私だけだった。というのは、われわれはかねて朝鮮の人たちとのつきあいもあり、彼らがそんな無謀なことをするとは信じられず、また武器がそう簡単に手に入るものでもないと考えたからである」と述べている。[4]

ところが、比嘉は、これ以外、朝鮮人と朝鮮人虐殺事件について一言もふれていない。「沖縄人の犠牲」や「社会主義者の受難」への熱心な言及とは対照的で、宮良同様、朝鮮人が殺された事実をひとつも語らず、権力犯罪という側面にもふれていない。これが両者の共通点である。当時比嘉が、吉野作造のすぐ傍らで仕事をしていたことを知ると、[5]この欠落はますます分からなくなる。言うまでもなく吉野は、朝鮮人虐殺事件を「世界の舞台に顔向けできぬ程の大恥辱」ととらえ、日本国民は朝鮮人に一刻も早く謝罪すべきだと主張した数少ない日本人の一人であった。[6]

その言論活動の舞台の一つが、改造社主催の「二十三日会」である。

改造社が、雑誌『改造』の寄稿者を中心に、政治家、学者、ジャーナリスト、評論家を集めて「二十三日会」を開催したのは、震災の年の九月二三日である。吉野作造や国会議員の永井柳太郎、社員の饒平名智太郎も一員であった。比嘉も会の世話役を務め、山川均の送り迎えをしたと記している。[7]会では震災復興政策を論じると共に、吉野を中心に朝鮮人虐殺事件の真相究明を政府に働きかけた。[8]吉野たちの主張は、新聞にも大きく取り上げられている。[9]しかし、比嘉は何も語らない。翌年、改造社は吉野の論文「圧迫と虐殺」を含む『大正大震火災誌』を刊行する予定であった。しかし、朝鮮人犠牲者二六一三人のリストを含む吉野の論文は、内閲によって全文削除された。比嘉は「改造社という言論機関で、検閲を受ける係」のはずだが、[10]この経緯にもふれていない。「年月とともに」を読む限り、比嘉春潮が朝鮮人虐殺事件を直視したとは考えづらい。

先に私たちは沖縄出身者襲撃伝承の特徴として、権力犯罪としての虐殺事件認識の欠如、沖縄出身者の「被害」の誇張などを挙げてきたが、比嘉春潮の震災回顧もこれらを兼ね備えている。なお、由井晶子によるこの聞き書きが『沖縄タイムス』に掲載され始めた1964年2月、朝鮮人虐殺事件に関する本格的な研究論文や史料集はすでに刊行されていた[11]。

また、宮良當壮のように上京後、地縁を築いた沖縄出身者の多くは、自警団に参加して夜警や「山狩り」にも加わったと考えられる。その限りにおいて宮良の経験は特殊なものではなかった。したがって、関東大震災というと朝鮮人にまちがえられて殺されそうになった沖縄出身者を連想するのは史実に反する。沖縄出身者は殺す側の中にも、殺される側のとなりにもいたのである。

次に、沖縄北部の離島、伊江島から東京の製紙工場に集団で雇い入れられた労働者たちの震災経験をふり返る。

1　金城芳子『なはをんな一代記』（沖縄タイムス、1977年）、大里康永『自由への歩み　わが思い出の記』（沖縄時事出版、1982年）、稲嶺一郎『世界を舞台に　稲嶺一郎回顧録』（沖縄タイムス、1988年）、神山政良「在京県人の動き」（新崎盛暉『沖縄現代史への証言　上』沖縄タイムス、1982年）。ただし、金城前掲書には、本文の間にはさまれた由井晶子によるコラム「出て行った人々（6）」において、比嘉春潮の沖縄出身者の「被害」に関する憶測が引用されている。

2　過剰適応と読むこともできる。宮良前掲「日記抄」385、383頁。

3　折口信夫「砂けぶり」、「砂けぶり二」『日本近代文学大系46　折口信夫集』（角川書店、1972年、212-218頁）。

4 比嘉前掲書279頁。

5 朝鮮人虐殺事件の実態解明に努めた弁護士布施辰治との親交もあった（比嘉前掲書293頁）。

6 吉野作造「朝鮮人虐殺事件に就いて」（初出は『中央公論』1923年11月、姜徳相・琴秉洞前掲書、362-365頁）。

7 比嘉前掲書283頁。

8 二十三日会と吉野の言論活動については松尾尊兊「吉野作造の朝鮮観」（『吉野作造選集9』岩波書店、1995年、392-397頁）を参照のこと。

9 「報知」10／23、「東朝」10／24『新聞史料Ⅰ』52頁、90頁。

10 比嘉前掲書287頁。

11 朝鮮人虐殺事件の研究は、斎藤秀夫「関東大震災と朝鮮人さわぎ」（『歴史評論』1958年11月号）を皮切りに、1963年8月には被害者の聞き書きと官庁資料から成る朝鮮大学校『関東大震災における朝鮮人虐殺の真相と実態』が、同年10月には決定版と言うべき姜徳相、琴秉洞編『現代史資料6 関東大震災と朝鮮人』が刊行された。この年は関東大震災四〇周年にあたり、「事件の真相の追及も飛躍的に発展した」（松尾尊兊）。

3　沖縄出身製紙労働者の震災経験

東京と千葉を隔てる江戸川の西縁に、伊江島の人びとが暮らし始めたのは震災の年の正月である。[1] 職場は富士製紙の江戸川工場で、[2] 盛時は職工が一五〇人、家族合わせて三〇〇人以上が住みついた。紡績工場を除けば、これほどたくさんの沖縄出身者が大工場に就職したケースは珍しい。

1　以下、拙稿「東京最初の『沖縄ムラ』と製紙工場」（2021年、未発表）に基づく。
2　富士は当時日本最大の製紙メーカー。江戸川工場の経営母体は富士製紙（1922－33）、王子製紙（1933－49）、本州製紙（1949－96）、王子製紙（1996－、現王子マテリアル）と変遷した。

〔1〕雪崩を打って上京する

最初の六人が富士製紙に職を得たのはまったくの偶然からであった。一九二二年秋、大阪に出てきた彼らは三カ月で紡績工場を解雇された。第一次大戦後の不況下で紡績会社の多くは糸価の低迷と資金調達難に苦しんでいた。解雇と賃下げで延命を図る企業も多く、彼らを雇い入れた三国紡績吹田工場もその例に漏れなかった。[1]

年の瀬も迫る中、六人は職を求めて東奔西走したが、日雇い以外の仕事は見つからない。職工募集のポスターに飛びついてみると、「但し、内地人に限る」とむき出しに沖縄と朝鮮を排除していた。ところがある日、仲間の一人が吹田の田んぼ道で製紙工場の募集人と出会った。「求人と求職のことでたちまち合意」し、[2]二三年正月三日に上京。工場長と面接の上、翌日から働き始めることになったのである。

これほど簡単に就職できたのは、工場の立地と労働条件によるところが大きい。東京駅から工場のある篠崎村（現江戸川区東篠崎）まではポンポン蒸気を乗り継いで半日がかり、東京市中からの通勤はおよそ不可能であった。しかも、周辺には八百屋が一軒、農家が数軒あるだけ、対岸の行徳町（現千葉県市川市）まで渡らないと何一つ用を足すことができなかった。こんな僻村に敷地五万坪の大きな製紙工場が建っていた。

大手製紙会社の労働編成は直傭工中心で、基幹部門には既設工場からの転勤組や移籍組を配し、周縁部門の供給源はもっぱら周辺農家に求めた。[3]江戸川工場も、富士製紙の主力工場から技能工を調達して開設したが、地元の人びとは関心を示さなかった。一日の拘束時間が一二時間、日給は一円五〇銭前後とあまりに労働条件が低かったためである。[4]すでに東京の工場なら九時間労働が標準的で、日本人男性ならば日給二円五〇銭は稼げた。[5]この結果、江戸川工場は紙を抄き出すことはできるが、不良品の選別・再利用工程等に人手が足りず、未完成品ばかりが積み上がってしまう事態に陥っていた。[6]これが六人が就職した当初の状態であった。

配属先も決まらぬまま六人が雑業に従事して間もなく、工場長はふたたび彼らを呼び出し、運賃として一人三〇円を前貸しするから「君達の信用できる知己縁者を呼んで働かせたらどうか」と申し出た。[7] これが集団就職のきっかけとなった。

第一陣の呼びかけにすぐさま応じたのは大阪在留者である。日雇人夫をしていた元失業仲間や三国紡績を見限った人々が江戸川に到着した。そして三月、各自配属先に分かれて本格的に仕事に取りかかろうという矢先、伊江村からも「忽ち四十余人が参集して就職となる。そこで総員が七〇人を越す人員となったので会社もおどろかれ、早速呼出中止の命令が出たのである」。

しかし、「伊江島は江戸川のすばらしい話に大騒ぎで、足止めのことなど馬耳東風の体で次々と無断上京してきた」。先発組も「種々の策をめぐらして上司に嘆願し、遅かれ早かれ就職させたのであるが、その後も続いて上京する者が居て、職工の補欠があるまで社外の木下組や平田組で人夫として働いて運良く入社する者、とうとう諦めて関西方面に下るあり、郷里へ帰る者もあって」ようやく落ち着きを見せていく。「木下組や平田組」というのは、江戸川工場専属の労務供給業者のことで、朝鮮人労働者を含む組夫が原料となる木材やパルプの搬入や製品の搬出等を担っていた。[8]

短い間にこれほどおおぜいが上京した理由を、『江戸川史』は雄弁に物語る。[9]

「当時地方民が職工として大会社に入職することは容易なことではなく、入社すれば鬼の首を取った気持ちである。まして沖縄（琉球、原注）人が会社の職工になることは夢物語りで、関西方面の会社の職工募集広告には露骨に但し書きで朝鮮人と琉球人を除くと掲示された時代で、当社江戸川工場では先輩達の誠心誠意な行動が会社上司の信用を得て、伊江村（琉球、原注）人がさほどの差別もなく、会社工場に百人余の就職を得たことは全くの珍事」であった。

同年六月、伊江村出身者は、工場側の了承を得た上で、同郷者組織（郷友会）「伊江福進会」を結成。労働者八〇人あまり、家族と合わせて一〇〇人を超える人びとが加入した[10]。会長には、三国紡績から転じた山城権四郎を選び、会則も定めた。福進会幹部は、就職者の身元保証を行うと共に、伊江村出身者を独占的に工場へ就労させる窓口にもなっていく[11]。彼ら彼女らが腰を落ち着けようかという矢先、関東大震災が発生した。

1　三国紡績は1921年設立、吹田工場は沖縄や被差別部落からの集中的雇入を行った（金子マーティン「戦前期繊維産業における兵庫県被差別部落の女性労働者」『ひょうご部落解放』34号、1989年）。

2　宮里良成（旧名良正、1909－92）『江戸川史』私家版、全9頁、1972年。宮里の兄良雄が最初の六人の一人で、良成本人は翌24年上京して就職。引用文には適宜読点を付し、誤字を改めた。以下、『江戸川史』と略する。伊江村郷友会（那覇市）発行の機関誌『えにし2月号（№3）』（三菱印刷えにし出版、1993年、10－16頁）に抄録されている。

3　間宏『日本労務管理史研究――経営家族主義の形勢と展開』ダイヤモンド社、1964年、153頁。

4　所定労働時間は富士製紙『職工規則』（1919年改訂版）11条に基づく。日給は『江戸川史』3－4頁、本州製紙江戸川工場『江戸川三十周年記念』（1953年、「紙の博物館」所蔵、99頁）に基づく。以下、『三十年誌』と略する。

5　東京市『第一回労働統計実地調査第二巻』（1924年）20頁および239－279頁に基づく。

6　大川理作（当時の工場長）「江戸川工場の思い出を語る」『三十年誌』6頁。

7　『江戸川史』3頁。以下、カギ括弧内はおおむね同書からの引用である。

8　『江戸川史』原文では「木之下組」と表記。戦後、平田組は平田紙興と改称して営業を継続している。

9　『江戸川史』5頁。括弧内は原注。

10　『江戸川史』3～4頁。

11　山城会長はしばしば帰村して職工募集活動を実施、その他幹部も親戚知己に就労を呼びかけるなど、伊江福進会は江戸川工場の採用活動を担っていく（伊江村『伊江村史　下巻』1980年、201頁他）。

〔2〕「木下組」朝鮮人組夫の虐殺

東京の外れとはいえ江戸川工場でも地震の衝撃は強烈であった。突然、物凄い地響きがとどろき、事務所で弁当をつかっていた人、交替時で風呂に入っていた人が次々に外へ飛び出した。地面は波のように揺れて立っていられない。「仕方なく四つん這いになって社宅をふり返ると、下水の通りは二尺以上波打ち」「いきなり地面が割れて水がばあっと噴き上がった」[1]。

さいわい従業員に怪我はなかったが、くり返す余震に安んじていられない。社宅を出て「丸太建ての仮小屋を造り、畳二枚を敷いて蚊帳をつり、不安の思いで夜を明かした」人も多かった。[2]

不気味な噂が流れてきたのはこの晩のことであった。朝鮮人の暴動・放火で東京は大火災になった、上野松坂屋が爆破された、朝鮮人五〇人が自転車で東京湾に上陸した、江戸川工場を襲撃するらしいと[3]。たしかに東京市上空は真っ赤に染まって、「はるか遠いここから眺めても大火災であることは誰にも知れた。その夜から村内有志の人達は、夜警まわりを始めた。ある青年の如きは暗夜に日本刀のムキ身を肩にし、あたかも将校軍人が指揮でもとる態度で社宅付近を巡回して薄気味が悪かった」[4]。工場従業員も外部の警備と内部の整理のふた手に分かれ、おおぜいが夜警にあたった。

　翌二日午後、千葉県津田沼町（現習志野市）に本拠を置く騎兵一五連隊は、「暴動鮮人沈圧《ママ》の為一中隊を行徳に派遣」した[5]。山崎中隊長率いる部隊約一二五名は、実弾三〇発ずつを携行し[6]、東京・瑞江村と千葉・南行徳村を結ぶ下江戸川橋（俗称今井橋）の警備についた。これは江戸川工場から南西約二キロ下流に架かった木橋である[7]（図3－1参照）。

　表3－1は、「司法省調査書（司法省A）」に基づいて山崎中隊による朝鮮人虐殺事件四件を整理したものである。本資料は、司法省照会に対する陸軍省回答を転記しただけで、司法省は何の検証も行ってない。当然、虐殺に至る経緯に客観性はなく、その記載内容はきわめて怪しげである。それでも兵士らがいともたやすく朝鮮人を殺したことは浮かび上がる。山崎中隊の犯行のうち江戸川工場組夫の殺害に関する記述は次のとおりである[8]。

図3－1　山崎中隊による虐殺事件関連略図

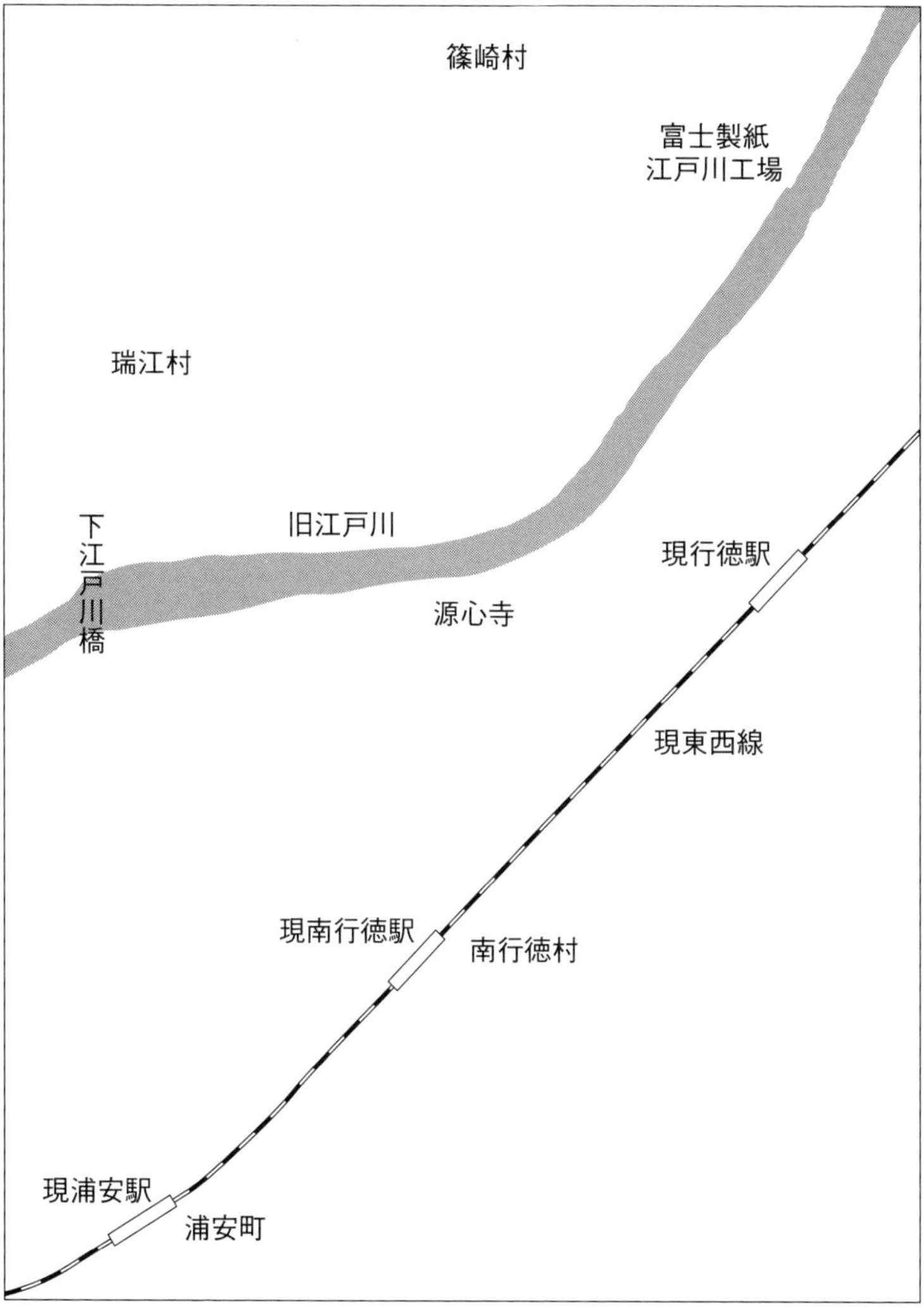

表3－1　江戸川工場周辺での軍隊による朝鮮人虐殺事件

事件番号	司号一の其の一	司号三
時日	2日午後11時半	3日午後5時頃
場所	南行徳村下江戸川橋際*	浦安町役場前
被殺者	朝鮮人1名	朝鮮人3名
死因	射殺	射殺
処分者	騎兵第十五連隊騎兵軍曹　坂本朝光 同騎兵一等卒　長沼団十郎	記載なし（「事実」欄によれば騎兵第十五連隊小倉伍長勤務上等兵）
注	*俗称「今井橋」	

事件番号	司号一の其の二	司号五
時日	4日午後4時頃	4日午後5時30分頃
場所	南行徳村下江戸川橋北詰**	南行徳村下江戸川橋北詰**
被殺者	朝鮮人2名（表題は「鮮人三名射殺の件」）	朝鮮人5名
死因	射殺	射殺
処分者	騎兵第十五連隊山崎中隊　坂本軍曹 同騎兵卒　小川鮭三、同小林健一	騎兵第十五連隊　坂本軍曹 同騎兵卒　山口嘉重、同高橋保治
注	**「下江戸川橋北詰」は南行徳村ではなく瑞江村上今井の誤り。	

出所：司法省「震災後ニ於ケル刑事事犯及之ニ関聯スル事項調査書」（前掲『現代史資料6』444－447頁）

九月四日午後三時頃、坂本朝光軍曹は、江戸川工場のある「篠崎村人夫供給業某方に不良鮮人二名居住しあることを聞知し」、兵卒八名を率いて捕らえた。「右鮮人二名を同行の途中同四時頃」、「同人等は突然坂本軍曹に飛びかかり、銃を奪取せんとする等暴行をなし、なお小石を投げつけ且つその場にありたる棍棒を振りて打懸り危険極まりなかりしを以て」「右鮮人等を射殺せしめたり」(司号一の其の二)。

同日午後五時半頃、またもや坂本軍曹は兵卒八名と共に「瑞江村人夫供給業某方に居住する不逞鮮人五名」を捕らえ、下江戸川橋北詰に留置した。坂本が彼らを取り調べようとすると「同人等は突然小石又は棍棒を以て暴行を為し、危険極まりなかりしを以て同軍曹は騎兵卒山口嘉重、同高橋保治に命じ、鮮人五名を射殺せしめたり」(司号五)。

くり返しになるが、かたや完全武装の兵士、かたや捕縛された朝鮮人である。徒手空拳の朝鮮人労働者がどうして突如棍棒を携え、銃を奪えただろうか。「司法省調査書」の類型的な記述からは、合理性を装う気遣いさえうかがうことができない。

事実は、処刑そのものであった。四日の虐殺現場は、近所の住民が目撃していた。屎尿運搬船の船頭須賀福太郎(当時一八歳)は次のように証言する。[9]

当時私は付近の農家と同じように、東京市内から江戸川沿いの農家に糞尿を運ぶ船の仕事をやっていた。（中略）今井橋には習志野の騎兵連隊が戒厳令で来ていた。
当時、富士製紙には今の平田組と同じようにパルプを運んだりまきとりをしたりする木下組という運送の下請があって、その飯場に朝鮮人も働いていた。九月四日ごろだったか、三人ばかりがひっぱられ軍隊に引き渡され、夕方暗くなってから鉄砲で殺されるのを見た。うしろ手にゆわえられたまま川の中にとびこむのを見た。このときはじめて、鉄砲の威力のおそろしさをまのあたり知った。騎兵たちは長靴をはいていた。そのあと消防団あたりが自警団をつくり夜警をやった。飯場は中洲にあったが、今は本州製紙[10]の敷地になっている。

表3－2　須賀証言と司法省調査書「司号一の其の二」

	須賀証言	「司号一の其の二」
日時	9月4日夕方暗くなってから	9月4日午後4時頃
場所	今井橋のたもと（正式名、下江戸川橋）	南行徳村下江戸川橋北詰手前
犠牲者	朝鮮人三人ばかり	朝鮮人2名（表題には「鮮人三名」と記載）
同職場	篠崎村中洲の「木下組」飯場	篠崎村人夫供給業某方
殺人者	習志野騎兵連隊の騎兵たち（長靴着用）	騎兵十五連隊坂本朝光軍曹と兵卒8人
殺害状況	後ろ手に結わえられたまま銃殺	銃を奪取しようと暴行を働いたので射殺
遺体	「川の中にとびこむ」	河中に墜落流失

富士製紙江戸川工場では、直傭工の他に、平田組、木下組の組夫が運搬や雑役に従事し、その中に朝鮮人や沖縄出身者が含まれていたことは前述の通りである。須賀証言は、工場近隣の住民ならではの情報をふまえた上で、日時、場所、殺害状況を具体的に述べていて信頼性は高い。須賀証言と「司法省調査書」の対応関係は表3－2のとおりで、殺害状況以外はほぼ等しい。おそらく坂本軍曹は、篠崎村に朝鮮人のいる飯場があることを聞きつけて三名を捕縛。下江戸川橋のたもとで暗くなるのを待って銃殺し、遺体を江戸川に投げこんだと考えられる。また、「司号五」「瑞江村人夫供給業某方居住」の犠牲者五名も、江戸川工場の労働者と思われる。瑞江村周辺で他に労務供給業を要する工場、飯場は見あたらないからだ[11]。つまり、山崎中隊は、下江戸川橋周辺の村落に暮らすすべての朝鮮人を捕縛し、問答無用で殺害した。これが軍隊による虐殺事件の実態であった。

残念ながら朝鮮人犠牲者の正確な人数、氏名、年齢、出身地などは今も分からない。『江戸川史』、『江戸川三十周年記念』はもとより、村史、区史など自治体の資料にもこれらの事件は一切記録されていない[12]。

1　『三十年誌』32頁、望月音作抄紙係長発言。
2　同52頁。
3　同32頁、座談会での発言など。
4　塩川潤一「江戸川工場の思い出」同52頁。

5　東京市『東京震災録　前輯』（東京市、1926年、300頁）。

6　中隊規模は遠藤三郎日記（張鴻鵬「満洲事変前に形成された遠藤三郎の人物像」愛知大学国際問題研究所紀要148号、181頁）、実弾数は山崎中隊の一員の田島完一証言（『歴史の真実』181頁）による。

7　現在の今井橋より約50m上流に架かっていた。

8　以下、カギ括弧内は前掲『現代史資料6』（444－448頁）からの引用。

9　原忠彦「関東大震災下の朝鮮人虐殺」（東京都教職員組合江戸川支部『江教組ニュース』、1973年9月29日）。

10　証言録取当時の江戸川工場の経営母体は本州製紙（1949－96）で、近隣住民から江戸川工場は「本州さん」などと呼ばれていた。

11　東京市『南葛飾郡瑞江村現状調査』1932年、30頁。

12　本州製紙江戸川工場40年誌『江戸川工場史Ⅱ』（謄写版刷り、ノンブルなし、紙の博物館所蔵）の「工場昔話（4）」に、工場に押しかけた自警団から朝鮮人労働者を守ったという無署名の記事がある。記述内容に誤りも多く信頼しかねるが、朝鮮人虐殺事件の痕跡の一つと思われる。

〔3〕伊江村出身者と自警団事件

さて、須賀福太郎は、沖縄出身者の被害に関する数少ない有力証言者でもあり[1]、その内容は大変気にかかる。

この飯場には沖縄県人もいた。震災のあと深川の高橋から発動機の船で浦安にわたったところ、日本語がうまくしゃべれず殺されたらしい。軍籍があったので在郷軍人会あたりがいろいろ調べたがわからなかった。

問題は、木下組の飯場に沖縄出身者がいた以外、すべて曖昧なことである。被害者の氏名はおろか、人数、事件の発生日時、加害者像がハッキリしない。殺された理由も伝聞で、軍籍があった根拠も分からない。また、管見の限りではこれに関連した証言や記録は見あたらなかった。それでも当時、篠崎村の住民の間でこうした噂がささやかれた可能性は高い。江戸川工場の南部対岸、南行徳村から浦安町にかけて、証言類似の殺人事件が多発したからである。

この地域では、九月三〜四日にかけて群衆数百が騒乱状態にあり、少なくとも五件の殺人事件をひきおこした。表3－3は、浦安町と南行徳村住民による騒乱殺人事件をまとめたものである。事件が多発した理由はいくつかある。[2] まず、浦安近辺は東京と千葉を結ぶ交通の要衝で、海路・陸路を押し寄せた避難民が、口々に朝鮮人暴動の流言蜚語を伝え、人々を不安に陥れた。そして、山崎中隊が下江戸川橋周辺に出動し、連日、朝鮮人を処刑したことは、住民の目に朝鮮人暴動を「事実」として印象づけた。[3] さらに、軍隊は決定的な役割を果たした。『浦安町誌』によれば、第一師団司令部は、町役場に対して爆弾や放火材料を持った者が「避難民に混入して侵入」していないかと問い合わせたのである。[4]「これを聞いた町民は極度に緊張し、江戸川筋並びに海岸地帯の警戒を強化した。このように険悪な雰囲気の折柄、東京方面から（略）避難してきた朝鮮人はたちまち自警団に捕らえられ、役場前や堀江五丁歩付近の堤防上で、興奮した多数の自警団員に

⑤同21時頃～5日2時頃	源心寺・同香取地内県道（南行徳村）	長谷川勇 福田一郎 田端清三郎 川崎町の聯合紙器社員。 長谷川勇は兵庫出身。	被害者等が食料を求めて同村一軒家の汽船発着所に上陸したところ、警戒中の群衆が捕縛。巡査が取り調べて朝鮮人ではないと判明し、保護を試みた。だが、群衆は「巡査を殺害すべしとし派出所に投石し」、「折柄出動した騎兵軍曹等に右三名の身柄引渡を強要した為」巡査は之に応じた。軍曹が部下と共に三人を連れ出したところ、「多数の民衆四方より囲繞し殺せ殺せの声盛にして」「一名何事か発声するや瞬く間に民衆の為に殺害せられ、残り二名の者も遂に暗夜喧噪の裡に」殺害された。

注：「」内は吉河前掲書（77-82頁）からの引用。②は表3-1の「司号三前半」と同じ。
出所：吉河前掲書、前掲「司法省調査書」『現代史資料6』433-438頁、『新聞史料別巻』280-286頁他。

表3－3　浦安町・南行徳村における騒乱・殺人事件

時日	場所	被害者	事件概要
①3日午後	浦安町役場前	永井庄次郎 京都出身	被害者が同町猫実に来たところ警戒中の群衆が「同人を鮮人なりと疑い取り押さえ」、町民数百が蝟集する役場前まで連行した。町民等は縄で縛られた「同人を不逞鮮人なりと誤認して殺害した」。
② 同17時頃	関東水産会社前（浦安町）	氏名不詳 熊本出身	多数の町民が「二十二三才位の詰襟洋服を着用せる男一名」をとらえ「不逞鮮人なりと罵り殴打」を加えた。騎兵十五連隊内藤特務曹長らが訊問したところ「熊本県人なりと答えた」が、町民の暴行止まらず「鉄棒鳶口竹槍等にて」「殺害せり」。
③ 同23時頃	堀江地先江戸川堤防水番小屋付近（同上）	崔喜徳 朴俊伊	前日、雇い主（東京市深川区）と共に浦安町堀江の田辺方に避難していた両人を、自警団数百人が引き出し、竹槍、棍棒で殺害した。
④ 4日11時	堀江地先江戸川堤防水番小屋付近（同上）	荒金彦太郎 佐藤某 本所区職工	被害者等が米買い入れのため、浦安に来たところを群衆が不逞鮮人だと捕縛。浦安町助役が取り調べ、日本刀を携帯しているとして群衆に突き出した。群衆は両名を堀江地先江戸川堤防水番小屋付近で刺殺して死体を江戸川に投じた。

よって殺され、死体は江戸川に投げこまれた」。しかも問い合わせを受けた町役場が、群衆を焚きつけた。とりわけ「町助役自身が騒擾状態の指導的役割を演じ、町役場を本拠として自警団群衆が捕縛連行した不逞鮮人容疑者なるものの取調にあたり、然もこれを不逞鮮人なりと誤断し、群衆をして殺害せしめたが如き悪質な動向が散見された」[5]。

　町村ぐるみの朝鮮人制圧体制のもと、朝鮮人を殺した事件が一件、日本人を殺した事件が四件判明している。このうち須賀証言と近いのは、九月四日深夜に起こった三人殺しである（表3-3⑤）。この夜、神奈川県川崎町で被災した、聯合紙器（現レンゴー）の従業員三名が食料を求め、南行徳村の江戸川汽船発着所に上陸した。すると付近を警戒中の群衆が朝鮮人来襲と思い込み、巡査派出所に連行した[6]。巡査の取り調べで日本人と判明したが誰も納得しない。人々は「巡査から先に殺してしまえ」と怒号しながら、派出所への投石まで始めた。次いで群衆は「折柄出動した騎兵軍曹等に右三名の身柄引渡しを強要した為」軍曹らが連行。群衆もこれに付き従い、午前二時頃、同村源心寺境内で一人、さらに数百メートル離れた県道で二人を殺害し、遺体を江戸川に投げ捨てた。軍曹らは虐殺を傍観していたと思われる。

　事件から十三回忌にあたる一九三五年、聯合紙器社長の井上貞治郎（旧姓長谷川）は三人の冥福を祈り、源心寺境内に供養塔を建立した[7]。犠牲者の一人長谷川勇は井上の甥にあたり、同じく兵庫県の出身であった。

　以上のように、深川から発動機船で浦安近辺に上陸した人々が襲われたこと、西日本の出身者が犠牲になったことが須賀証言との類似点である。この事件では、住民の中から一七人が捕まり、近隣にも強い印象を残したことは想像に難くない。須賀証言の「沖縄県人も殺されたらしい」は、これらに影響された錯誤とみてよいだろう。

1　沖縄出身者の被害に関する証言は、須賀証言と検見川事件に関するもの以外、内容曖昧で伝聞に基づく。これは千数百もの証言や記事を収集した西崎雅夫の調査結果とも一致する（西崎「沖縄出身者被害に関する証言」私家版、２０２１年）。
2　同じ千葉県の船橋町では朝鮮人37名を群衆が殺害した九日市避病院前事件を始め、四件の殺人事件が発生しており、浦安町・南行徳村の状況は必ずしも突出したものではない。
3　浦安町騒擾殺人事件の被告は、習志野騎兵十三連隊による朝鮮人虐殺事件を目撃したと証言。軍による虐殺が、住民・群衆の行動にいわばお墨付きを与えたことを示している。「報知」11／14『新聞史料Ⅰ』73頁。
4　浦安町誌編纂委員会『浦安町誌上巻』（浦安町、１９６９年、２４２頁）。
5　吉河前掲書、71頁。
6　以下、事件の記述は吉河前掲書82頁に基づく。
7　十三回忌の記述は高梨前掲書に基づく。

〔4〕襲撃伝承が生まれるまで

ここまで見てきたとおり、伊江村出身者は自警団の暴力を免れたと考えられる。ところで彼ら彼女らは、同じ職場の労働者が軍隊に殺されたことや江戸川対岸での民衆犯罪を把握していたのだろうか。それを直接表す記録は見あたらないが、『伊江村史』には、伊江福進会初代会長山城権四郎の「経験」が残されている。[1]

山城権四郎にはこんな逸話がある。大正十二年の関東大震災に朝鮮人とまちがわれあわや殺害されるところを、たまたま群衆の中から『彼は僕と九州連隊での同年兵で決して朝鮮人ではない。兵隊上がりの者である僕が証人になるから釈放してもらいたい』と頼んだので、漸く放免されたと云う。まちがわれた原因は山城が帽子を被って東京に出てきたのがいけなかったと云う。当時朝鮮人は何故か帽子を被って人相をかくそうとしたので、日本人は反対に帽子を被らず人相をはっきりさせよと伝えられていたのが、山城にはわからず平常どおり帽子のままで東京に出てきたのが災厄の原因であったと云う。とんでもない目に会う所を戦友に救われ命拾いをしたと云う。

この「経験」を歴史的な事実として扱うことはむずかしい。伝聞に基づく上、日時や場所がハッキリしない、余震と火災が待ち受ける東京にわざわざ出た理由が分からないからである。ただし、当時の警察官は、朝鮮人を識別する指標として帽子の有無も重視しており、[2]この点は荒唐無稽と言いかねる。

沖縄では、これと類似した逸話が語り継がれてきたのは間違いない。親兄弟、親戚知人が朝鮮人と間違われ、襲われそうになったという言い伝えだが、筆者が聞いた限りでは、いずれも日時・場所が不明な上、個別性、具体性を備えていなかった。そして、関東大震災から一〇〇年、数多くの調査研究が積み重ねられてきたが、沖縄出身の被殺者は検見川事件（後述）の儀間次助ただ一人、重傷を負わされたという巡査を加えても二人判明しているだけである。[3] 一方、朝鮮人、中国人以外で、自警団に襲われた人はすでに見たとおり九〇人以上に上っている。したがって沖縄出身者も被害をこうむったが、とくに多くはなかったというのが歴史の教えるところである。

それでも伝承が命脈を保ってきたのは、リアリティを備えていたからであろう。もう一度山城権四郎の証言に戻ってみよう。伊江村出身者は朝鮮人ともども労働市場から排除されてきた。「職工募集、ただし朝鮮人と琉球人はお断り」と、日本人経営者は、朝鮮と沖縄を同じカテゴリーにまとめて就労機会を奪ってきた。大震火災直後の江戸川において、朝鮮人同様、沖縄出身者が襲われない保証がどこにあったろうか。「沖縄県人もやられたらしい」という証言も、地元篠崎村の人びとが共有した認識だったと思われる。木下組傘下の伊江村の人びとはいきなり隣人が連行されたのに驚愕もしたであろう。江戸川工場には朝鮮人組夫の殺害という知らせも届いたはずである。山城にとってそれはわが身に差し迫った恐怖であった。だから彼は、朝鮮人の側に自分を擬して「経験」を伝えたのではないか。

そして、戦友のひと言で窮地を脱したことも見逃せない。沖縄出身者と朝鮮人とのちがいは兵役経験にあり、兵役こそは「帝国臣民の証」に他ならない。しかし、自分の口から説明しても人々は納得しない。そこでたまたま戦友が現れ「自分の同年兵で決して朝鮮人ではない」と「弁明」してくれて難を逃れた。こうした伝承は、上京したての沖縄出身労働者の集合的な経験と認識が凝縮されているから語り継がれてきたと思われる。

参考．検見川事件について

検見川事件の経緯についてはすでにふれたが、ここでは筆者の推測も交えて沖縄と秋田、三重出身の青年が一度に殺された背景を考える。

①事件の概要

検見川事件とは、震災の年の九月五日、千葉県千葉郡検見川町（現千葉市花見川区）において三人の青年が自警団に惨殺された事件である。被害者の一人が沖縄出身の儀間次助（二一歳）と報じられている。[4]

同日午後一時頃、地元青年団は、検見川町の京成電車停留所（現京成千葉線・検見川駅）付近において青年三人を「不逞鮮人」の疑いで捕らえ、巡査駐在所に連行した。噂を聞きつけた群衆数百は、駐在所に押しかけ、青年らを針金で縛りつけた上で惨殺した。遺体は、駐在所裏手の花見川の橋上から遺棄した。一部報道によれば、青年らは「警察署の身元証明書を出して哀訴嘆願」したにもかかわらず、聞き入れられなかった。[5]

事件後、検見川町と幕張町の青年団員ら一〇人が逮捕され、[6]騒擾及び殺人の罪で懲役三カ月〜

三年が求刑されたが、判決は不明。また、一部遺族が、被告らに損害賠償を請求したが、その後の経緯も分からない。以上が、新聞報道等に基づく検見川事件の経緯である。

②事件の特徴

事件の特徴は、被害者の出身地が沖縄、三重、秋田とバラバラなことである。どうして彼らが行動を共にしていたかがハッキリしない。この点に関連して、自分の父親も虐殺に加担したという男性（当時一〇歳）の証言に注意したい。[7]

「駐在所の跡はあの橋のたもとです。習志野の収容所から逃げてきたとのことで、近くで3人、自警団に捕らえられました。（中略、引用者）3人は駐在所の前で、手を8番線でしばりつけて、みんなに竹槍で突かれ、半殺しにしておいて花見川にかかる橋の上から川に投げこみ海に流してしまいました」

証言中の「習志野の収容所」とは、事件の前日、第一師団長の命令で開設された朝鮮人・中国人収容施設を指す。[8] 検見川駅から五キロ北にあった高津廠舎（元俘虜収容所、現習志野市東習志野）が転用された。ここへ、九月五日以降、千葉県内と東京方面から朝鮮人約三二〇〇人と中国人約六〇〇人が次々に送り込まれた。その後、習志野収容所では騎兵連隊将兵による朝鮮人の処刑や、周辺村落に殺害を示唆した上での「払い下げ」があったことが、市民運動の手で明らかになっている。[9] 収容所には朝鮮人ばかりではなく、日本人被災者も多く混ざっていたという証言もある。[10] これらをふまえた上で、筆者は、被害者の出身地がバラバラな理由と、地元住民が凶暴化した背景を次のように推定している。

③推定される事件の経緯

九月五日、被害者三人は、互いに面識がないまま、朝鮮人被災者と共に、習志野収容所に送り込まれようとしていたのであろう。しかし、朝鮮人ではないと判明して釈放され、その際、何らかの証明書も渡されたのかも知れない。ともあれ三人は、地理不案内なまま検見川駅まで向かい、青年団員に捕らわれてしまう。青年団は、彼らを習志野収容所からの脱走者とみなして駐在所に連行した。三人は、証明書を出して朝鮮人ではないと哀訴したが、受け入れてもらえない。脱走者を捕らえたという噂は瞬く間に広がり、数百もの群衆が駐在所を襲って惨殺に至る。習志野収容所周辺の住民は、続々と朝鮮人が収容された事実をもって、「不逞鮮人」の逮捕・拘留と認識し、警戒を強めていたはずである。これが、地元住民を凶暴化させる背景となった。

1　『伊江村史』下巻、202頁。鉤括弧の位置を訂正した。

2　「一、従来室内ニ於イテモ冠帽ヲ礼トセルヲ以テ洋装ノ際モ脱帽ヲ遺忘スルノ風アリ」。「朝鮮人識別資料に関する件」1913年10月28日内務省秘第一、五四二号（朴慶植編『在日朝鮮人関係資料集成』第一巻、三一書房、1975年、28－29頁）。

3　那覇町壺屋生まれで亀戸署勤務の城間巡査が自警団の暴行で重傷を負ったという記事が「沖縄朝日」に

掲載されている（10／28付、沖縄県教育委員会、2018年、30頁）。しかし、事件の発生日、犯人氏名が誤っているなど信頼できない。司法省発表に基づくため「報知」「東朝」にも類似記事はあるが、両紙には出身地は記載されていない（いずれも10／21付、『新聞史料Ⅰ』46頁、『同Ⅱ』85頁）。

4 読売新聞、東京日日新聞、法律新聞、報知新聞は「儀間次助」と、山形民報、芸備日日新聞は「儀内次郎」と表記。年齢にもばらつきがある。また、報知新聞他によれば同氏は「中頭郡潰太村出身」というが、同名の村は存在しない。

5 「山形」10／18『新聞史料Ⅲ』250頁。

6 なお、検見川町青年団は、避難者への食糧配給、傷病者手当、当局との連携などに「とくに功績顕著」として千葉県罹災救護会に称えられている（同『大正大震災の回顧と其の復興　上巻』1933年、386−387頁）。虐殺事件の加害者たる消防組、青年団が「同胞」援護に貢献した事実は、今後、掘り下げられるべきであろう。

7 千葉県における関東大震災と朝鮮人犠牲者追悼・調査実行委員会編『資料集　関東大震災と朝鮮人　第二集』1979年、40頁。

8 以下、『いわれなく殺された人びと』（94−131頁）に基づく。

9 朝鮮人収容者約三百人が犠牲になったという（『いわれなく殺された人びと』128頁）。

10 騎兵第十四連隊勤務の会沢泰証言（『いわれなく殺された人びと』127頁）。

4　沖縄における伝承の形成と定着

東北同様、沖縄でも、帰郷した被災者らが同郷者襲撃伝承を広めたかも知れない。しかし、残された手がかりを見る限り、この点については否定的にならざるを得ない。当時の沖縄で関東大震災と言えば、何をおいても「紡績女工の悲劇」であったからである。では、どうしてこうした伝承が生じ、定着したのだろうか。

〔1〕紡績女工の悲劇

内務省社会局『震災調査報告』によれば、被災から約三カ月を経て沖縄に帰郷した人々（沖縄県居住の被災者数）は一七九七人、このうち女性が三分の二を占めていた（表3－4）。彼ら彼女らの「震災当日の所在地」は、川崎、鶴見のある神奈川県橘樹郡が一〇七五人（五九・八％）と抜きん出て多く、以下、横浜市三三〇人（一八・四％）、東京市二九七人（一六・五％）の順であった。女性だけに限ればその九割、一〇〇〇人以上が神奈川県橘樹郡で被災した。これは富士瓦斯紡績川崎工場（同郡川崎町）で働いていたためである。つまり、関東大震災で被災した代表的な沖縄出身者とは、富士紡川崎の女性労働者を指すと言ってよい。同社の被災状況をふり返っておく。

この年七月、満一五歳で富士紡川崎に入社した米須カメ(読谷村生まれ)は、次のように被災経験を語っている。[1]

九月一日の午前一一時五八分、私は非番で寄宿舎に寝ていたところ、急に家が、ゆれだしたと思ったら次の瞬間、耳も潰れんばかりの大きな音がして寄宿舎が全壊しました。私は梁の下になっていましたが、従姉妹の砂辺ゴゼさんが木を持ち上げてくれて、その下から助け出されました。……たくさんの死者が出て、この世の地獄とはこの事かと思いましたが、今思い出しても身ぶるいする位です。幸いに私たちは元気で家に帰りましたが、白木の箱に入れられて、那覇港に帰った友人・知人の無念さ、その親達の嘆き悲しみは、一通りではありませんでした。

富士紡川崎では、地震によって寄宿舎七棟を含む建物一九棟が瞬く間に倒壊し、死者一五四人(うち女性一三四人)、重傷者三五人(うち女性三四人)を出す大惨事となった。[2] 正午前の地震だったのに多くが圧死したのは、米須同様、夜勤明けで熟睡していたためと考えられる。

亡くなった人の出身地は、沖縄が突出して多く四八人(女性四六人)、次いで秋田一六人(女性

表3－4　沖縄県居住の被災者数と震災当日の所在地（1923年11月15日現在、死者・行方不明者除く）

震災当日の所在地	総数	女性	男性
神奈川県橘樹郡	1075（59.8）	1018（86.7）	57（9.1）
神奈川県横浜市	330（18.4）	59（5.0）	271（43.5）
東京府東京市	297（16.5）	62（5.3）	235（37.7）
東京府郡部	55（3.1）	23（2.0）	32（5.1）
その他	40（2.2）	12（1.0）	28（4.5）
合計	1797（100.0）	1174（100.0）	623（100.0）

出所：内務省社会局「震災調査報告」1924年6月、104-115頁。
https://dl.ndl.go.jp/info:ndljp/pid/967931

表3－5　富士紡川崎工場の出身府県別震災死傷者（女性のみ）

	死亡	重傷	合計
沖縄	46（34.3）	15（42.9）	61（36.1）
秋田	14（10.4）	4（11.4）	18（10.7）
新潟	13（9.7）	4（11.4）	17（10.1）
青森	11（8.2）	3（8.6）	14（8.3）
宮城	10（7.5）	2（5.7）	12（7.1）
高知	9（6.7）	3（8.6）	12（7.1）
その他	31（23.1）	4（11.4）	35（20.7）
合計	134（100.0）	35（100.0）	169（100.0）

「その他」は北海道、栃木、鹿児島など16道府県を含む。他に男性の死亡20人、重傷1人。
出所：川崎市土木課「富士瓦斯紡績川崎工場男女工震災死亡者人名表」1923年10月12日（神奈川県立図書館所蔵）

一四人)、新潟一四人(女性一三人)、青森一三人(女性一一人)と続いた(表3－5)。死者、重傷者の半数以上が一二歳から一六歳の少女であった。
翌日、工場構内では朝鮮人虐殺事件も発生している。犠牲者は、紡績女工の遺体を掘り出すため工場が臨時に雇い入れた人々であった。『東京日日新聞』によれば次のとおり。[3]

九月二日午後四時ごろ川崎町富士ガス紡績工場へ臨時に雇われた鮮人人夫李祥金(三二)、同朴化順(二四)、同江欣生(一九)の三名が工女の惨死体を発掘中、喉がかわいたとて工場正門付近の井戸水を汲みにいったのを、ソバにいた人夫某が発見して『朝鮮人が井戸に毒薬を投入した』と触れ回ったので、忽ち三四十名の人夫連がかけ付け、これに表を通り合わせた自警団五十余名が加勢して、前記三名を追い回した挙げ句、遂に、李、朴両名を殺し、江に瀕死の重傷を負わせ、凱歌をあげて解散した。

同紙はさらなる朝鮮人の虐殺事件を伝える。川崎、鶴見の大工場とその周辺でも一〇〇人を超える群衆が武装し、朝鮮人とみるや襲いかかった。[4]

同夜八時ごろ川崎在田島海岸で、同所日本鋼管会社鮮人職工車泰淑(二三)は付近の土工佐久間久吉(三二)外十数名のために殺された。/鶴見神社境内では三日白昼、二名の鮮人土工が百余名の自警団員に包囲されて殺され、死体は付近の鶴見川へ投げこまれた。／潮田海岸浅野造船所付近でも三日夜、鮮人人夫一名殺され、生麦及び新子安では二日朝から三日夜にかけて飴売り二名と土工五名の鮮人が殺されて路傍にさらされてあった。

横浜市内だけでも朝鮮人の遺体は四四体に及び、「土中、河、海に投げ捨てたものを入れると百四五十名を下らず」という報道もある。[5] 工場内外に満ちる死臭が、圧死を免れた女工達を取り巻いた。工場側は彼女らの外出を禁じたが、朝鮮人犠牲者の悲鳴や自警団の「凱歌」に恐怖しないものはなかっただろう。

富士紡川崎の惨事は、かなり誇張されて郷里に伝わった。九月一〇日の『琉球新報』は、大阪経由の震災情報を一九本掲載したが、その中に次のような記事が見出される。[6]

「富士紡績の工場長が申し訳なしとピストル自殺／死者約三〇〇名を出して」
工場地川崎、鶴見の各工場は大地震と共に倒壊し、この下敷きとなって圧死したもの約五〇〇名に上り、最も凄惨なのは富士瓦斯紡績で、工女逃げ場を失い、富士紡のみ死者約三五〇名の多数に上り、工場長は深夜に申し訳なしとピストル自殺をした。

死者の数が大幅に水増しされている上、工場長の自殺というのも『琉球新報』以外報じていない。おそらく誤報と思われる。それでも紡績女工の惨事が大きく取り上げられ、工場長が自殺して当然なくらいに深刻かつ厳粛な問題と受けとめられたことは理解できる。

九月一七日の『沖縄朝日』には、那覇で最古参の出稼ぎ斡旋業者が、富士紡川崎の女工二七九名が無事鹿児島に到着し、明日、那覇に帰還するという広告を出している。[7] 本紙中にも、罹災救済会那覇市委員会が、郷里までの無賃乗車証の交付や一時宿泊所の斡旋などの便宜を計ったという記事があった。[8]

このように沖縄で関東大震災と言えば何をおいても「紡績女工の悲劇」であった。この頃の沖縄社会で「標準語をうまくしゃべれないため朝鮮人に間違えられて殺されそうになった」同郷者のことなど、口の端に上ったとは考えづらい。

1　「米須カメさん訪問記」『川崎の沖縄県人70年の歩み』（神奈川県沖縄協会、1983年、113頁）。
2　『富士瓦斯紡績川崎工場男女工震災死亡者人名表』（川崎市土木課、1923年、神奈川県立図書館蔵）。
3　「鮮人が井戸に毒を投じたとの誤伝／川崎から起こる」「東日」10／21『新聞史料Ⅰ』184頁。
4　3と同じ。
5　「横浜で殺された鮮人百四五十名に上る」「読売」10／21『新聞史料Ⅱ』156頁。
6　前掲沖縄県教育委員会、2018年、236頁。
7　前掲沖縄県教育委員会、2018年、22頁。
8　「明日入港の船で五百余名到着」「沖縄朝日」9月17日（前掲沖縄県教育委員会、2018年、23頁）。

〔2〕「方言」撲滅教育と「沖縄語」話者の処刑

それでは、いつ、誰の口から沖縄出身者襲撃伝承が広まったのだろうか。ほとんど手がかりはないが、関東大震災の年に生まれた学徒兵が次のように証言している。[1]

沖縄の学校教育が、すなわち皇民化教育であった時代に、私は少年期を送った。何より重視されたのは、標準語の習得である。「大震災のとき、標準語がしゃべれないばっかりに、多くの朝鮮人が殺された。君たちも間違われて殺されないように」と、教師たちは語った。

すでに見たとおり震災前の東北では、方言矯正教育が行われたことを背景に、自警団による東北弁話者の「襲撃」伝承が広まったと考えられる。沖縄では一九四〇年前後の標準語強制教育の中に、[2]この異様なエピソードが取り込まれたようだ。教師たちは「標準語がしゃべれないばっかりに」朝鮮人が殺されたと歴史事実を偽って教えた。あらゆる機会を標準語強制教育に結びつけて止まない、同県教育関係者ならではの虚偽である。朝鮮人のいわれなき犠牲は、「標準語」を児童生徒に強要する恫喝へとすり替えられた。

このように沖縄出身者襲撃伝承は、小学校の教室において教師の口から広まった可能性が考えられる。標準語にこだわる作為や、内容が平板で、個別性、具体性に欠ける理由も、教員経由、教室経由だったことに理由があるのではないか。

しかし、この「標準語がしゃべれないと殺される」という恫喝は、沖縄戦下の日本軍によって現実のものとなった。一九四五年四月九日、第三十二軍は沖縄戦を開始するにあたり、「沖縄語」話者をスパイ扱いする軍命「球日名第八十七号」[3]を布告したことは周知のとおりである。

　五、爾今軍人軍属を問わず、標準語以外の使用を禁ず。沖縄語を以て談話しある者は間諜とみなし処分す。

第三十二軍司令部附　陸軍少佐　長野英夫

沖縄住民のスパイ扱いは、日本軍末端の兵士にまで徹底しており、これが住民の避難壕からの追い出し、食料強奪、虐殺へとつながっていった。『沖縄県史』から方言を理由に迫害された人びとの例をいくつか挙げておく[4]。

「西原の花城仙三の父親は、芋を掘った後に避難先に戻る途中、日本兵に捕まり方言で兵士に釈明するも理解されず、沖縄の兵士に通訳してもらったことでようやく釈放された。その時『ここにいると日本兵に殺されるから早く島尻へ逃げなさい』と言われたという」

「大里では中頭出身の七〇歳くらいの男性が離ればなれになった家族を探すため壕を覗き回っていたが、兵長が『これはスパイだ、何故民間人がこんなところを覗き見するのか』と言ってその老人を捕らえた。老人は方言しか話すことができず、兵長の問に返事も状況説明もできず、木に縛られたまま三日ぐらい水ばかり飲まされ、その後銃殺された」

「糸満の真栄平《まえひら》では、六月二三日、日本兵によって八名の住民が虐殺された。日本兵が避難民を壕から追い出そうとし、入り口近くにいた老婆が方言で返事をしたら軍刀で首を切り落とされた」

日本兵の没義道なやり方は、おのずから自警団のそれと二重写しになってくる。こうして関東大震災時の沖縄出身者襲撃伝承は、予言的な歴史事実という特異なポジションとリアリティを獲得することになったと考えられる。

関東大震災の際、「朝鮮人ばかりではなく、沖縄人も」襲われたという当初の伝承は、朝鮮人と共に労働市場から排除された経験を背景に生じたものと思われる。政府も、発話不明瞭な日本人の被害を大げさに吹聴して、朝鮮人の被害の矮小化・相対化に努めた。この結果、東北同様、沖縄でも同郷者の被害が誇張されて伝わる素地は作られたかも知れない。次いで一九四〇年前後になると別のヴァージョンが登場する。教師たちは、標準語をうまくしゃべれないために朝鮮人は殺されたと偽り、虐殺事件を標準語強制・方言撲滅教育の「教材」にした。紛う方のない歴史の修正であった。ところが、日本軍によって「沖縄語」話者が処刑されて、この虚史には核となる事実が備わってしまった。戦後になっても比嘉春潮が、自身の体験を紹介した上で、「とくに沖縄人の場合、地方によっては強いなまりがあるから、逆上した自警団によって犠牲になった者もあったはずである」と確信を持って推定し、多くの追随者が生じた。二〇一七年には検見川事件を突如「発見」したかのような地元紙の報道が相次いだ。[5] しかし、その内容は「言葉のなまりから朝鮮人と決めつけられた」などと、標準語問題の枠組みを踏襲した認識にとどまっている。朝鮮人虐殺事件における権力犯罪は見逃され、日本の朝鮮植民地支配と独立運動の対峙という背景も視野から抜け落ちたままである。

このように沖縄出身者襲撃伝承は、日本の沖縄に対する理不尽が積み重なるたびにリアリティを強め、命脈を保ってきた。同時にこの伝承は、朝鮮人、中国人虐殺事件の全貌と歴史的意義を展望する機会を損なってもきた。これが沖縄出身者襲撃伝承の定着過程と役割であった。

1　神村朝堅「ある学徒兵の体験」（沖縄県労働組合協議会『日本軍を告発する』1972年、69頁）。

2　沖縄の方言撲滅・標準語強制教育についてはさしあたり竹中暉雄『囲われた学校――1900年　近代日本教育史論』勁草書房、1994年、藤澤健一『近代沖縄教育史の視角――問題史的再構成の試み』社会評論社、2000年等を参照のこと。沖縄では、初等教育段階からシマ言葉やウチナーグチを介さずに標準語だけで学ぶ「直接法」による標準語教育が徹底された。戦争中、九州各地に疎開した沖縄の小学生の多くが、疎開先の学校で先生と生徒が笑いながら九州弁を交わすのに驚いたという証言がいくつもある。その徹底ぶりは東北における方言矯正教育とは次元を異にしている。

3　「第32軍司令部　日々命令綴（第32軍司令部参謀部航空）昭和20年3月29日～20年5月22日」国立公文書

館アジア歴史資料センター。https://www.jacar.archives.go.jp/das/image/c11110035100

4 『沖縄県史9各論編8沖縄戦記録』琉球政府、1971年、868頁他、『沖縄県史　各論編6（沖縄戦）』沖縄県教育委員会、2017年、491-503頁

5 典型例として沖縄タイムスの大型企画「関東大震災～朝鮮人大虐殺と帝都復興について」（2019年7月2日付、電子版限定、全文7591文字）。https://www.okinawatimes.co.jp/articles/-/442908（2023年3月4日現在）。他に「関東大震災『検見川事件』デマで県出身者犠牲」「琉新」2017年11月4日、「デマに殺された沖縄出身者ら」「沖タイ」2017年11月4日。

巻末資料

表2－1－1　刑事事件化した朝鮮人襲撃事件の概要

	事件の概要（出典）
1	9／4 南足立郡花畑村自警団は、朝鮮人労働者の村内通過（東京の軍隊に届けるため）を拒み、5人全員を斬殺（判B）
2	9／3 同郡千住町の森川某は、夜警に取り囲まれた崔圭石の背中を日本刀で斬りつけ重傷を負わす（B）
3	9／2 北豊島郡南千住町で高橋某他1名は韓龍祚の斬殺を試みる（判B）
4	9／4 同郡南千住町で自警団員7人は金英一、斐東珠を襲撃、金を殺害した（判）
5	9／3 森田は南葛飾郡吾嬬町大畑で朝鮮人らしい男が殴打されているのを見て殺害を決意。棍棒で撲殺（B吉）
6	9／2 堀某他3名は隅田町で清水某を棍棒で殴打、9／3 吾嬬町大畑で氏名不詳朝鮮人1名を斬殺（B）
7	9／3 外山某は吾嬬町木下で氏名不詳の朝鮮人を射殺しようとしたが果たさず（B）
8	9／3 山本某他2名は吾嬬町木下曳舟道で氏名不詳の朝鮮人の顔面を斬り付けて斬殺（A）
9	9／3 吾嬬町旧四ッ木橋付近で銘酒屋の中島某は氏名不詳の朝鮮人2人を惨殺（判B）
10	9／2 蓜島某（60）は寺島町荒川放水路沿／旧四ッ木橋付近で朝鮮人学生1名を殴殺（判B）
11	9／3 寺島町青年団12人は荒川堤防工事等に従事の夫妻と子ども11人を殺傷（判A）
12	9／3 矢内某は寺島町玉の井で氏名不詳の朝鮮人6人を撲殺（A）
13	9／2 吾嬬町で河合某と田中某らは氏名不詳の朝鮮人1人を棍棒などで撲殺。4人逮捕2人起訴（B吉）

東京

14	9／5　吾嬬町請地飛木稲荷で土地の素封家横山某他5人は崔先を斧で殺害。証拠不十分で無罪（判B）
15	9／3　亀戸遊園地で自警団員5人は閔春容他1名を殺害、曹昌純に重傷を負わす（判B吉）
16	9／3　玉の井三之助橋で清水某他7人は姜陽淳他9人を殺害または殺人未遂（B）
17	9／3　隅田町大倉牧場付近で高安某他1名は氏名不詳の朝鮮人1名の斬殺を試みる（B）
18	9／3　南綾瀬村の自警団員は同村中山某方を襲い、同居中の朝鮮人8人を竹槍で刺殺（判B）
19	9／2　北豊島郡巣鴨町宮下で農商務省技手の小松原某は朝鮮高官の子息の留学生を銃殺（判B）
20	9／4　午前宮杉某は尾久町で中国人重怒順を殺害し金品を強奪。午後、朝鮮人金祥年の殺害を試みる（判B）
21	9／2　豊多摩郡高井戸村の自警団80人は日本人監督と土工18人を乗せたトラックを襲撃（判B）
22	9／2　荏原郡平塚村の自警団4人は朝鮮人の職工洪弘祐他1名に重傷を負わせた（判B）
23	9／2　平塚村自警団員は職工の李鉉模を乱打して重傷を負わせた（B）
24	9／2　同郡大崎町桐谷の自警団員4人は朴一順、金容宅、守仁ら3人を襲撃して重傷を負わせた（判B）
25	9／2　荏原郡世田ヶ谷町太子堂で写真師の小林は朴某を銃殺（判吉）
26	9／2　千歳村烏山の自警団は鉄道補修工事に赴く自動車を襲撃、朝鮮人労働者25人を殺傷（判吉）
27	9／3　千歳村の宍戸某他8人は金泰和を竹槍と棍棒等で殴打して重傷を負わす（B）

	28	9／2夜　八王子市で戸屋某他2人は朴政烈他2人を竹槍ステッキなどで殴打し傷害を負わす（B）
神奈川	29	9／5　横浜公園の避難用バラック管理人の松田某は拉致中の朝鮮人が逃げたと手斧で殺戮（判）
	30	9／4　鶴見町の時計商、氷卸商らは総持寺前を通行中の朝鮮人を山道に拉致し撲殺（B吉）
	31	9／3　川崎田島町渡田の佐久間某は車泰淑を路上短刀にて刺殺（B）
埼玉	32	9／4　北足立郡片柳村で、警戒中の自警団員数百名が朝鮮人姜大興に暴行を加え死に至らしめる（判B）
	33	①9／4　埼玉県南部から北上させられた朝鮮人約200人が久下村で休憩中、数人が逃亡したため惨殺 ②9／5　上記の一部約60人を警官と消防組が護送して熊谷町市街に入ったところ群衆数百人が襲撃して惨殺（判B）
	34	①9／4　本庄警察署に一時収容中の朝鮮人一行80人以上を自警団・群衆が襲撃して惨殺 ②群衆は本庄警察署隣の富士瓦斯紡績本庄工場も襲い、労働者20人近くを惨殺（判B）
	35	9／4～5児玉郡神保原村では朝鮮人を乗せたトラックを阻止し、住民・自警団が40人以上を惨殺（判B）
	36	9／5　大里郡寄居町では自警団・群衆数百人が警察分署を襲撃、自ら保護を求めて収容中の飴行商人を殺害（判B）
	37	9／4　千葉市寒川片町の商人宿に宿泊中の鄭基佑他1人を三枝某他1人は爆弾所持と思い込んで殺傷（判B吉）
	38	9／5　鎌ヶ谷村と塚田村消防団等は北総鉄道工事に従事の朝鮮人37人を船橋町九日市避病院前で群衆と殺害（判B）

千葉

39	9／4 塚田村消防団他数百名は北総鉄道工事に従事中の朝鮮人50余名を連行し船橋警察署前で襲撃（判B）
40	①9／4 法典村自警団は、北総鉄道工事に従事した朝鮮人13人を連行中、中山村若宮地先で惨殺 ②9／5 法典村馬込で警戒中の自警団は避難中の朝鮮人3人を連行中、①と同じ場所で斬殺（判B）
41	9／3 馬橋村自警団は馬橋駅で朝鮮人乗客6人を他の乗客の指示で捕縛、萬満寺境内で惨殺（判B）
42	馬橋村自警団斎藤某等は電柱に縛られている朝鮮人をみつけ、鳶口で殺害（判B）
43	①9／3 浦安町當代島在住の日本人が同町猫実に来たところ数十名の群衆がとらえ、午後5時頃役場前で撲殺 ②9／3 浦安町の群衆は日本人雇い主と共に避難してきた朝鮮人2人を殺害 ③9／4 米の買付に来た日本人職工2人を、町助役が「鮮人と認めた」ため群衆が撲殺、江戸川に遺体を投棄（判B）
44	9／4 流山町自警団6人は朝鮮人1人に日本刀で重傷を負わせ、江戸川に投げ込み殺害（判B）
45	9／4 小金町自警団は「不逞鮮人」と誤認されて捕縛された男4人が釈放されると聞き、駐在所を取り囲み騒擾（吉）
46	9／3 我孫子町消防組は八坂神社に朝鮮人3人を拉致。2人が逃げたため追跡して捕縛、全員撲殺（B）
47	9／4 滑河町木賃宿に宿泊中の朝鮮人3人を巡査が警護して列車に乗せようとしたが群衆が押し寄せ殺傷（判B）

	No.	
	48	①9／3 佐原町町民は巡査が護送中の朝鮮人人参商家族を襲撃、1人を殺害、2人に重傷を負わす ②9／4 同町川口の汽船宿にいた日本人労働者の「言語、動作が異常」だとして群衆が撲殺（判B）
	49	9／4 巡査が神崎町派出所で男を取調べ高知出身と判明、群衆は「やれやれ」と大声で疾呼して騒擾に及ぶ（B吉）
	50	9／3～4 木更津町自警団は警察署に収容された朝鮮人の引き渡しを要求、5日には警察署に闖入して騒擾（判吉）
群馬	51	9／5 藤岡町住民2000名は警察署で朝鮮人を保護するのを憤り、留置場に侵入。避難中の朝鮮人16人虐殺（判B）
	52	9／4 倉賀野町巡査駐在所で拘束中の朝鮮人1人の引き渡しを住民が要求、一部が引きだして惨殺（判B）
	53	①9／5 多野郡新町で朝鮮人侵入の流言への役場の対応に不満を抱いた群衆160名が投石、怒号し騒乱 ②9／6 同町の次郎他1名は神流川地先で氏名不詳朝鮮人2名を撲殺（B吉）
栃木	54	9／3 小金井駅周辺に蝟集した住民は下り列車に乗車中の金元達を撲殺、黄鑛均に重傷（判B吉）
	55	9／3 間々田町自警団高田某他8人は駅構内で朝鮮人2名を惨殺した（判B）
	56	9／3 石橋駅でも自警団7人が朝鮮人2名を撲殺した（判B）
	57	9／5 自警団員は東那須野駅から派出所に連行した「鮮人馬達公」と鹿児島出身者を撲殺（B）

注：「朝鮮人と日本人」を襲撃した事件を含む。括弧内は出典。「判」は「判決一覧」、「A」は「司法省A」、「B」は「司法省B」、「吉」は吉河前掲書。以下同じ。

No.37～41は『かくされていた歴史――関東大震災と埼玉の朝鮮人虐殺事件』（1987年）を参照。No.12は四件の殺傷事件を裁判で一括処理したと考えられる。

表2－1－5　朝鮮人襲撃事件の被害者プロフィール

No.	被害者数	被害者の表記〔出所〕
1	5人殺害	韓鳳九 朴仁道 金思鳳 李元錫 李健在〔報知1／19、司B「朴仁道他4名」〕
2	1人重傷	崔圭錫（33）〔東朝11／27、司「崔圭石」〕
3	1人殺害	「鮮人土工韓龍祚」（東日10／22記事、公判の記事では「弁龍斬（29）」と表記）〔東日24・2／15〕
4	2人殺傷	金英一（30）を殺害 裴東珠（32）に重傷を負わせる〔東日11／2〕
10	1人殺害	氏名不詳の朝鮮人学生〔東日10／22、司〕
11	11人殺傷	劉洗用 姜文根（3）崔秉熈 金今劉（27）〔東日10／22〕
14	2人殺害	崔先 氏名不詳1人〔司B、東日24・9／17〕
15	2人殺傷	小野寺某（33）の雇人の閔春容（36）を殺害、曹昌純に重傷を負わせる〔東日10／22、司〕
16	10人殺傷	「姜陽淳（他9名）」「日本刀鳶口等を以て斬付又は殴打し殺害す」（司法省、東日10／21にも）
18	8人殺害	「李順鳳他6名」〔司、読売も氏名不詳10／21〕
19	1人殺害	李朝重臣の閔泳達の三男で日本大学研究科生の閔麟植（25）〔東日10／22、司〕
22	2人未遂	洪弘祚〔司、東日は氏名不詳で「2人を殺害」10／17〕
23	1人未遂	李鉉模〔司、東日は氏名不詳で「廿七歳位の男」10／16〕
24	5人未遂	「星製薬会社人夫金容宅（41）桐ヶ谷女工朴一順（19）守仁（26）学生金承中（19）高鳳児（20）」〔東日10／22〕。金容宅他4名〔司〕

25	1人未遂	朴某（28）〔東日10／22、司は「鮮人（氏名不詳）」と表記〕
26	25人殺傷	死亡：洪基台（35）負傷：金奉和（35）金成光（28）成鐘○（32）金丁石（25）魯○珍（20）李敬植（36）権宜徳（24）許桁寛（36）朴在春（32）朴道先（32）朴敬鎮（50）李永濤（23）金希伯（34）高学伊（24）李洪中（25）宋嬰伯（23）鳳虚到（38）具鐵元（27）金珠栄（26）文己出（26）閔丙珪（31）金仁○（24）権七奉（23）鄭三俊（25）〔以上、東日地10／21〕。司「洪基白外15名」。
29	1人殺害	「殺害された鮮人は吉浜町一五相田鋳工場自動車運転手」〔東日地24・8／20〕
31	1人殺害	車泰淑（23）〔東日10／21〕
32	1人殺害	姜大興〔司、東日10／18〕
33	57人殺害	「原籍氏名は全然不明」「熊谷四十三名」〔東日・読売10／21〕。「熊谷事件における鮮人四十六名殺し」〔東日10／23〕。「熊谷本町では五十八名惨殺」〔東朝10／17〕。
34	88人殺害	「本庄八十六名」〔東日・読売10／21〕。「帝大学生夫婦、二十歳前後の女学生、十五、六歳の少年少女を合わせて五名及び労働者、行商人九十二名が五台の貨物自動車に乗せられ」うち3台60名は本庄警察署内で殺害。演武場に収容中の23名も鏖殺〔東朝10／17〕。
35	42人殺害	神保原「卅五名」〔東日10／21〕「神保原村郵便局前十字路で」「三十二名の労働者は無惨にも全部その場に虐殺」〔東朝10／17〕。「氏名不詳約十一名」〔司〕
36	1人殺害	具学永（28）〔司〕、「朝鮮飴屋蔚山生まれの金祖（28）」という記事も〔東日10／21〕
37	2人殺傷	「大正八年以来寒川片町上総屋こと野口たけ方に寄宿していた鄭基佑（35）開國吉（34）と称するあめ、おもちゃ等の行商人」〔東日10／21〕。

38	37人殺害	「鎌ヶ谷村西米野滞在中の北総鉄道工夫卅八名（内**女子一名子供一名**）」を「九日市避病舎前の村道」で船橋と八栄村の「自警団員等約百五十名」が「子供一人を残して全部を殺戮」〔東日10／21〕
39	8～50余人殺害	「鮮人工夫」57名を「消防隊引率のもとに（警察）署前」で「暴行を働き七名の重傷者と一名の死亡者を出」す。〔東日10／21〕「全部三十七名を殺害」〔東日地11／6〕
40	16人殺害	「（法典村）字藤原居住の鮮人工夫13名が同村自警団から針金で数珠繋ぎにされ」「中山在北方地先の街道」で「一人残らず殺害」「後から避難してきた三名も勢いに乗じて突き殺」す〔東日10／21〕
43	4人殺害	崔喜徳、朴俊伊〔報知11／1〕
46	3人殺害	李一弼（29）趙成道（20）趙在石（26）〔東日地10／30、司〕
51	17人殺害	「砂利人夫朝鮮慶尚北道○泉郡甘泉面教山洞金本二郎事金東元（27）同太田五郎事趙庭遼（43）同金田○一事金詰○（41）同春山清吉事金日出（29）同金山三郎事南成奎（38）慶尚北道尚州郡化北面東安洞山本仙市事金仁唯（22）同陽南面石村里福村二郎事許日成（25）同栄州郡栄州面鴻洞川上音吉事金聲奈（34）同松山金太郎事李相浩（26）同金川四郎事金川善（26）同官峴洞金村花吉事金斗星（23）慶尚南道晋州郡晋州面中安洞１０８東京市浅草区玉姫町73寄留あめ商趙秀九（27）同蔚山郡能村面泉曲野（24）寄留同釜田定吉事鄭貴鳳（25）同慶尚北道清道郡清道面合川洞87寄留同山田栄吉事苗相珅（27）生地不明新町笛吹町初音屋方木下政市事金周洪（27）外二名姓名不詳」〔東日10／21〕
54	2人殺害	金元達、黄鑛均〔東日地12／2、司では「傷害致死」〕
57	2人殺害	「鮮人馬達公を日本刀槍棍棒等で惨殺　尚鹿児島県人宮郷辰三をも棍棒で殺害」〔下野11／27〕

＊No.は表2－1－1の事件番号と同じ。敬称略、○印は判読不明字。ゴチック体は女性と子ども。

表2－2－1　刑事事件化した日本人襲撃事件の概要

No.	事件の概要
58	9／2　永田町：政党職員紀伊某は、青年団が訊問する通行人2人を怪しいと断定して斬殺（司AB、吉河）
59	9／3　芝区日出町：水夫某は「月島で焼け出された」職工5人を日本人と「知りながら鮮人なり」と殺傷（司法AB）
60	9／3　芝区新広尾：岩勘某（36）は橋から川に落下した待合経営者松本某（54）を斬殺（司A）
61	9／5　四谷区霞ヶ丘*：小山某は森某に拳銃を発して傷害を負わせる（司法省AB）
62	9／2　四谷区伝馬町：洋食店経営の伊東某は運送店勤務の明大生が「身分を弁明するも」射殺（司AB）
63	9／2　浅草区新谷町：瀧石他2人は東京聾唖学校卒業生を誰何したが返事がないと斬殺（司法AB）
64	9／4　南足立郡江北村：深夜小用にでた70代の老婆を自警団6名が「不逞鮮人」だと殺害（司AB）
65	9／3　西新井村与野通で氏名不詳の男1人を自警団員2人が猟銃で射殺
66	9／2　南葛飾郡吾嬬町葛西川：染物商三浦某（39）ほか4名は被害者を「染色用巻棒を以て乱打殺害す」（司AB）
67	9／2　吾嬬町亀戸：夜警中の職工釜田某は通行中の榎本某（43）の「頭部を強打し殺害す」（司AB*）

東京

68	9／2 吾嬬町小村井＊：根岸某他2名は氏名不詳の男2人を「棍棒、割り竹を以て殴打撲殺す」（司B）
69	9／2 小松川町下平井：青年団加納某他3人は伝馬船を包囲、被害者を殴打して水中に投げ込む（司AB）
70	9／3 北豊島郡巣鴨町：避難民満載の警察車両の運転手2人を巣鴨駅長ら百名近くが殴打重傷負わす
71	9／3 西巣鴨：自警団は陸軍二等主計の答弁が曖昧と連行。止めに入った巡査共々暴行（吉河他）
72	9／4 西巣鴨町池袋：細田某他1名は佐藤某を袖絡みで突き創傷を負わす（司B）
73	9／2 荏原郡品川町北馬場＊＊：野口某（22）ら13人は通りがかりの明大生畠山某を斬殺（司B）
74	9／2 目黒町目黒上町：町議の吉永某は通行人の羽田某の返答が怪しいと重傷を負わし殴打す（司AB）
75	9／3 入新井町：在郷軍人三木某（37）ほか2名は市村某他1名を村田銃で背後から射殺（司AB、吉河）
76	9／2 入新井町新井宿：浪川某は小貫某を日本刀で斬り付ける（司B）
77	9／2 大井町：自警団沢田某は夜警中の大阿久某の答弁が曖昧と斬殺（司AB）
78	9／1 大井町南浜川：夜警中の鉄道省職工滑川某は通りがかりの岩城某を斬殺（司AB他）
79	9／2 平塚村戸越＊＊：明電舎職工田名部某（22）ら2人は材木商の飯塚某を朝鮮人と誤認して竹槍で刺殺（司B他）

地域	番号	内容
	3	9/3 南千住町：中組自警団高橋某（24）は「千住大橋付近で」被害者に「重傷を負わす」
	6	9/2 隅田町善左衛門：堀某は清水某を棍棒で殴打して重傷を負わす（司AB）
	21	9/2 高井戸村：自警団約80名は朝鮮人労働者を率いてきた土工監督橋浦山治に重傷を負わす
	22	9/2 平塚村：矢部某ら「桐ヶ谷消防組員他十余名」は音楽学校生物田某に瀕死の重傷を負わす（司AB）
神奈川	80	9/2 川崎町小土呂：菱沼某は橋本某を猟銃で射殺、他1名に傷害を加える（司AB）
	81	9/4 横浜市堀之内（中村町とも）：脇田某らは政党職員吉野某を友人の身元保証にもかかわらず撲殺（司AB他）
	82	9/2 横浜市久保町：向井某他1名は鈴木某を刺殺（司B）
	83	9/6 横浜市根岸町：岸他2名は加曽海岸を通行中、原子某他1名を殺害（判決一覧）
	84	9/2 茅ヶ崎町：魚行商石田某は「支那人夫十余名を引き連れ」た被害者を「不逞鮮人」と誤認して斬殺
埼玉	85	9/4 川越市：中里某は佐藤某を日本刀で斬り付け傷害を負わす（司B）
	86	9/5 埼玉県妻沼町：駐在所で秋田出身と判明した戸差某が「万歳」と叫んだと群衆が撲殺（司AB）
	87	9/5 千葉郡検見川町：自警団は避難民3人を派出所に連行。「朝鮮人逮捕」と聞いた住民数百人が駐在所へ。「警察署の身元証明迄も出して哀訴嘆願するも肯かず」惨殺、死体を花見川に投げ捨てた
	88	9/4 東葛飾郡八幡町：料理店主が「不逞鮮人」と聞き「職工服のまま逃げ」る被害者らを斬殺

県	番号	内容
千葉	89	9／6 福田村：利根川べりの渡船場で行商人一行14人が休憩中、自警団数十名が押しかけて尋問。日本人と判明後も女性2人と児童3人を含む9人を利根川で溺死させ、あるいは対岸で斬殺（司法他）
	90	9／4 南行徳村：汽船発着所の降船客を自警団は捕縛。巡査の取調で日本人と判明したが、自警団は出動中の軍曹に引き渡すよう要求。軍曹が連れ出すと追跡し、竹槍、棍棒、刀剣で殺害。江戸川に投棄
	91	9／4 葛飾村：鶴岡某は大島某ら3名を日本刀で斬り付け背部に重傷を負わす（司AB）
	92	9／4 成田駅：「停車場中売石原某（36）」他5名は乗降客2人を群衆と共に殺す（司A）
	93	9／4 成田町土屋地先：島某は日本刀を以て赤海某の左腕に重傷を負わす（司B）
	94	9／4 三川村：栗林某ら6名は伊藤某を駐在所に連行し日本人と判明したが、後難を恐れて殺害。所持金強奪（司AB他）
	43	①9／2 浦安町：役場前で助役の宇田川某他4名は永井某を殺害（司ABほか） ②9／4 浦安町：猫実に来た荒金某他1名を熊川他8名は殺害して江戸川に投棄（司AB）
	48	9／4 佐原町：岡野某方道路で22時頃、佐谷某ら10名が加瀬某を撲殺（司B）
群馬	95	9／4 前橋市県庁前：上野某は馬場ふみを木刀で殴打して傷害を負わす（司B）
	96	9／4 高崎駅構内：市内在住の野瀬某（27）ほか自警団は軍刀をもった被害者を「不逞鮮人」と惨殺（司AB）
	97	9／4 横川駅：駅勤務の転轍手らは被害者を「横川駅破壊のため下車したるものと誤信」暴行（司法）
	98	9／5 塚沢村：自警団は避難してきた学生が「逃げ隠れしたのでてっきり朝鮮人だと思って」撲殺

	99	9／5 八幡村：村民は自警団と共に、恐怖のあまり陸稲畑に逃げこんだ被害者を撲殺
	100	9／4 上陽村：自警団員（42）は被害者を朝鮮人と誤認して鉄棒で襲撃、重傷を負わせる
	101	9／7 境町：大工（27）は駅で警戒中、被害者を警察に連行途中抵抗され錐で刺す
栃木	102	9／4 小山駅：小菅他2名は被害者が「朝鮮人に似ていると」金棒で乱打して重傷を負わす
	103	9／4 小山駅：荻野他3名は弁護士の松井某を金棒で殴打、殺人未遂（司AB他）
	104	9／5 足利駅：石島某は畑某をバットで殴打し傷害を負わす（司B）
	105	9／5 富田駅：被害者が「鮮人に似ているとのことで列車から」青年団等が引きずり降ろし殴打
	106	9／5 家中村：消防団長他7名は知人宅の避難民を、駐在所巡査の弁護も聞かず乱打して殺害
	107	9／5 小野寺村：熊倉某他2名は河原井某を斬り付けて傷害を負わす（司B）
	57	9／5 那須野村巡査派出所付近：本沢某他6名は宮本某と朝鮮人1名を撲殺する（司AB）
他	108	9／5 茨城県嘉田生崎村：夜警2人が、自警団に追われてきた被害者を斬殺
	109	9／7 福島県西郷村：電報を誤配した被害者を「不逞鮮人」と誤認。青年団、消防団と共に殺害（吉河）

＊司法省ABの住所表記を訂正（62霞ヶ関→霞ヶ丘、67吾嬬町亀戸→吾嬬町葛西川）
＊＊山田「判決一覧」の住所表記を訂正：73品川漁師町→品川町北馬場、79平塚村中延→平塚村戸越
出典：山田昭次編『朝鮮人虐殺関連新聞報道史料』（Ⅰ～Ⅴ、緑蔭書房）、司法省AB、吉河前掲書。

表2-2-7　日本人襲撃事件被害者の職業と年齢

	No.	事件の概要
東京	58	9／2永田町：平河町在住の通行人（33）と東村山村在住の通行人（21）
	59	9／3芝区日出町：「月島で焼け出された」機械工（18、18、24、24、26）
	60	9／3芝区広尾：麻布本山町在住の待合経営者（54）
	61	9／5四谷区霞ヶ丘：森某
	62	9／2四谷区伝馬町：地元運送店勤務の明大生
	63	9／2浅草区新谷町：東京聾唖学校卒業生（22）
	64	9／4南足立郡江北村：同村住人の72歳の女性
	65	9／3西新井村与野通で氏名不詳の男1人
	66	9／2南葛飾郡吾嬬町葛西川：被害者氏名のみ
	67	9／2吾嬬町亀戸：通行中の左官（43）
	68	9／2吾嬬町小村井：氏名不詳の男二人
	69	9／2小松川町下平井：伝馬船の船夫（49）
	70	9／3北豊島郡巣鴨町：避難民満載の警察車両の運転手二人（31、他不明）
	71	9／3西巣鴨：陸軍二等主計（31、陸軍中尉の表記も）、巣鴨署巡査（26）
	72	9／4西巣鴨町池袋：氏名のみ
	73	9／2荏原郡品川町北馬場：通りがかりの明大生畠山某（20）
	74	9／2目黒町目黒上町：通行人の羽田某（35）

	75	9／3入新井町：市村某（40）他1人
	76	9／2入新井町新井宿：氏名のみ
	77	9／2大井町：夜警中の米穀商（23）
	78	9／1大井町南浜川：通りがかりの製針職工（19）
	79	9／2平塚村戸越：材木商の飯塚某（37）
	3	9／3南千住町：被害者に「重傷を負わす」
	7	9／2隅田町善左衛門：氏名のみ
	21	9／2高井戸村：土工監督橋浦山治（36）
	22	9／2平塚村：音楽学校生惣田某（23）
神奈川	80	9／2川崎町小土呂：氏名のみ2人
	81	9／4横浜市堀之内（中村町とも）：政党職員吉野某（30）
	82	9／2横浜市久保町：氏名のみ
	83	9／6横浜市根岸町：原子某（29）他1人（23）
	84	9／2茅ヶ崎町：運転手（32）
埼玉	85	9／4川越市：氏名のみ（司B）
	86	9／5埼玉県妻沼町：秋田出身の元炭鉱夫（21）
	87	9／5千葉郡検見川町：秋田出身（29）、三重出身（22）、沖縄出身（21）の三青年
	88	9／4東葛飾郡八幡町：両国駅勤務の鉄道省工夫2人

千葉	89	9／6福田村：香川出身の薬行商の親子と親戚9人。2歳、3歳、6歳、18歳、24歳、25歳、26歳、28歳、29歳。
	90	9／4南行徳村：川崎町から食料を求めに来た聯合紙器（現レンゴー）の社員三人
	91	9／4葛飾村：氏名のみ3人
	92	9／4成田駅：震火災からの避難民乗客27歳、30歳
	93	9／4成田町土屋地先：氏名のみ
	94	9／4三川村：深川区森下町からの洋傘直し（36）
	43	①9／2浦安町：京都出身の永井某 ②9／4浦安町：本所区の職工2人
	48	9／4佐原町：氏名のみ
群馬	95	9／4前橋市県庁前：女性氏名のみ
	96	9／4高崎駅構内：同県新屋敷村からの乗降客（34）
	97	9／4横川駅：信州方面から到着下車した京浜電気会社の職工5人
	98	9／5塚沢村：福岡出身の学生（27）
	99	9／5八幡村：同県小野村出身の外来者（19）「未監置精神病者」と表記
	100	9／4上陽村：宇都宮からの外来者
	101	9／7境町：山田郡韮川村からの乗降客（23）
	102	9／4小山駅：氏名のみ
	103	9／4小山駅：東京市京橋区の弁護士（30）

栃木	104	9／5足利駅：氏名のみ
	105	9／5富田駅：日本橋区蛎殻町から避難途中の株式仲買人（36）
	106	9／5家中村：日本大学学生（23）
	107	9／5小野寺村：氏名のみ
	57	9／5那須野村巡査派出所付近：鹿児島出身の避難民
他	108	9／5茨城県嘉田生崎村：同じ村の住人（24）
	109	9／7福島県西郷村：白川町在住の電報配達（46）

表2－3－5　朝鮮人、中国人襲撃事件の被告の職業と年齢等

東京府（事件番号、発生地、職業、年齢、以下同じ）	
1	南足立郡花畑村：農業（39、18、38、20、21、31、43、29）煉瓦工（30）理髪業（25）
2	南足立郡千住町：職業不明（26）
3	北豊島郡南千住町：鳶職（24）不明（27）
4	南千住町：職工（21）下駄商（40）菓子職（20）蓄音機商雇（31）葬儀屋（38）荷馬車挽（39）人夫（63）
5	南葛飾郡吾嬬町大畑：馬力挽（39）
6	隅田町と吾嬬町大畑：土工（46）職業不明（37）氏名年齢不明2人
7	吾嬬町木下荒川放水路堤防：外山某職業不明
8	吾嬬町木下曳舟道：飲食店（33）、銘酒屋（24）
9	荒川放水路四ツ木橋付近：銘酒屋（23）
10	寺島町荒川放水路：蓜島某職業不明（60）
11	寺島町：大工（38、43）土工（46、35）運転手（32）土木請負（44）飲食店（33）銘酒屋（24）不明4人
12	寺島町玉の井：矢内某職業不明
13	吾嬬町亀戸：土工（46）、不明（37）
14	吾嬬町請地飛木稲荷：「素封家」（30）職業不明（42、21、25、42）全員無罪
15	亀戸遊園地：職工（31）人夫請負（31）土工（28）無職（21）無職（25）
16	玉の井三之助橋：製缶職工（39）鳶職（31）無職（24）5人不明

17	隅田町大倉牧場：大工（38）他一名
18	南綾瀬村柳原：農業（19、23、30）鉄道職工（31）土工（29）牛乳販売（27）屑物商（33）日傭（23）鳶（36）
19	北豊島郡巣鴨町：農商務省技手（21）
20	尾久町上尾久：土木請負（31）、同雇人ないし土工（27、27、31、30、34、38）
21	高井戸村上高井戸：農業（69）、職業不明（年齢のみ10名判明）
22	荏原郡平塚村下蛇窪：村役場小遣い（47）煙草屋（47）花屋（32）不明（31）
23	荏原郡平塚村下蛇窪：湯屋（42）材木商（36）農業（38）
24	荏原郡大崎町桐ヶ谷：茶商（35）洋食店（35）建具職（39）大工（25）
25	荏原郡世田谷町太子堂：写真師（27）
26	千歳村烏山：農（24、37、22、41）大学教授（43）鉄道省雇員（29）鳶（24）大工（30）左官（30）提灯屋（36）石工1不明2
27	千歳村烏山：氏名1名他7名不明
28	八王子市：氏名のみ
中	小石川区柳町：氏名のみ
中	小石川区駕籠町：氏名のみ
中	本郷区駒込肴町：製造業（37）同雇（22、20）家具商（42）車職（29）家具職（44）理髪職（39）無職（38）棒製造職（46）
中	21と同じ

神奈川県	
29	横浜公園：バラック管理人（52）
30	鶴見町総持寺脇道：時計商（28）指物職人（34）氷卸商（31）不明（23）
31	田島町渡田：人夫（31）
中	足柄下郡土肥村：吉浜村在住（39、27、26、28、27）土肥村在住（29、28、28）
埼玉県〔綾川冊子に基づく〕	
32	片柳村：自警団員（20、20、43、31、40）
33	熊谷町：農業（27、25、24、21、38、20、41）木挽職（33、20、27）車夫（22、23、25、43、35）荷馬車挽（25、41）材木商（55）魚商（29、36）青物商（18）古物商（42）飲食店（32）製糸工（24、30）大工（26、28、35）鳶職（18、23）学生（21）日雇人（42）雇人（25）周旋業（30）
34	本庄町：車夫（46、47）荷馬車（20、40）鳶（33、31、25、46）農業（34、47、24）建具職（50、42）妓夫（35、31）魚商（36、22）理髪職（28）甘藷問屋（33）エナメル職（20）足袋職（42）煎餅屋（26、35）牛乳店雇（24）張物職（43）料理店（27）菓子職（20）鍛冶職（32）メリヤス商（25）左官（31）ペンキ職（32）土工（40）漬物行商（24）
35	神保原村：農業（30、42、53、26、26、27、36、35）日傭（28、35）鳥商（49）菓子職（27）米穀商雇（18）醤油製造職工（52）乾物商（39）古物商（41）酒魚屋（43）機業（26）
36	寄居町：農業（27、30、32、22、18、22、25、22、21、40、20、27）資産家（33）
千葉県	
37	千葉市寒川片町上総屋旅館：製麺職人（21）
38	船橋町九日市避病院前：農業（36、38）馬車挽（49、32）会社員（23）建具職（不明）鳶職（35）漁夫（23）湯屋雇（28）菊種行商（23）外交員（29）胡粉製造（29）呉服店店員（29）

39	40	41	42	43	44	45	46	47	48	49	50
船橋警察署前：農業（44、41）大工（31、34）洋食店（38）漁夫（22、18）青物商（17）魚行商（20）料理店雇（31）	中山村：農業（29、31、31、32、32、37、42、66）	馬橋村萬満寺：農業（31、26）飲食店（34）鳶職（26）醬油職工（31）駕籠職人（28）荒物商（32）	馬橋村新作地内：農業（37）氷雪卸雇（25）	浦安町堀江猫実：助役（44）漁業長（37）魚商（24）魚行商（34、45、21、24）青物商（26）酒塩商雇（22）漁夫（28、29、34、38、25）農業（21）大工（24）土木請負業（28）不明（51、33、25）	流山町：大工（32）理髪（34）船夫（34）水夫（20）味醂製造職工（43）竹皮商（41）	小金町：米穀肥料商（39）	我孫子町：石工（23）大工（27）車夫（30、35）農業（27）理髪（22）	滑河町：運搬業（34）足袋職人（38）北海電燈会社員（24）	佐原町：瀬戸物商（34）綿商（36）糸繭商（44）漁夫（32）農業（50）車夫（34）肥料商（24）船大工（36）車掌（21）船夫（19）製造業（33）足袋職（28）	神埼町：不明	木更津町：漁夫（32、27、34）農業（27、20）大工（43）青物商（24）菓子商（21）雑貨商（27）不明5（29、21、31、22、24）

群馬県	
51	藤岡町：洋服裁縫職（23）雑貨商（23）瓦職工（24、40、33、25、22、20、40、48）醬油職工（50、55、36、38）農業（29、少年、46、24）飴行商（53）糸繭商（35）鍛冶職（21）鳶職（34）火鉢製造職（21）印刷業（37）物品販売（43）鳥商（63）周旋業（23）農・牛乳配達（25）竹細工職人（38、65、36）建具職（41）馬車馭者（44）牛馬商（44）荒物商（24）農（38）荷馬車挽（23）
52	倉賀野町：氏名のみ
53	多野郡新町：氏名のみ
栃木県	
54	小金井駅：農業（38、38、32、32、26、45）鉄道省雇（38）
55	間々田駅：農業（27、19、27、23、48、25）運送業（23）蹄鉄工
56	石橋駅：製材職工（24）荷造人夫（26）菓子職（25）水車業（41）材木商雇（20）乾物商（21）農業（20）
57	東那須野駅付近：建具職（32）理髪業（42）魚商（31）飲食店（43）農業（45、25）菓子屋
中	西大芦村：氏名のみ

注：番号は表2－1－1等事件番号と同じ。「中」は中国人襲撃事件。
出典：『新聞資料』（第Ⅰ～Ⅴ）、埼玉県の事件は『綾川武治述埼玉県自警団事件経過真相』（「綾川冊子」と略）。

表2－3－6　日本人襲撃事件の被告の職業と年齢

東京府	（事件番号、発生地、職業、年齢、以下同じ）
58	麴町区永田町：「早大商科出身で武藤山治氏の実業同志会事務員」＝政党職員（27）
59	芝区日出町：船頭（36）
60	芝区新広尾：職業不明（36）
61	四谷区霞ヶ丘：不明
62	四谷区伝馬町：「西洋料理店南洋軒」店主（34）
63	浅草区新谷町：土木請負業（33）土工（44）
64	江北村：土工（35、不明）不明（35）不明（21）不明（30）
65	南足立郡西新井村與野：製紙業（38）桶職（30）医者（年齢不明、不起訴か）
66	吾嬬町葛西川：染物商（39）不明（21）不明（18）
67	吾嬬町亀戸：夜警中の職工（33）
68	吾嬬町小村井：氏名のみ
69	小松川町下平井：船夫、青年団、消防組6名（年齢不明）
70	巣鴨町巣鴨橋：駅長（40）医師（43）理髪業（19、20）経師屋（32）鋳物職工（17、19）大工（19、19、17）植木職（19）筆職（19）質屋番頭（34）鍛冶職（23）無職（17）町会議員（年齢不明）不明（22）
71	西巣鴨町向原：蕎麦屋（31）金物屋（24）車夫（23）油商（30）
72	西巣鴨町池袋：氏名のみ

73	荏原郡品川町北馬場：畳職（22）鋳物職（22）鳶（22）職工（31）行者（50）米屋（31）車力（47）ブリキ屋 不明3人
74	目黒町目黒上町：「電気機械並に米穀商で町会議員」（50）建具商（43）
75	入新井町不入斗：在郷軍人分会役員（37、35、31、33）
76	入新井町新井宿：氏名のみ
77	大井町：鉄道省鋳金工（36）
78	大井町南浜川：電気会社職工（41）（市電職工（41）とも）
79	平塚村：明電舎職工（25）運送店店員（20）洋食店（34）大工（25）花商（47）
神奈川県	
80	川崎町小土呂：氏名のみ
81	横浜市堀之内（中村町の表記も）：自警団員（30）囚人（26）
82	横浜市久保町：氏名のみ
83	横浜市根岸町：氏名のみ
84	茅ヶ崎町：魚行商（32）
埼玉県	
85	川越市川越：氏名のみ
86	大里郡妻沼町：鳶（40）桶職（43）車夫（45）農雇人（23）農業（31、32、19、30、36、46、42、20、28、32）〔綾川冊子〕

千葉県	
87	検見川：提灯屋（35）船夫（22）農業（22）自警団（39、48、30、35、44、50、57）
88	八幡町：在郷軍人分会長の料理店主（52）
89	福田村：農業（27、29）馬車挽（34）不明（52、45、24、28、23）
90	南行徳：農業（28、32、29、28、39）魚商（29、29、30）船夫（24、26）大工（23）青物商（37）不明（22、23、23、33、51、39）
91	葛飾村：氏名のみ
92	成田駅：左官（31）材木商（25）鍛冶屋（19）料理人（43）転轍手（27）駅中売（26）旅宿番頭（27）
93	成田町土屋地先道路：氏名のみ
94	三川村：農業（36）不明（35、22、24、24）
群馬県	
95	前橋市県庁前：氏名のみ
96	高崎駅：糸繭商（27）、自警団員（19）
97	横川駅：転轍手（42）自警団（24、47、35）
98	塚沢村：村消防団（60、27、40、24、39、37、37、31、23）
99	八幡村：農業（29）火薬製造所職工（20）不明（20、20、22、29、31、22、19）
100	佐波郡上陽村：自警団員（42）
101	境町駅：大工（27）

栃木県	
102	小山駅：土工（19、20、32）便利屋（43）
103	小山駅外：氏名のみ
104	足利駅内：氏名のみ
105	富田駅：消防組（年齢不明）
106	家中村：雑貨商・消防部長（57）農業（50、27、28、19）牛馬商（36）大工（37）飲食店雇（27）
107	小野寺村：氏名のみ
茨城県、福島県	
108	茨城県嘉田生崎村：自警団（47、46）
109	福島県西郷村：氏名のみ

注、出典ともに表2－3－5と同じ。

結びに代えて

本書は、伊江島から出稼ぎに来た人びとの労働史から生まれた副産物である。富士製紙江戸川工場に勤めた人、勤められなかった人の一部は、後年、神奈川県橘樹郡潮田町（横浜市鶴見区）で沖縄コミュニティを形作っていく。その出発点において関東大震災に遭遇した。

親や知人が自警団にやられそうになったという言い伝えを、鶴見の古老から聞いたのは三〇年前。丹念に調べれば裏付けを得られるかと震災録や証言集、山田昭次編『朝鮮人虐殺関連新聞報道史料』までひもといたが、検見川事件以外、確たる事実はみあたらない。それでも言い伝えは信じられている。やがて日本軍による「沖縄語」話者の処刑が、震災時の伝承とオーバーラップしているのではないかと考えるようになった。沖縄近代史の通説的認識に異を唱えるのは「『日清戦争と沖縄社会』再考」（「あめく通信」第三号）以来だが、伝承の伝承たる所以は明らかにしたつもりである。

問題関心は方向を変えていった。はたして自警団は「発話不明瞭なもの」を襲ったのだろうか。日本人襲撃事件をトレースすると、多くの場合、自警団は問答無用で襲いかかっていた。見知らぬ相手を誰何訊問しても、いったん「朝鮮人」とみなせば襲撃した。言葉づかいなど関係なかった。被害者の多くは工場や会社、官公庁の勤め人や学生であった。地縁の薄い「近代産業」従業者という被害者像が浮かんできた。

澱のように溜まったのが、先行研究の民衆観と加害者像に対する違和感であった。国家権力に「あやつられ、だまされた民衆」像にはほとほと当惑させられた。民衆犯罪の残酷さと少しも見合わず、その徹底性、無差別性を説明できないからである。おまけに騒擾事件にはほとんどふれていない。

筆者の心底には、性差別や民族差別、部落差別の当事者としての民衆、自分を含めた「差別する民衆」像が横たわっている。一五歳で自ら参加した社会運動が狭山闘争であったからかも知れない。当時の部落解放運動は、さまざまな問題を抱えながらも民衆が差別の当事者であるという認識では突き抜けていた。自分は差別者になり得る。この自覚は社会認識の出発点となった。先行研究は、民衆の加害性を過小評価し、権力の影響を過大評価しているのではないか。

そして、加害者論の底の浅いこと。日本民衆の大多数は、朝鮮人襲来のデマを聞いて恐怖におののくだけだったが、下層階級だけは攻撃的に戦闘心を燃やしたと決めつける。善（日本民衆の大多数）と悪（国家権力と下層階級）のあまりに単純な二分法。その論拠は、一、二の事件の被告従業種だけであった。これほど少ないサンプルで何かを論じるなど、調査研究の仕事では考えられない。いっその事、新聞記事から被告全員のプロフィールを積み上げてみよう。厳密さには欠けるが、はるかに信頼が置ける結果が出るだろう。事件台帳を作って、それぞれの当事者を確定する作業が始まった。

こうして当初の予定を大きくはみ出してしまった。沖縄製紙工の労働史と同じ分量の「関東大震災と沖縄」ができ上がって頭を抱えた。しかし、今ならば最も短い期間で、民衆犯罪についてまとめられるかも知れない。昨年の暮れ、旧知の西崎雅夫氏（一般社団法人ほうせんか）に相談して筑摩書房編集者の青木真次氏をご紹介いただき、本書の刊行に至った次第である。西崎氏には山岡萬之助関係文書「司法省調査書」をはじめ、私家版の証言集等もご提供いただいた。原稿を送るたびに返ってくる青木氏の的確なコメントには、ずいぶんと励まされた。お二人には心から感謝を申し上げる。

記述のスタイルやデータ分析の方法には、筆者の職業経験がそのまま反映されている。エピソードをつないで歴史を記述する方法は、英文雑誌 **The East** の編集記者として身につけた。代表的な作品に **The Golden Age of Light-Fingered Thieves**（仕立屋銀次とその時代）、**Sado:Gilded Island of Elegant Exile**（佐渡：流人と黄金の島）、**Civil Trials in Edo**（江戸の民事裁判）がある。統計データを加工する、表を多用する、事例（事件）を態様別に分類する、事例から定性的な動向を読み取るなどは、調査研究業務のルーティンである。

いまだかつて歴史学の手ほどきを受けたことはなく、本業の合間を縫っての執筆となった。このため史料の誤読や舌足らずな表現も多いに違いない。読者の率直なご意見ご批判を賜りたい。

関東大震災百周年の梅雨入りの日に

佐藤冬樹

索引

凡例

[索引の種類]
1. 本書の索引は、人名索引、地名索引、事項索引に分かれている。
[索引対象]
2. これらの索引は、はじめに、本文に現れた、主な事項名、人名、組織名、地名などを見出し語とする。
本文にその内容の記述がない場合に限り、注も索引の対象とする。資料名と図表は索引対象にしていない。
3. 人名索引では、事件の被害者名、直接の加害者名、証言者名と著作者名を原則として含まない。
[配列その他]
4. 見出し語の読みの五十音順で配列している。
[所在指示]
5. 見出し語の後の数字は、本書の頁を示す。
6. ゴチック体の頁番号は、本文中でその見出し語に関する重要な内容を示す。
[見出し語]
7. ゴチック体の見出し語は、とくに重要な語句を示す。
8. 見出し語の直後の（　）は、その語の補足説明を示す。
9. 副見出し語のうち、主見出し語を含む語は、その位置を——［2倍ダーシ）で示す。
[参照]
10. 参照の指示は「→」（「を見よ」参照）と「⇒」（「をも見よ」参照）を用いる。

人名索引

ア行

カ行

サ行

タ行

ナ行

ハ行

マ行

ヤ行

ワ行

地名索引

ア行

カ行

ラ行

事項索引

ナ行

ラ行

佐藤 冬樹 さとう・ふゆき
一九五九年、大宮下町生まれ。株式会社社会構想研究所代表取締役。中央大学法学部法律学科卒業後、シンクタンク勤務等を経て、一九九四年、労働調査を担う同社を設立。主な著作に『生き残る物流』（毎日新聞社）、『労働基準監督官のための時短問題副読本』（埼玉労働局、福井労働局）、『おきつるコミュニティQ&A』（横浜・鶴見沖縄県人会）など。

筑摩選書 0262

関東大震災《かんとうだいしんさい》と民衆犯罪《みんしゅうはんざい》
立件《りっけん》された一一四件《けん》の記録《きろく》から

二〇二三年八月一五日 初版第一刷発行
二〇二四年三月二五日 初版第二刷発行

著者 佐《さ》藤《とう》冬《ふゆ》樹《き》
発行者 喜入冬子
発行所 株式会社筑摩書房
東京都台東区蔵前二-五-三 郵便番号 一一一-八七五五
電話番号 〇三-五六八七-二六〇一（代表）
装幀者 神田昇和
印刷 製本 中央精版印刷株式会社

 ISBN978-4-480-01780-2 C0395

筑摩選書
0181
天皇と戸籍
「日本」を映す鏡
遠藤正敬
日本人たることを〝証明〟する戸籍、戸籍をもたない天皇家。いずれも「血統」等の原理に支えられてきた。両者の関係をあぶり出し、「日本」を問い直す渾身作！

筑摩選書
0202
盆踊りの戦後史
「ふるさと」の喪失と創造
大石始
敗戦後の鎮魂の盆踊り、団地やニュータウンの盆踊り、野外フェスブーム以後の盆踊り、コロナ禍と盆踊り……その歴史をたどるとコミュニティーの変遷も見えてくる。

筑摩選書
0203
震災と死者
東日本大震災・関東大震災・濃尾地震
北原糸子
震災で遺体はどうなったのか。東日本大震災、関東大震災、濃尾地震を例に行政、寺院、メディアなどの死者への対応を、南方熊楠賞受賞の災害史の泰斗が検証する。

筑摩選書
0210
日本回帰と文化人
昭和戦前期の理想と悲劇
長山靖生
横光利一、太宰治、保田与重郎、三木清、京都学派……。彼らは絶望的な戦争へと突き進む日本に何を見たか。多様な作品を読み解き、その暗部に光を当てる意欲作。

筑摩選書
0223
ろうと手話
やさしい日本語がひらく未来
吉開　章
ろう者の言語である手話は、ろう教育において130年間禁止された。手話を社会に取り戻すろう者たちの運動を、日本語教育と「やさしい日本語」の視点から考える。

筑摩選書 0244

公衆衛生の倫理学
国家は健康にどこまで介入すべきか

玉手慎太郎

健康をめぐる社会のしくみは人々の自由をどう変えるのか。セン、ロールズ、ヌスバウムなどの議論を手掛かりに、現代社会に広がる倫理的な難問をじっくり考える。

筑摩選書 0246

ストーンヘンジ
巨石文化の歴史と謎

山田英春

いったい誰が、何のためにつくったのか？ 100以上のブリテン諸島の巨石遺跡を巡った著者が、最新研究をもとにその歴史と謎を整理する。カラー図版多数。

筑摩選書 0247

東京10大学の150年史

小林和幸 編著

筑波大、東大、慶應、青山学院、立教、学習院、明治、早稲田、中央、法政の十大学の歴史を振り返り、各大学の特徴とその歩みを日本近代史のなかに位置づける。

筑摩選書 0249

変容するシェイクスピア
ラム姉弟から黒澤明まで

廣野由美子
桒山智成

元々は舞台の台本として書かれたシェイクスピア作品は、いかに形を変えて世界に広まったのか？ 児童文学や映画等、翻案作品を詳細に分析し、多様な魅力に迫る。

筑摩選書 0250

丸山眞男と加藤周一
知識人の自己形成

山辺春彦　鷲巣力／東京女子大学丸山眞男記念比較思想研究センター　東京女子大学丸山眞男記念比較思想研究センター 監修

戦後日本を代表する知識人はいかにして生まれたのか？ 出生から敗戦まで、豊富な資料とともに二人の自己形成過程を比較対照し、その思想の起源と本質に迫る。